Giampaolo Pansa

# Vecchi, folli e ribelli

## Il piacere della vita nella terza età

Rizzoli

ISBN 978-88-17-09009-4

*Prima edizione: settembre 2016*

*Realizzazione editoriale: studio pym / Milano*

# Vecchi, folli e ribelli

# *Prologo*
# Diversamente giovani?

Il 5 maggio 2016, nella cronaca romana del «Messaggero», è apparso un articolo che raccontava una vicenda ormai diventata all'ordine del giorno in questi tempi. Un signore si era invaghito di una signora e lei aveva corrisposto al corteggiamento. Tra i due era nata una relazione che dopo un paio di anni si era conclusa per volontà della donna, stanca di quell'uomo che non le piaceva più.

Lui non aveva accettato la rottura e si era messo a molestare l'ex amante. Se dobbiamo credere alle notizie stampate dal quotidiano romano, si trattava di uno stalking asfissiante. Telefonate anonime a raffica, sempre più aggressive. Insulti in strada, dinanzi ai passanti. Pedinamenti ossessivi. Danni all'automobile. Inseguimenti persino durante le vacanze e nelle sale da ballo. Morale della favola: la signora aveva sporto denuncia. E l'uomo era stato rinviato a giudizio dinanzi al tribunale di Roma.

Tutto sommato, si tratta di una storia banale dal momento che oggi i casi di stalking sono sempre più frequenti e spesso hanno un finale tragico. Perché «Il Messaggero» gli ha dedicato un servizio ampio e un titolo vistoso? Il motivo è uno solo: l'età dei protagonisti. Il molestatore finito sotto processo ha ottantuno anni. La signora molestata ne ha compiuti settanta. Tutti e due vedovi, si erano conosciuti in un locale della capitale. «Siamo stati insieme per due anni e mezzo» ha raccontato la signora a una cronista del quotidiano romano. «Ma lui voleva un rapporto esclusivo con me. Pretendeva che non frequentassi più le mie amiche e allora l'ho lasciato. Da quel momento non ho avuto più pace.»

Quali considerazioni possiamo trarre da questa storia? La prima è che di solito gli episodi di molestia sessuale hanno per protagonisti un lui e una lei ancora giovani o vicini all'età di mezzo. E non un ottantenne e una settantenne. Mi sbaglio? Penso di no. Sto per compiere ottantuno anni e dal 1961 lavoro nei giornali. All'inizio della professione mi sono occupato anche di cronaca nera, poi sono stato il vicedirettore di un grande quotidiano molto attento ai fatti della vita. Però non mi è mai capitato di imbattermi in vicende di amore esclusivo e violento tra due anziani, qualcuno direbbe tra vecchi. Allora perché oggi accade?

La mia risposta alla buona è che la vecchiaia è diventata un'età elastica e ha sempre meno a che fare con l'anagrafe o la carta d'identità. Immagino che non siano pochi gli ottantenni ancora in preda a pulsioni giovanili. Farebbero l'impossibile per entrare nelle grazie, e nel letto, di una trentenne pronta a concedersi. E vedo per strada signore settantenni che non sembrano affatto arrivate a una stagione che esclude amori tempestosi.

Sono donne ancora attraenti, vestite e truccate da quarantenni. Non hanno il corpo consunto delle nostre nonne. Rimaste vedove, come nella vicenda che ho ricordato, non si chiudono in casa e non si limitano a occuparsi dei nipoti. Un'azienda che produce intimo per signora ha rivelato a una rivista che molte delle sue clienti hanno superato da tempo la barriera dei sessant'anni. Indossano reggiseni, slip, reggicalze e guêpière che lasciano presumere il desiderio di vivere momenti di erotismo spinto.

Una ricerca del Dipartimento di Geriatria dell'Università di Padova, citata da Sara Ricotta Voza sulla «Stampa» del 6 maggio 2016, sostiene che le vedove risultano più in forma delle mogli con un marito ancora in vita. Si sono liberate del peso di accudire un uomo quasi sempre più anziano di loro. Hanno molta cura del proprio aspetto. Spesso vivono una nuova storia d'amore meno impegnativa di un matrimonio. Riscoprono l'amicizia con un'altra donna. Insomma, si rendono conto di essere più libere di un tempo. E immagino anche più felici.

È facile prevedere che in futuro il numero delle vedove aumenterà. In Italia la vita media delle donne è di ottantacinque anni, superiore di cinque a quella degli uomini. Se questa è la situazione, diventa inevitabile proporci una domanda. La nostra società è pronta ad accettare che schiere sempre più numerose di anziani, e di anziane, si comportino come se fossero ancora lontani dalla terza o dalla quarta età? E che nella vita di tutti i giorni, nei rapporti sentimentali o anche soltanto nelle relazioni occasionali, cerchino di apparire più giovani?

Da ottantenne, mi piacerebbe rispondere di sì: siamo disposti ad assorbire questa rivoluzione silenziosa, destinata a diffondersi con il mutare degli stili di vita. Temo invece che non sia affatto così. Esistono ancora dei tabù che vanno affrontati. Non sono pochi e per niente facili da superare.

È necessario un esempio? Immaginate un signore anziano che si accompagni a una donna molto giovane. E frequenti con lei un ristorante, un night club, uno spettacolo teatrale, uno stabilimento balneare. Saranno in molti a domandarsi che cosa accada quando si chiudono alle spalle la porta della camera da letto.

Quasi nessuno avrà come primo pensiero che il maschio di pelo bianco oggi può ricorrere a un farmaco miracoloso come il viagra. Un privilegio fino a ora riservato agli uomini, anche se la scienza ha scoperto un rimedio analogo per le donne. Comunque un minimo di riprovazione sociale scatterà sempre. E ancora peggio accadrà se la coppia è formata da una signora anziana e un fidanzato o un compagno ben più giovane di lei.

In questo secondo caso, il biasimo sarà più aspro. Dal momento che la morale corrente, se accetta che una ragazza si abbandoni a un amante con i capelli bianchi, è così ipocrita da non concedere lo stesso diritto a una donna in età avanzata. Una tardona o una carampana, per usare due parole volgari che sarebbe bene evitare, deve rimanere al proprio posto. E rinunciare al piacere che può darle una relazione con un maschio che potrebbe essere suo figlio.

Ma questa è una descrizione superficiale di una realtà complicata. Chi ha dimestichezza con il web conosce i siti che favoriscono gli incontri fra partner di età molto diverse. Compresi signori e signore ben al di là dei sessanta, e a volte dei settanta, che si accoppiano con ragazze e ragazzi molto più giovani di loro. Sono la versione digitale di una faccenda vecchia quanto il mondo.

Come racconta un libro dell'archeologa Marisa Ranieri Panetta, pubblicato da Salani nell'aprile 2016, Valeria Messalina aveva appena ventitré anni il giorno che venne pugnalata a morte dai sicari imperiali. Sedicenne era andata in sposa all'imperatore Claudio, che in quel momento aveva quarantanove anni, un'età già anziana per l'epoca. Era la donna più invidiata di Roma. Famosa per le trasgressioni che, nei secoli, le avrebbero garantito una pessima fama. Quella di essere più lasciva di Cleopatra, più dissoluta di Poppea, più intrigante di Agrippina.

Anche l'Italia di oggi non può ignorare la presenza determinante dei vecchi ancora attivi. Possono essere molto diversi tra loro, per indole, educazione, cultura, censo, religione. Ma tutti condividono un solo imperativo: non arrendersi mai all'avanzare dell'età. Rifiutano persino di essere definiti anziani. Si considerano «diversamente giovani», come ha detto a un cronista di «Repubblica» una signora intervistata nella sala da ballo di un circolo per pensionati.

La nostra classe dirigente è ancora dominata da sessantenni e da settantenni, per non parlare di signori e signore più in là negli anni. Nonostante le chiacchiere sulla rottamazione, la politica decisiva resta sempre nelle mani di personaggi che hanno lasciato alle spalle la giovinezza. E non mostrano nessuna intenzione di ritirarsi.

Un premier quarantenne, come quello in carica nell'autunno del 2016, è considerato una mosca bianca. Del resto le elezioni si vincono grazie alla presenza alle urne di votanti ben al di là dei cinquant'anni. Secondo alcune ricerche, l'assenteismo elettorale, un fenomeno sempre più diffuso anche in Italia, riguarda soprattutto i giovani che non sanno nulla dei partiti e della loro importanza in una democrazia parlamentare.

Forse si sta rovesciando il luogo comune che ritiene l'Italia un paese non adatto ai vecchi. Un paradosso dal momento che siamo la nazione più anziana in Europa. La verità è che i vincitori sono loro, sia pure soltanto a certe condizioni, e di queste parlerò dopo. Ma che cosa sappiamo dei tanti anziani che incontriamo dovunque? Spesso accompagnati da un'assistente famigliare, le famose badanti, alle quali è dedicato uno spazio importante in questo libro. Ritengo molto poco.

I media stampati, radiofonici e televisivi destinano uno spazio enorme ai giovani. E chiudono gli occhi di fronte a un'Italia con i capelli bianchi o grigi che imporrebbe di essere osservata e ascoltata. Quasi nessuno lo fa. I vecchi non sono ritenuti un soggetto da «cassetta».

Il cinema rifiuta di occuparsene. Ricordo ben poche eccezioni. Una è *Youth* («Giovinezza»), il film di Paolo Sorrentino, apparso nelle sale alla metà di maggio del

2015. Due amici, ottantenni disincantati, rievocano la loro vita durante un soggiorno in una stazione termale svizzera. Michael Caine e Harvey Keitel interpretano con grande bravura questi due vecchi che fanno i conti con il loro passato.

Lo scopo del lungo racconto che state iniziando a leggere è di illuminare una scena ancora molto buia. Ho tentato di esplorare la vita privata di chi ha superato la terza età e si avvia alla quarta. E l'ho fatto nel modo più semplice. Narrando una serie di storie che hanno per protagonisti donne e uomini anziani.

Mentre mettevo a punto il progetto è emerso un dissenso tra me e Adele Grisendi. Non è soltanto la mia compagna da anni, ma il confronto con lei è sempre stato decisivo per i tanti libri che ho scritto. Quando ha letto e corretto lo schema di questo lavoro, ha osservato: «Non credo proprio che la vita degli anziani sia condizionata così tanto dal sesso». Abbiamo discusso a lungo di questa faccenda. E io ho sostenuto un punto di vista diverso dal suo. Provo a riassumerlo qui.

Certo, la vita degli anziani, o la vecchiaia per essere spicci, è resa difficile da molte circostanze negative. Per esempio, il timore di diventare poveri, inchiodati a una pensione misera. La solitudine e l'abbandono. Lo sconforto di non avere più accanto a sé un compagno o una compagna. La tragedia di vedere la propria esistenza affondare nell'isolamento affettivo e sociale. La mancanza di servizi efficienti e generosi. Lo spettro degli ospizi lager e delle case di riposo senza umanità. E soprattutto la percezione di non contare più nulla in un mondo che non è dei giovani, ma neppure dei vecchi.

Su che cosa possono confidare un signore o una signora anziani? Non certo sulla famiglia di un tempo. Allora si veneravano, o almeno si rispettavano, i padri, le madri, i nonni e le nonne. Oggi esistono ancora molte famiglie così, ed è una fortuna per l'intera società. Ma ci sono anche diversi nuclei famigliari ormai lontani da quel modello.

I figli si sposano, fanno venire al mondo un bambino o al massimo due, poi si rinchiudono nella loro vita di coppia. E si prendono cura degli anziani soltanto quando gli conviene farlo. Aspettando il momento che il vecchio padre o la vecchia madre scompaiano, per mettere le mani su quel poco o tanto che sarà rimasto delle loro sostanze.

Su questa scena, intrisa di egoismi, che cosa resta a un vecchio per tenere lontano lo spettro della morte? In molti casi soltanto il sesso, con o senza amore. È un legame forte con la vita e aiuta a non essere sopraffatti dalla paura di andarsene all'altro mondo. Sostituisce un rapporto di coppia ormai impossibile. Ti illude di essere sempre giovane. Allontana l'incubo di sentirti un signor nessuno, un fantasma in attesa di essere spazzato via.

Chi è vecchio disturba. Occupa uno spazio che dovrebbe lasciare ai giovani. Spesso si presenta male. Ha un aspetto che a molti appare disordinato. È un saccente che pretende di avere sempre ragione. Non produce più ricchezza, si limita a dissiparla. Quando osserva una donna, ha l'occhiata vogliosa del guardone. Se è tanto fortunato da trovare una compagna o un compagno, pur di non essere lasciato può diventare manesco. Come l'ottantenne della storia che ho citato all'inizio.

Accade così per le donne. Con un'aggravante: a loro non si perdona la bellezza sfiorita. Nella società di oggi esiste una legge feroce alla quale è difficile sottrarsi. Impone che la capacità di attrazione sessuale, il sex appeal, sia un obbligo per tutte. Conta assai più dell'intelligenza, della storia professionale, persino del successo mondano. Una scienziata, una scrittrice, una manager, una leader politica dopo una certa età sono giudicate soltanto in base all'avvenenza. Quando inizia a sparire, è una condanna senza rimedio.

Infine esiste un'ultima verità sgradevole da ricordare. A differenza dei giovani, i vecchi quasi sempre devono comprare il sesso, un bene che li aiuta a vivere e fa dimenticare l'avvicinarsi della morte. Non sempre significa ricorrere alla prostituzione femminile o maschile. Ci sono molti modi per acquistare questo salvavita prezioso. A cominciare da quello di accompagnarsi a un partner, maschio o femmina non importa, che possieda meno di te. Ed è disposto ad affiancarti nell'ultimo tempo della tua vita per convenienza.

Nascono in questo modo le convivenze tardive. È sufficiente guardarsi attorno per constatare che ne esistono un'infinità. Accade soprattutto nelle grandi città, dove è più facile non destare la curiosità del prossimo. Ma a condizione di poter contare su un fattore indispensabile: un minimo di prosperità. Per dirla chiara, bisogna possedere il denaro necessario a rendere la vita meno grama.

La mia conclusione può sembrare tetra. Ma non credo sia lontana dal vero. L'anziano povero, o diventato povero, è un paria nella società di oggi. Un essere umano che viene considerato una disgrazia vivente e dunque da allontanare. Nelle riflessioni che hanno preceduto la stesura di questo libro, mi è capitato di pensare che i vecchi mandati al tappeto da un mondo crudele sono simili agli sconfitti di una delle tante guerre del Novecento.

Anni fa ho raccontato la sorte di chi aveva perduto la guerra civile tra il 1943 e il 1945. Anche loro, i vinti, non possedevano più nulla. Erano diventati poveri, nel senso che non avevano uno status sociale e politico alla pari con quello dei vincitori. Non gli veniva riconosciuto neppure il diritto alla cittadinanza. Ma erano giovani e si trovavano nel pieno delle forze. L'esatto contrario degli anziani senza mezzi di oggi.

Devo un'ultima precisazione al lettore a proposito della struttura di questo libro. I fatti narrati sono in parte realmente accaduti e in parte nascono da suggestioni raccolte nel tempo. I narratori, Mario ed Elena, sono una coppia di coniugi che amano parlarsi molto. Per fortuna succede ancora in questi tempi, che pure vedono il silenzio scendere anche tra due persone che vivono insieme.

G.P.

# 1
# Scrivere è vivere

Elena e Mario, come ogni mattina, si ritrovarono al tavolo della prima colazione. Dieci anni di differenza, settantotto lui e sessantotto lei, non avevano figli e neppure nipoti. Mario era alto, con i capelli non ancora del tutto bianchi, un po' curvo per l'età, affabile, conciliante, curioso della vita e degli altri esseri umani, come di solito succede a chi ha sempre fatto il giornalista con passione.

Lei, per molti anni insegnante di lettere nei licei, era in pensione da poco tempo. Una donna sempre bella, un corpo ancora tonico, un sorriso smagliante. A volte poteva apparire un tantino apprensiva. Ma il carattere prevaleva su tutto: molto generosa e cordiale, sapeva arrivare al cuore delle persone semplici che ne intuivano la bontà.

Erano marito e moglie, vivevano l'uno per l'altra, si volevano bene, si aiutavano a vicenda anche nelle questioni di lavoro. Elena aveva pubblicato più di un libro, saggi e romanzi. Adesso affiancava Mario che continuava a scrivere articoli per un giornale quotidiano. Tra loro esisteva da sempre un cerimoniale: lui non spediva nessun pezzo se prima non l'aveva letto Elena. La moglie era un giudice affettuoso e al tempo stesso severo. Gli suggeriva di cambiare questa o quella parola, oppure di chiarire un concetto.

Era una regola che applicavano anche ai libri di Mario. Aveva iniziato a scriverne quando era ancora molto giovane. Il primo era stato una ricerca storica sulla guerra civile tra il 1943 e il 1945, un saggio corposo sulla Resistenza nella sua provincia, tra Genova e il Po. Da allora aveva pubblicato molti altri libri, tutti diversi. Da quando c'era Elena, sempre con l'assistenza che lei era felice di offrirgli. Per farla corta, Mario ed Elena erano una coppia molto unita. Soprattutto si amavano con la stessa intensità del primo giorno.

«Ti guardo seduta di fronte a me e continuo a ringraziare il cielo perché ci rinnova il regalo di farci essere ancora qui, insieme e felici» disse Mario, sorridendo. «Abbiamo trascorso una notte buona e, tutto sommato, siamo in salute.»

Elena lo scrutò, senza aprir bocca. Allora lui continuò, fingendosi indispettito: «Non ti sforzi neppure di rispondere. Accogli le mie parole come farebbe una duchessa alle prese con il maggiordomo».

«Macché duchessa! Sono in piedi da pochi minuti» sbuffò Elena. «Dovresti saperlo che la mattina, appena sveglia, mi serve un po' di tempo per connettere. Del resto, tu non sei il maggiordomo, ma l'uomo della mia vita.»

«Va bene. Però io insisto e ringrazio il buon Dio» replicò lui. «E poi sarà pur vero che sei ancora nel dormiveglia, però sei bellissima e io ti amo come il primo giorno. Anzi di più!»

«E io vorrei essere rimasta quella del nostro primo incontro. Ma purtroppo è passato qualche anno. Se ne vedono e se ne sentono gli effetti, soprattutto nella ciccia che non cala e nelle ossa che scricchiolano» rispose Elena, ritrovando il suo miglior sorriso.

«Mio caro Mario, te lo ricordi quel giorno? Mi avvicinavo ai quaranta ed ero vedova da quasi dieci. Il nome che mio padre aveva scelto per me era premonitore: ho avuto la stessa sorte della sua mamma adorata, che a venticinque anni aveva seppellito il primo marito dopo soli tre anni di matrimonio. Poi aveva accettato di sposare il mio futuro nonno in seconde nozze. E lui le ha fatto mettere al mondo otto figli. Era una donna fragile e tutte quelle gravidanze, una dopo l'altra, l'hanno stroncata. È morta molto giovane.»

«Però tu di figli non ne hai avuti. E non morirai così giovane, anzi diventerai una signora molto anziana. E a me toccherà di lasciarti sola.»

«Questo non devi dirlo. Mai!» gli ordinò Elena, con dolcezza severa. «Lo sai che non voglio pensare a quanto ci riserva il futuro. È vero che non ho desiderato figli neppure da te. Del resto ci siamo incontrati troppo tardi perché potessi averne. Ma ti confesso che non ne ho sentito la mancanza, poiché il mio vero bambino sei tu. Un piccolo tiranno che oggi ha i capelli quasi bianchi. Però sempre di umore allegro, disposto ad affrontare prove diverse, e soprattutto buono. Il tuo sex appeal dipende da tutto questo.»

«Già, un bambino anziano» replicò Mario. «Sbaglia chi sostiene che non ne esistono. Eccone uno di fronte a te che si sta avviando a una nuova impresa. Quella di scrivere un libro dedicato ai vecchi e alle incognite della vecchiaia. Non ci avevamo mai pensato prima. Ma questo lavoro stava già in agguato dentro di noi. Forse perché riflette la nostra condizione di anziani. Adesso dobbiamo soltanto metterlo nero su bianco. Ossia scriverlo, e tu mi aiuterai anche questa volta, anzi credo che ne scriverai molte pagine.»

Elena domandò a Mario: «Ricordi che qualche giorno fa, quando abbiamo deciso di iniziare questo lavoro, ti ho chiesto come mai scrivi così tanto? Non sei più un ragazzo, forse potresti lavorare con più lentezza. Smettendo di correre sulla tastiera del computer come se avessi il fuoco alle calcagna».

«Certo che me lo ricordo. E hai aggiunto che qualche screanzato potrebbe osservare che sono diventato troppo anziano e dovrei finirla di rompere le scatole a una quantità di gente» rispose lui, divertito. «Hai persino immaginato le loro parole infastidite: "Mario, ritirati, vai ai giardinetti, dedicati alla pittura!".

«Se vuoi sapere che cosa risponderei, di repliche ne avrei molte» continuò Mario. «E tutte spiegano perché non smetto di scrivere. Sono due i motivi che contano più di altri. La scrittura è l'antidoto migliore per attenuare le mie ansie. Mi mette al riparo dalle paure inevitabili in un signore anziano. Lavorare a un articolo o a un libro mi libera dai cattivi pensieri. Concentrarmi sulle parole da mettere in ordine, su una storia da raccontare, un fatto da spiegare, una polemica da sostenere, per me è un elisir di giovinezza, un gerovital, una specie di viagra, se accetti questa immagine a luci rosse. Per dirla tutta, è una cura contro l'invecchiamento mentale e anche fisico. Una cura che non mi costa nulla e mi rende più facile e meno triste la quarta età.»

«Questa per me non è una novità» osservò Elena. «Volevo soltanto sentirlo ripetere. Se posso esprimere un parere, troverei giusto che la spiegazione apparisse nelle prime pagine del nuovo libro che stiamo progettando. Ma adesso dimmi il secondo motivo che ti spinge a non smettere di scrivere.»

Mario rispose senza incertezze: «Scrivere mi conferma di essere vivo e mi dà l'illusione di non morire. È importante che ci sia un giornale disposto a pubblicare i miei articoli e un editore deciso a stampare i libri che gli propongo. Ma quello che per me conta più di tutto è scriverli. So che mi rimproveri quando dico che lo farei anche gratis, pur di vedere il mio compito di studente anziano, però sempre volenteroso e faticone, in un'edicola o in una libreria.

«Cara Elena, tu ribatti che non conviene ripeterlo. E aggiungi che, un giorno o l'altro, qualcuno prenderà nota di quanto vado dicendo e mi replicherà: "Caro dottore, io le pubblico quel che vuole, ma la pago come un collaboratore giovane, da liquidare con pochi euro a pezzo"...».

Elena rise. «Oppure ti proporrà una rubrica su una testata online e non ti pagherà neppure la miseria che percepiscono i tuoi giovani colleghi. Bravi ragazzi con il sogno di fare il giornalista in un'epoca dove i media hanno quasi tutti le casse vuote. E di solito fanno contratti micragnosi.»

«Propormi la diavoleria del web sarebbe come tagliarmi la lingua» sbuffò Mario. «Non sono neppure capace di fare una ricerca su Internet. Infatti chiedo sempre a te di pensarci. Sarò pure rimasto all'età della pietra, ma quel che conta per me è vedere le mie parole stampate sulla carta e non sullo schermo di un computer o di un cellulare sofisticato...»

Elena sospirò: «Questo lo so da un pezzo. A maggior ragione devi smetterla di dire che pur di scrivere lo faresti gratis. Sarebbero dolori per la tua autostima, oltre che per il portafoglio. Piuttosto mi colpisce molto sentirti dire che scrivere ti conferma di essere vivo. E ti illude di non morire».

«Non è difficile spiegarlo» replicò Mario. «Ma è necessaria una premessa. Come tu sai, ho cominciato a lavorare da giornalista il 1° gennaio 1961. Da allora sono trascorsi cinquantacinque anni, più della metà di un secolo. Sono stato agli ordini di direttori ormai scomparsi. A cominciare da Giulio De Benedetti, il dittatore della "Stampa". Mi ha assunto quando aveva settant'anni ed è rimasto a guidare il giornale per altri otto. Oggi ne avrebbe addirittura centoventisei!

«Il suo successore fu Alberto Ronchey, classe 1926, che mi aveva di nuovo voluto a Torino. E anche lui è scomparso. Come Italo Pietra, mio direttore al "Giorno", classe 1911. È scomparso anche Giorgio Fattori, che mi aveva portato al "Messaggero". Non c'è più Claudio Rinaldi, ero stato il suo condirettore all'"Espresso". Giorgio Bocca, il mio contradditore più infuriato a proposito della guerra civile, se n'è andato da qualche anno. Gli unici ancora in vita sono Eugenio Scalfari e Piero Ottone. Scalfari, il fondatore e il primo direttore di "Repubblica", è del 1924 e scrive articoli e libri alla bella età di novantadue anni. Lo stesso vale per Ottone, mio direttore al "Corriere della Sera", che ha l'età di Eugenio.»

«Mi hai descritto un cimitero o una squadra di fantasmi. Spero che, a furia di nominarli, non ci vengano a fare il solletico di notte» scherzò Elena.

«Fantasmi! Hai usato una parola pesante, ma inevitabile» osservò Mario. «Tuttavia a me pare che i veri fantasmi siano altri. Parlo dei tantissimi colleghi andati in pensione, spesso per decisione dell'editore, e dunque scomparsi dai giornali. Come sai bene, visto che li porti a casa tu e ogni due o tre giorni li scarichi nel bidone della carta da riciclare, leggo undici quotidiani al giorno. Ebbene, non faccio altro che constatare l'assenza improvvisa di firme presenti in pagina sino a qualche settimana prima.»

«Non credi sia un fatto normale? In fin dei conti, dopo la pensione anche i giornalisti possono scegliere di rimanere in silenzio» lo interruppe Elena.

«Forse è vero che io sono un ultrà della carta stampata. Persino tu, che pure mi accompagni da tanti anni, hai appena detto che la vita può essere una faccenda ben più importante di un foglio di giornale o della pagina di un libro. Alla fine della storia, smettere di scrivere articoli non significa essere finiti sotto terra...»

Elena scosse la testa: «Infatti è esattamente quello che provavo a suggerirti».

«La mia parte razionale vorrebbe darti ragione» ammise Mario. «Ma gli esseri umani non sono fatti soltanto di razionalità. So bene come stanno le cose: i colleghi e le colleghe che definisco "scomparsi" sono quasi tutti vivi e vegeti. Campano tranquilli, viaggiano, fanno sport, a volte cambiano moglie o marito, si occupano dei nipoti. Ma per me è come se fossero morti. Dal momento che sui giornali non esistono più, l'assenza mi priva della loro compagnia. È come se il mondo professionale nel quale ho iniziato a lavorare, e poi sono vissuto, si fosse prosciugato, ristretto come un fiume in secca. Anche i lettori che li hanno ammirati o contestati finiranno per dimenticarne i nomi.»

«Ti auguro e mi auguro che sia il più tardi possibile, ma accadrà anche a te. Mi dispiace dirtelo, ma purtroppo è la verità» sospirò Elena.

«Pensi che non lo sappia? Ma voglio allontanare il momento di cadere anch'io dentro il buco nero della dimenticanza. Ogni tanto incontro qualcuno che mi dice, spero con stima: "Caro Mario, vedo che lei, alla sua bella età, si dà ancora da fare sulla carta stampata!". Anche questo mi incita a continuare. Stava scritto nel mio destino che avrei lavorato nei giornali. E che firmare articoli mi avrebbe fatto percorrere la strada che mi ha portato a incontrare te. Lo ricordi?»

# 2
# Meglio vecchio

«Visto che stamattina ci siamo fatti prendere da questi argomenti, voglio rivolgerti una domanda che forse non ti aspetti» annunciò Elena a Mario.

«Le tue domande non mi fanno paura perché so che mi vuoi bene. E non cercheresti mai di mettermi in imbarazzo» replicò lui.

«Può sembrare una domanda semplice, invece è di quelle toste, forse un po' fastidiosa: quando hai cominciato ad accorgerti che stavi diventando anziano o, se preferisci, vecchio?»

Mario sospirò: «Per prima cosa voglio dirti che preferisco la parola "vecchio" a quella di "anziano". Per non parlare di termini burocratici, come "terza età" e "quarta età". Non conosco chi li abbia inventati. Qualche sociologo, qualche presunto esperto di statistiche, oppure un bizzarro demografo. Mi sono sempre apparsi il sintomo di un'ipocrisia che sta dilagando nell'epoca odierna. Un tempo dire che il nonno era entrato nella quarta età avrebbe fatto ridere anche il più stupido dei suoi nipoti!».

«Non divagare» lo pregò Elena. «E prova a darmi una risposta.»

«D'accordo. Comincerò dall'aspetto fisico. Ho iniziato a capire che invecchiavo da una serie di segnali. I capelli che diventano bianchi e meno folti di un tempo. La resistenza alla fatica, sia pure soltanto quella di scrivere, che va diminuendo. La comparsa di rughe sulla fronte, sempre più lunghe e profonde, tanto da sembrarmi dei tagli. Le macchie sul volto o sulle mani, quando ero giovane, non esistevano. Adesso, se osservo le mie mani, cosa che cerco sempre di evitare, mi rendo conto di un fatto che non so spiegarmi. Quella di sinistra è rimasta uguale a prima, mentre sulla destra sono fiorite all'improvviso tante piccole macchie color marrone.

«La conferma che gli anni passano» continuò Mario «mi viene anche da un fatto che non riguarda soltanto me. Se ho un malanno e prendo un medicinale, l'effetto è molto più lento. Per dirla con altre parole, ci metto più tempo a guarire. Quando salgo in fretta una scala, mi accorgo che il fiatone arriva con facilità. Allora, con l'orologio in mano, controllo il polso e scopro che i battiti sono più veloci. E se devo scendere, mi guardo bene dal farlo di corsa. Mi accerto sempre che esista un mancorrente al quale aggrapparmi. Quando vedo qualcuno camminare in fretta penso subito, con rammarico, che io non sono più in grado di farlo. Il passo lento è diventato un'abitudine, almeno per me.

«E questi non sono gli unici sintomi della vecchiaia già iniziata o che sta per cominciare. Ti offrirò un esempio che forse ti stupirà. Provo una punta di fastidio se mi chiamano "Maestro". Non lo sono mai stato per nessuno e non perché fossi un distratto presuntuoso. Prima ancora che una piaggeria, mi sembra una presa in giro. Invece un sacco di persone mi appella così. Persino un messaggio sul cellulare lo iniziano con quella parola che non mi piace.»

«C'è un altro modo di chiamarti che ti infastidisce. È "Professore"» lo interruppe Elena, ridendo. «Ricordo uno dei camerieri di un ristorante romano che abbiamo frequentato spesso: ti definiva di continuo: "professor Mario". E nonostante tu gli abbia spiegato tante volte che eri un semplice dottore, lui continuava a rivolgersi a te in quel modo. Alla fine, per simpatia nei tuoi riguardi, aveva cominciato a dare noia pure a me. La giudicavo un'adulazione senza motivo.»

«Poi c'è la faccenda dell'età degli altri» riprese Mario, subito incoraggiato da Elena a spiegarsi.

«Prima di varcare la barriera dei settant'anni, non ho mai fatto caso all'età di una persona. Adesso me lo chiedo subito. E mi piace scoprirlo. Il motivo non lo conosco, forse è il desiderio di valutare se sono più vecchio io o chi ho di fronte. Ma nel comportarmi così, ho scoperto di apparire un invadente troppo curioso. Mi capita di chiedere l'età anche alle donne, ma soltanto a quelle più giovani di me. La cosa strana è che nessuna, proprio nessuna!, si rifiuta di rispondermi o si mostra risentita della mia domanda.»

«Per quale ragione, secondo te?» indagò Elena.

«Mi capita di pensare che la mia sfacciataggine venga considerata un segnale di interesse. Viviamo in una società dove quasi nessuno si occupa del prossimo. Stiamo diventando un mondo di estranei. Troppa gente sta rinchiusa nel proprio guscio, come se avesse paura di entrare in contatto con chi la circonda. Dunque, se un signore senza secondi fini come il sottoscritto vuole sapere quanti anni hai, in fondo significa che ti ritiene una persona degna di attenzione.»

«Ci sarà pur stato qualcuno o qualcuna che non ha gradito.»

«Soltanto una volta mi è accaduto che una signorina, per usare una parola ormai fuori moda, che quasi nessuno usa più, mi abbia replicato, chiedendomi: "Perché vuole saperlo?". Ho risposto, esagerando: "Perché lei mi piace". Allora lei ha sorriso e mi ha svelato la sua età. Era la metà della mia.»

«Vedi, Elena, a volte i vecchi rivelano un coraggio che i giovani o i quarantenni non hanno mai avuto o hanno perso» continuò Mario. «Succede nella vita e anche in un mondo di cui mi sono occupato quando lavoravo nei giornali e che descrivo ancora oggi: la politica. I leader di partito, oppure i loro vassalli che oggi stanno in televisione, con una frequenza ormai grottesca, parlano di continuo delle nuove generazioni. Non esiste un talk show che non ci porti in casa un politico, anche di seconda o terza fila, che non giuri di lavorare per i giovani. La ragione che ci rivelano è sempre la stessa: perché hanno a cuore il futuro di chi verrà dopo di loro.»

«Vogliamo essere precisi?» domandò Elena. «La frase più ricorrente, caro Mario, è "Lo facciamo per il futuro dei nostri figli". Quando la sento pronunciare con la solennità di chi è pronto al sacrificio supremo, cambio canale e scelgo un film d'amore o di avventura...»

«In realtà questi signori, di solito figure poco importanti, pensano soltanto alla propria carriera» riprese Mario. «Sono terrorizzati dagli incidenti di percorso che possono comprometterla. Per questo motivo non vogliono rischiare di avere coraggio. Per un politico anziano è l'opposto. Sa che la propria esperienza in Parlamento o al vertice di un partito sta per finire e osa tentare quello che prima evitava. Quindi decide di parlare con franchezza. Ma sono esempi molto rari.»

Elena sorrise. «Ho capito da un pezzo che la politica non ti interessa più. Seguiti a comprare undici quotidiani al giorno, ma ti limiti a sfogliarli. Un tempo la loro lettura ti occupava l'intera mattinata: almeno tre ore di lavoro. Adesso in un'ora o poco di più sfogli la mazzetta e poi me la consegni perché la butti nel cassonetto della carta. Oggi che cosa leggi?»

«Soltanto pochi degli articoli che parlano di politica» rispose Mario. «Per prima cosa, guardo la firma di chi li ha scritti. Se è un collega del quale mi fido, vado avanti nella lettura. Altrimenti, quel pezzo lo scarto subito. Per il resto, leggo soltanto i fatti della vita, soprattutto le vicende che hanno per protagoniste le donne.»

«Vedo che le storie che riguardano il gentil sesso

non hanno smesso di interessarti. E credo che siano specialmente le donne ad attirare la tua attenzione» osservò Elena. «Non sto parlando di me, naturalmente. Noi viviamo insieme e il nostro è un legame che mi sembra profondo. Intendo le donne che non appartengono alla nostra vita, ma ti capita di incontrare: la cameriera del ristorante, la ragazza del bar, quella dell'edicola, l'apprendista parrucchiera, l'infermiera del centro medico...»

Mario sospirò: «Ormai sono un vecchio signore e mi limito a osservarle. Quando non ti conoscevo, le scrutavo con lo sguardo dello scapolone al quale le donne sono sempre piaciute, comprese quelle brutte. Sì, anche loro. A volte la femmina considerata poco attraente nasconde segreti che stanno alla base del suo fascino, un enigma tutto da scoprire. Purtroppo il lavoro nei giornali mi ha sempre assorbito al punto di non avere il tempo di fare con assiduità il donnaiolo cacciatore».

«E adesso che non lavori più nei giornali?» lo provocò Elena.

«Oggi ho un principale molto esigente: la mia età. E poi vivo con te e non mi permetterei mai di farti uno sgarbo. Però la fantasia non puoi tenerla a freno. Ti confesserò che a volte immagino di fare delle cosacce con qualche ragazza che ho intravisto. Le chiedo se ha voglia di venire con me in un hotel di quelli malandrini. Lei dice di sì e ci incontriamo di nascosto nell'albergo. Lì succede quello che immagini. È la fantasia la grande alleata e, insieme, la grande trappola di chi si scopre vecchio.

«Vuoi che ti confidi un altro sintomo dell'età che avanza?» domandò Mario a Elena. «Riguarda la lettura. Come accade per i giornali, mi capita anche con i libri. Quelli di oggi non mi interessano più. I romanzi scritti da giovani autori mi sembrano di una banalità marmorea. I saggi sono quasi sempre arringhe politiche, messe insieme con la futilità della militanza. Tutta carta sprecata.»

«È per questa ragione che hai ripreso in mano libri che avevi già letto tanti anni fa?» domandò Elena.

«Vedo che te ne sei accorta. Possiedo ancora dei libri che avevo acquistato a vent'anni. Non ho la tua memoria di ferro, cara Elena. E quasi sempre mi rendo conto che sto leggendo un testo di cui non ricordavo più niente. Ecco un lato bello della vecchiaia. Riaprire *I promessi sposi* e scoprire un romanzo meraviglioso che non rammentavi!

«Scrivere e leggere mi aiutano a tenere a freno la paura che mi assale sempre più di frequente» mormorò Mario, come parlando a se stesso.

«È quella di lasciarmi sola?» domandò Elena.

«No. Contro la morte la paura non ha senso. Prima o poi il fattaccio succede. E non sei tu a decidere né il quando né il come. La paura che provo sempre più di frequente è di diventare povero. Non avevo mai pensato che potesse accadermi. Ho lavorato molto, ho guadagnato bene, ho risparmiato in modo accorto. E oggi mi ritrovo a domandarmi se il mio tesoretto, che è anche il tuo, reggerà di fronte a tutta la babele che insidia l'economia mondiale. E sempre più spesso mi scopro a domandarmi se il baraccone delle banche reggerà, per la salvezza tua e mia!

«Comunque mi ritengo un vecchio tutto sommato felice» concluse Mario, con uno scatto di allegria. «Me ne rendo conto ogni mattina, quando facciamo insieme la prima colazione. Come ho già detto, confido a me stesso: abbiamo superato un'altra notte e ci siamo svegliati in buona salute, con la testa a posto e il sorriso sulle labbra. In fondo sei tu, cara Elena, la ragione vera della mia indifferenza nei confronti della vecchiaia.»

# 3
# Il grido di Capri

«Mario, ricordi uno dei primi weekend che abbiamo passato insieme? Da Roma siamo andati in treno fino a Napoli e poi in traghetto a Capri. Appena scesi, la prima persona che abbiamo incontrato è stata una giovane segretaria di "Repubblica", dove allora lavoravi. Da quel momento abbiamo finito di essere una coppia clandestina» rise Elena.

«Lei era allenata a vedere noi giornalisti accompagnati da qualche signora irregolare, diciamola così. E non ha mostrato nessuna sorpresa. Con la sua solita allegria, mi è corsa incontro ad abbracciarmi. Poi ha abbracciato e baciato te, come se tra voi ci fosse un'antica amicizia. Ricordo che indossava un abito a fiorellini con la gonna corta, svolazzante per la brezza.»

«Più che brezza era una specie di vento che non prometteva niente di buono» rammentò Elena. «Infatti ha piovuto tutto il sabato e la domenica mattina. Il sole e il cielo azzurro, con i ricami delle nuvolette bianche, sono comparsi soltanto poco prima di ripartire per Roma. Abbiamo dovuto acquistare un ombrello. Di un bel giallo intenso, un colore che tu e io abbiamo sempre amato.»

«Di quel fine settimana ricordo soprattutto un momento» la interruppe Mario. «Stavamo passeggiando sotto una pioggerellina insistente quando, prima di sbucare sulla piazzetta di Capri, ci siamo fermati e ci siamo baciati. È stato allora che ho sentito una voce di donna gridare "Viva la vecchiaia!". Ferma a pochi passi da noi, sembrava compiaciuta di vedere una coppia non più giovane che si sbaciucchiava. Aveva le mani sui fianchi e l'atteggiamento della padrona di casa. Poi ci ha superati ed è scomparsa. È una scena che non scorderò finché campo. Così come non posso scordare il nostro incontro.

«In questi anni ho ripensato migliaia di volte al grido di quella donna» osservò Mario. «Prima di tutto, mi è sembrato un invito a darci coraggio. Come se dicesse: "Non siete più ragazzi, ma avete anche voi il diritto di amarvi e di scambiarvi un bacio appassionato per strada". Certo, il più anziano ero io, ma anche tu non potevi di certo passare per una ventenne.

«Adesso che abbiamo deciso di scrivere un libro sui vecchi e le loro vicende nell'Italia di oggi, quelle tre parole hanno un significato quasi magico. Era un'indovina, la sconosciuta di Capri? Non ho mai creduto alle premonizioni o ai presagi. Eppure sto pensando che il grido di Capri potrebbe anche diventare il titolo del lavoro che stiamo progettando. *Viva la vecchiaia!* ha un bel suono. È un incitamento a combattere contro i fastidi dell'età che avanza. E a superare ogni ostacolo. Vedremo che cosa ne dirà l'editore.»

«Prima di Capri, c'era stato il nostro incontro. E lo ricordo come se fosse avvenuto ieri» rammentò Elena. «Era il novembre del 1989, un anno di terremoti per il comunismo internazionale e italiano. In Germania era caduto il muro di Berlino e in casa nostra il segretario del Pci, Achille Occhetto, con la svolta della Bolognina si era azzardato a cambiare nome al partito che dirigeva, il Pci. Tu lavoravi a "Repubblica", eri il più giovane dei due vicedirettori di Scalfari, ma scrivevi spesso reportage e editoriali. Io insegnavo latino e greco in un liceo romano, dove avevo ottenuto da poco il trasferimento.»

«Viaggiavamo sullo stesso treno» ricordò Mario. «Io andavo a Firenze per partecipare a un dibattito. Tu eri diretta a Bologna per far visita a un'amica. Me ne stavo nello scompartimento quasi vuoto, quando sei passata, diretta al bar per prendere un caffè. Mi hai riconosciuto perché leggevi il giornale di Scalfari e ti era capitato tra le mani qualche mio libro dove appariva una fotografia del sottoscritto.»

«Dimentichi una circostanza decisiva» precisò Elena. «Ero una militante del Pci e ti avevo notato in un paio di congressi nazionali del mio partito. E sai perché mi eri rimasto impresso nella memoria? Adesso ti metterai a ridere: perché eri l'unico dei giornalisti appollaiati nella tribuna stampa a impugnare un binocolo. Abbastanza potente, ti consentiva di notare dei dettagli che ai colleghi sfuggivano...»

«Dunque il binocolo è stato galeotto. Non so quale personaggio abbia detto che il diavolo si nasconde nei particolari. Ma deve essere vero» ammise Mario. «Del resto in occasioni pubbliche come i congressi politici, erano proprio i dettagli a fare la differenza. E a rendere un articolo diverso dagli altri...»

Elena lo interruppe: «Non fare il pavone. La verità è che il tuo volto, la tua voce, il tuo tono tra il cordiale e l'autoritario li conoscevo grazie a qualche comparsata televisiva, in più di una tribuna elettorale della Rai».

«Rammenti quello che mi hai detto sul treno?» chiese Mario.

«Certo, come potrei averlo dimenticato?!» sorrise Elena. «Indossavi un cardigan blu scuro e una camicia azzurra. Io stavo in piedi alla tua destra. Mi sono presentata come la professoressa Tal dei Tali, poi ho aggiunto: "Lei non mi conosce, ma sono una comunista sofferente e vorrei chiederle che cosa sta succedendo nel Comitato centrale del Pci"...

«Stavi leggendo un libro con attenzione e, sentendo

la mia voce che ti interpellava, l'hai appoggiato sulle ginocchia con un leggero sussulto dovuto alla sorpresa. Mi hai guardato con l'occhio del maschio che viene agganciato da una signora di bell'aspetto. E mi hai subito invitato a sedere nel posto libero di fronte a te. Anzi» precisò Elena, «hai fatto un gesto a mani aperte come se volessi spingermi sul sedile.»

«Non potevo non guardarti» si difese Mario. «Indossavi una gonna al ginocchio e un orrendo collant verde militare. Avevi le stesse gambe di oggi: caviglie snelle, polpaccio forte. Ma confesso che a colpirmi di più è stata la mazzetta di quotidiani che tenevi sotto il braccio. Il primo era "il manifesto" e ricordo che pensai: accidenti, ecco una professoressa del giro di Pintor, Rossanda e Magri, adesso la sentirò lamentarsi di "Repubblica", di Scalfari e della sua banda di finta sinistra! Comunque iniziammo a parlare di tutto e di niente.»

«La tua memoria fa un po' cilecca, amore mio» disse Elena. «Per prima cosa mi hai confessato che di quanto accadeva alle Botteghe oscure non sapevi niente. Poi hai aggiunto di aver avuto un diverbio con Scalfari a proposito degli articoli scritti nei giorni precedenti. A giudizio di Barbapapà, erano troppo favorevoli alla svolta di Occhetto. Così, dopo averlo mandato al diavolo, avevi accettato l'invito del sindaco di Firenze a partecipare alla presentazione di un suo libro. In compagnia di Nuccio Fava e di Alberto La Volpe, due big della Rai, i direttori del Tg1 e del Tg2.

«A quel punto avrei dovuto salutarti e ritornare nel mio scompartimento. Invece abbiamo continuato a chiacchierare. Ricordo di aver notato una punta di fastidio quando ti ho detto di aver letto l'ultimo libro di Giorgio Bocca, ma non ancora il tuo. Mi hai risposto, sbrigativo: "È meglio il mio". Ho avuto il primo assaggio del futuro rugginoso tra di voi, ma allora non potevo prevederlo.»

«Poco prima dell'arrivo a Firenze, ti chiesi il numero di telefono e mi preparai a scendere» ricordò Mario. «E devo dirti, Elena, che ero convinto non ci saremmo più rivisti...»

«Invece» continuò lei, «qualche giorno dopo tu mi cercasti per chiedermi se accettavo un invito a cena. Risposi di sì. Non sapevo se mi saresti piaciuto, ma è andata così. E devo esserti piaciuta molto anch'io. Da quella sera non ci siamo più lasciati.

«Ne è passato di tempo! E adesso eccoci qui a ragionare sui vecchi o sugli anziani» sorrise Elena. «Tu ormai appartieni al loro mondo. Per fortuna tua e mia, sei un anziano operoso, posso definirti così? E hai scoperto che scrivere ti aiuta a vivere meglio. Non ti va di sparire, come succede a tanti dei tuoi colleghi di un tempo. E questo ti impedisce di diventare un signore con i capelli bianchi che non vede nessun futuro davanti a sé. Non oso pensare che uomo saresti senza il piacere di scrivere. La nostra vita di coppia assomiglierebbe a un inferno. Invece è il contrario.»

«Sai a chi vorrei assomigliare?» domandò Mario. «A Indro Montanelli. Lui era del 1909 ed è scomparso nel 2001, all'età di novantadue anni. Ha scritto sino a poco prima di andarsene. L'ho incontrato per l'ultima volta nel settembre del 1994 alla Festa nazionale dell'Unità a Modena. Era diventato il nuovo eroe dei post comunisti nostrani poiché si era messo contro Silvio Berlusconi.

«A circondarlo c'era una folla pazzesca. Indro avanzava a fatica verso il tendone dei dibattiti eccellenti. Una canna al vento, un lungo fuscello di cristallo. Un signore dalla magrezza elegante e spettrale che diventava altissimo nel sollevare le lunghe braccia da ragno. Un gesto quasi di resa con lo scopo di salutare la folla, ma anche per difendersi dall'entusiasmo dei compagni rossi.»

«C'ero anch'io con te, quella sera a Modena. Non te ne dimenticare» raccomandò Elena.

Mario le sfiorò il volto con una carezza: «Come puoi pensare che me ne sia scordato? Era una serata limpida, con una splendente falce di luna a illuminare un cielo color cobalto, lo sfondo di un evento che nessuno prevedeva».

«Già, come fai sempre, toccasti un mio orecchino d'oro dicendomi che portava fortuna. Alle nostre spalle arrivava il padrone di casa: Massimo D'Alema. In quel tempo stava all'apice del potere, doveva ancora essere rottamato dal giovane Renzi, il Fiorentino» raccontò Elena, facendo ricorso alla sua ottima memoria fotografica.

«Capitava spesso che il Pci mi invitasse alla Festa nazionale dell'Unità. Di dibattiti con i suoi dirigenti di primo piano ne ho fatti parecchi. Ma una festa in particolare è rimasta memorabile, almeno per me» disse Mario, lasciandosi andare ai ricordi. «Era esplosa Tangentopoli e il partito poteva essere travolto da quella bufera. La federazione milanese, coinvolta nel malaffare, invitò il segretario Achille Occhetto perché incontrasse i compagni di base in preda alla rabbia. Lui si lasciò andare a un rosario di "non sapevo", di "non potevo sapere"... Ma è inutile che ti racconti che cosa accadde, dal momento che c'eri anche tu alla festa.»

«No, io quella volta non ti avevo accompagnato» precisò Elena. «E non ho potuto assistere alla tua invettiva e agli applausi imprevisti che ti sei conquistato. Però quel fine settimana siamo tornati insieme alla Festa nazionale che si svolgeva a Reggio Emilia. Lungo i viali interni ti fermavano di continuo. Saluti, complimenti e pacche sulle spalle. Sembrava stesse passando la Madonna pellegrina. A parte gli scherzi, la tua popolarità tra i militanti del Partitone rosso era alle stelle.»

«Lo so che mi prendi per i fondelli» sospirò Mario. «Lascia però che completi questo ricordo. Quando è arrivato il mio turno, ho sostenuto che se il segretario

Occhetto non conosceva quanto accadeva nel suo partito, la soluzione era una soltanto: sia che dicesse la verità, sia che dicesse il falso, avrebbe dovuto dimettersi. Avevo messo in conto bordate di fischi e l'invito ad andarmene. Invece è esploso un applauso fragoroso. I dirigenti comunisti erano incavolati neri, ma il famoso popolo rosso la pensava come me.»

«Quell'Italia non esiste più. E questo prova quanto tempo è passato. Ma tu e io siamo ancora insieme. Ecco il segreto della nostra felicità» concluse Elena.

# 4
# Amori lontani

«Uno dei segnali che sta arrivando la vecchiaia è legato ai nostri amori passati» disse Mario alla moglie. «Si affacciano alla memoria con una frequenza prima sconosciuta. Ma nello stesso tempo, l'ultima cosa che faresti è rivedere le donne che hai amato...»

«Perché non vorresti incontrarle?» domandò Elena.

«Ti confesso una mia fragilità: trovarmi di fronte alla loro vecchiaia mi farebbe paura. Le ho conosciute quando eravamo entrambi giovani. Non sopporterei la loro decadenza fisica. Così come loro proverebbero ripugnanza della mia.»

«È un problema che esiste da quando il mondo è mondo» sospirò Elena. «Per fortuna, noi due ci siamo incontrati in età matura, tu cinquant'anni e io quaranta. Non ti ho mai chiesto nulla dei tuoi amori passati. Per discrezione, e perché non sapevo in che modo avresti reagito alla mia curiosità. Ma adesso che ne parli, sei obbligato a raccontarmi qualcosa di queste storie lontane e di come sono finite.»

Mario non poteva sottrarsi alla richiesta di Elena. Ne conosceva bene la cocciutaggine e sapeva che avrebbe insistito fino a ottenere delle risposte. Così le raccontò di due amori passati che per lui avevano contato molto.

La prima era stata una ragazza di ventidue anni, studentessa di Lettere all'Università di Pavia. Era una vera secchiona e aveva vinto un posto nel collegio Castiglioni, diretto da una latinista illustre e molto severa, Enrica Malcovati. Si chiamava Luisa e veniva da una piccola città lombarda. I genitori erano siciliani e lei aveva l'aspetto fisico di una ragazza del Sud: piccolotta, cicciosa, occhi neri, scura di pelle. Di carattere era molto caparbia, capace di decisioni improvvise che poi riusciva a mantenere contro tutto e tutti.

«La conobbi il 20 luglio 1969» continuò Mario. «È una data facile da ricordare perché quel giorno il primo uomo mise piede sulla Luna: Neil Armstrong, un astronauta americano. Io avevo trentuno anni e lavoravo alla "Stampa". Stavo a Pavia per un servizio che non rammento. Mi ero fermato in un bar del centro per bere qualcosa e vidi Luisa. Me la presentò un collega che collaborava a un quotidiano locale e mandava a Torino delle notizie che di solito non venivano pubblicate. Mi disse: "Questa è Luisa e diventerà una grande latinista". Poi se ne andò per gli affari suoi e io invitai la ragazza a prendere un caffè.

«Per farla corta, ci rivedemmo più volte, sempre a Pavia. Capii subito che a decidere l'esito della nostra amicizia sarebbe stata lei. Infatti, in autunno Luisa mi disse: "Adesso basta con le parole. Dobbiamo passare una notte in albergo, senza che nessuno ci dica se è giusto o sbagliato. Sei d'accordo, Mario?".

«Ci incontrammo in un hotel nell'Oltrepo Pavese. Lei non era vergine e il motivo me lo spiegò subito: aveva il fidanzato, un insegnante di matematica che però viveva in un'altra città. Sorpreso, le chiesi se non si sentisse in colpa. Ricordo che Luisa scoppiò in una bella risata, poi disse: "La tua domanda mi stupisce. Ragioni come un signore dell'Ottocento! Del resto, anche tu tradirai qualcuno. Per caso pensi sia un diritto che spetta soltanto ai maschi? Credo proprio di no".

«Incassai la lezione. Non vivevo nell'Ottocento, ma di certo dovevo ancora rendermi conto sino in fondo di una realtà già molto frequente nell'Italia di quegli anni, tra i Sessanta e gli Ottanta. I tradimenti coniugali erano sempre più diffusi e, di conseguenza, si cercava in ogni modo di nascondere gli amori di contrabbando, come li avrebbe chiamati Enzo Jannacci. L'ambiente professionale nel quale vivevo mi sembrava ancora abbastanza estraneo alle passioni nascoste, ai rapporti clandestini, alle frequentazioni coperte dal segreto. Ma le cose sarebbero cambiate presto.

«A letto Luisa era pronta a fare tutto lei. Voleva stare sopra di me e decideva il momento di essere presa. Adagio conduceva entrambi al piacere. Non chiedeva mai nulla in cambio, tantomeno regali. Del resto aveva abitudini spartane. Non si truccava, vestiva abiti comprati alla Standa, portava i sandali e non l'ho mai vista con il tacco alto.

«Se non fosse un po' blasfemo per il genere di rapporto tra di noi, oserei dire che il suo stile di vita era francescano. Quando si trasferì a Milano perché si era laureata e aveva trovato una supplenza, le proposi di contribuire alle spese dell'affitto, ma lei rifiutò. L'appartamento era minuscolo e povero, quasi senza mobili. A parte il letto, la cucina e un grande tavolo sui cavalletti, il suo scrittoio, ingombro di classici latini e di dizionari.»

«È andata avanti parecchio questa storia?» domandò Elena, forse già pentita di aver interrogato Mario sui suoi amori passati.

«Proseguì per quasi un anno. Poi finì. Lei diventò una bravissima insegnante di latino e greco. Credo che abbia sposato il fidanzato. So che vive ancora a Milano, come risulta dall'elenco telefonico. Qualche volta la nostalgia della mia giovinezza mi ha insinuato il desiderio di cercarla. Senza nessuno scopo, se non quello di dirle che conservavo un bel ricordo della nostra storia. Ma il buon senso, e anche il timore di trovarmi di fronte una donna ormai sconosciuta, mi hanno sempre suggerito di non commettere questa sciocchezza. Insomma di non rovinare quel che c'era stato tra noi.»

«Qualche volta ti capita di pensarci?» chiese Elena.

«Non ci sarebbe alcun motivo. Ma lasciami andare avanti. Dopo Luisa c'è stata una nuova relazione sempre sotto il segno del tradimento. Eravamo all'inizio degli anni Ottanta. Ero passato al "Corriere della Sera" e poi al quotidiano di Scalfari, "Repubblica". La signora era una funzionaria in una società statale, lettrice molto attenta dei miei articoli dedicati alla politica interna. Mi cercò lei, scrivendomi una lettera per propormi di incontrarla. Non mi era mai accaduto di ricevere per posta l'invito di una sconosciuta e la mia inguaribile curiosità mi obbligò a rispondere di sì.

«Enrica era sui trent'anni, sposata con un uomo che non amava più e madre di un bambino molto piccolo. Bruna, dalla bellezza nervosa, molto colta, capace di decisioni rapide, per non dire avventate. La prima volta ci incontrammo a cena in un piccolo ristorante vicino a piazza del Pantheon, poi ci rivedemmo nell'appartamento di una sua collega. Quella sera, l'amica uscì per lasciarci soli. E noi non perdemmo tempo: abbiamo fatto l'amore sul tappeto del soggiorno.

«Questa storia andò avanti a lungo. Ci incontravamo molto spesso nell'hotel romano nel quale vivevo. Nella dépendance, priva di portineria, del Raphaël, dove abitava anche Bettino Craxi, il leader del Psi. Lui e io ci conoscevamo bene, sin dai tempi dei parlamentini studenteschi. Bettino aveva a disposizione un appartamento all'ultimo piano dell'hotel, ingombro di carte, di giornali e di libri, in un caos indescrivibile. Ma per i suoi incontri privati usava una stanza della dépendance. Dove si diceva ci fosse un grande letto rotondo.

«Una sera, mentre salivamo le scale, ci imbattemmo in lui. Fu molto gentile con Enrica, poi mi disse, malizioso: "Se hai bisogno del mio letto rotondo, non hai che da chiedermelo". Lo ringraziai, ma rifiutai l'offerta.

Enrica e io trascorremmo molte sere nella Raffaellina. Lei telefonava più volte alla bambinaia che si occupava del piccolo. Era una madre molto apprensiva. In quel tempo i cellulari non esistevano e lei non voleva essere rintracciata, per questo si faceva viva di continuo, chiamando la tata del figlio.

«Poi anche questa storia finì. E confesso di non ricordarne il motivo. Ma forse un motivo preciso non esisteva. Era soltanto il destino naturale della nostra relazione. In seguito, seppi che Enrica aveva divorziato e si era risposata con un manager. Finché molto tempo dopo, nel 2011, mentre sfogliavo "Repubblica" venni trafitto da un necrologio che annunciava la sua morte. Pensai che fosse stata uccisa da un tumore. Ma non sapevo a chi chiederlo.»

«Non mi hai mai raccontato il finale della storia con quell'amica. Perché hai tenuto tutto dentro di te?» domandò Elena.

«La ragione vera non la conosco» rispose Mario. «Forse non volevo infastidirti con una vicenda vecchia di anni, per di più conclusa in un modo tanto feroce. E poi noi maschi invecchiando diventiamo deboli, mentre voi donne avete una resistenza ben più forte al dolore di una scomparsa...»

«Perché ti ha trafitto quel necrologio?» chiese ancora Elena.

«Mi provocò uno scoramento che non avevo mai avvertito. Mi sono sentito di fronte a un vuoto improvviso. Ho ripensato molte volte alla fine di una donna ancora giovane che deve aver lottato a lungo contro una malattia che non le dava scampo. Per fortuna c'eri tu, accanto a me.»

Elena non seppe trattenersi dal domandare: «Hanno contato nella tua vita questi amori?».

Lui sospirò: «Sì, molto. Compresi quelli che non serve ricordare. Le altre donne che mi hanno accompagnato per alcuni tratti della vita mi hanno concesso regali di valore incomparabile. Da loro ho ricevuto molto di più rispetto a quello che ho dato. Se oggi sono un vecchio signore sano di mente, che non si è trasformato in un sordido avaro e ha ancora voglia di lavorare, lo devo anche a loro. E, da quando ti conosco, a te, Elena. Ma adesso non credi che dovresti parlare tu dei tuoi amori passati?...».

Lei scrollò la testa. «Non ho molto da dirti. Lo sai già, io e Gianni ci siamo conosciuti molto giovani, non ancora diciottenni. Eravamo coetanei e ci siamo frequentati per qualche anno prima di concludere il nostro fidanzamento con il matrimonio. Eravamo già stanchi prima di sposarci, purtroppo ce ne siamo accorti soltanto dopo. L'abitudine aveva spento l'attrazione e, appena sono capitate le occasioni, sia lui che io non ci siamo negati il tradimento. Per me sono arrivati presto i sensi di colpa, ma soprattutto la rabbia per le sue storie vissute senza rispetto.

«Poi è accaduto l'imprevedibile. Lui si è ammalato e in pochi mesi se ne è andato. Non aveva ancora compiuto trent'anni. Da quel momento ho pensato soprattutto a studiare e a svolgere al meglio la mia attività di insegnante. Mi ronzavano intorno parecchi mosconi, ma avere un uomo accanto non mi interessava.»

«Non mi dirai che, prima di incontrare me, non hai avuto una storia, anche breve e priva di importanza» la incalzò Mario.

«Una c'è stata. Un collega di lavoro, il preside dell'istituto dove insegnavo. Mi ha corteggiato a lungo, ma quando ho ceduto devo averlo deluso. Parlo del sesso. Dopo tre o quattro incontri, mi ha lasciata in pace e gliene sono stata riconoscente. Forse ti aspettavo, senza saperlo. Dunque non ti ho mai tradito» concluse Elena con un sorriso.

Mario l'abbracciò e disse: «Non so dire se me l'hai

contata giusta del tutto, ma va bene così. Mi basta quello che siamo: due vecchi compagni di strada che si amano molto e hanno una sola paura: di morire uno prima dell'altra. Dovremmo andarcene insieme. Ma questo può deciderlo soltanto il Padreterno».

# 5
# Grazie, zia

«A proposito dei miei amori passati, ce n'è uno che ho evitato finora di rivelarti» confidò Mario a Elena. «Me l'ha riportato alla memoria la tivù, ieri sera. Mentre passavo da un canale all'altro alla ricerca di un film, ricorderai che abbiamo visto alcune sequenze di una vecchia pellicola con Lisa Gastoni: *Grazie, zia*. Quando uscì, nel 1968, fece scandalo.»

«Non starai per dirmi che hai avuto una storia con una zia?» lo guardò incredula Elena.

«Non è uno scherzo. È accaduto davvero. Palmira in realtà non era una zia in senso stretto poiché si trattava di una prima cugina di mia madre. Ma tutti noi la chiamavamo zia Palmi.

«Io avevo appena diciotto anni. E non sapevo molto delle donne. Con i miei amici ne parlavamo di continuo. Ma in realtà eravamo bamboccioni capaci soltanto di fantasticare, senza nessuna esperienza. È stata la Palmi la prima a introdurmi in un mondo per me del tutto ignoto. Ancora oggi mi domando perché lo abbia scelto. Ma decidendo di offrirsi, mi ha fatto un regalo che non ho mai dimenticato.

«La zia era una quarantenne, anzi per essere precisi di anni ne aveva quarantadue. Visti dall'alto della mia età di oggi, ma anche dalla tua, cara Elena, la considero poco più che una giovanissima signora, di quelle ancora molto attraenti e spesso corteggiate con insistenza. Soprattutto da maschi di pelo bianco che mantengono qualche velleità. Ma agli occhi di un ventenne com'ero io allora, poteva apparire poco meno di una zitella stagionata. Faceva la maestra elementare e veniva molto apprezzata perché con i bambini sapeva essere al tempo stesso dolce e severa.»

«Provo a immaginarla o me la descrivi tu?» lo stuzzicò Elena.

«Alta, un bel corpo asciutto, ben vestita, con i capelli biondi sempre freschi di parrucchiere. In casa nostra era famosa per il carattere troppo riservato, infatti si confidava soltanto con mia madre. Noi ragazzacci la ritenevamo una tardona o, come si usava dire allora con una parola brutale che non vorrei adoperare mai, una carampana. Per quel che ne sapevamo, non le venivano attribuiti amori, meno che mai di passaggio.»

«Scommetto che voi maschi ancora immaturi nel chiamarla tardona vi divertivate. Non v'importava che quell'etichetta per una donna sola fosse quasi un insulto!» esclamò Elena.

«Purtroppo allora andava così» ammise Mario. «Ma in casa nostra era un'espressione proibita e non veniva mai pronunciata. Ricordo che mia madre affrontò quel tema una sola volta. Per dirci che la Palmi era nubile perché aveva sempre respinto i corteggiatori. E si era decisa a scegliere una verginità volontaria. Per tenersi lontana da avventure che potevano finire male, come era accaduto ad alcune conoscenti.»

«Eppure, nonostante la sua età, ti sei invaghito di lei.»

«Sì. Arrivato a diciotto anni presi a osservarla con un occhio diverso dal solito. E mi resi conto che zia Palmi possedeva molte qualità che mi attraevano. Prima di tutto, il modo di camminare: rapido e lieve, quasi procedesse su un tappeto prezioso, da non guastare. Poi i silenzi, accompagnati sempre da un sorriso che a me sembrava nascondere un enigma. Infine gli sguardi che mi facevano sentire non un ragazzino fastidioso, ma un adulto da rispettare. Come allora accadeva ai maschi della mia età, cominciai a pensare che mi considerasse in modo diverso dagli altri adolescenti della nostra famiglia larga. E mi misi a fantasticare sul suo conto.»

«Non faccio fatica a immaginare quali fossero le tue fantasie. Non è necessario che le riveli nei dettagli» lo pregò Elena.

«D'accordo. Tanto più che le uniche fantasie che contavano non erano le mie, bensì le sue. Ma lo compresi dopo quello che accadde tra noi. E qui fammi dire subito che fu zia Palmi a farsi avanti. Accadde un pomeriggio che ero andato da lei per riconsegnarle un libro che aveva prestato a mia madre.

«Mi accolse con un calore insolito. Mi abbracciò, mi stampò due bacioni sulle guance, poi esclamò: "Quanti anni hai, Mario? Sei davvero un bel ragazzo. Immagino che tu abbia un gran successo con le solite compagne di liceo! Sarai già fidanzato con qualcuna di loro, credo. No? Meglio così! Alla tua età non bisogna ancora impegnarsi. E godersi i vantaggi di un periodo meraviglioso, un momento dell'esistenza che passa una volta soltanto!".

«Senza aspettare la mia risposta, mi pregò di attenderla in salotto. Ritornò quasi subito con una fetta di torta su un piattino, doveva averla preparata in attesa del mio arrivo. Quindi si sedette di fronte a me. Teneva le gambe accavallate. La gonna le lasciava scoperte un po' di cosce e il bordo delle calze velate. Non riuscivo a distogliere gli occhi da quello spettacolo. E lei notò che mi ero dimenticato della fetta di torta preparata per me.

«Con un leggero sorriso sulle labbra, chiese: "Mario, vedo che mi osservi con uno sguardo che fino a poco tempo fa non ti conoscevo. Perché lo fai?". Ma ancora una volta non aspettò la mia risposta, come se la conoscesse già da un pezzo. Parlò di nuovo lei. E quello che disse mi mandò al tappeto.

«Con una schiettezza imprevedibile, spiegò: "Tu mi

guardi così perché vorresti fare con me le cosacce che immaginate tra voi ragazzi. Non negarlo, sarò anche una tardona quarantenne, ma non sono sciocca. Spasimi di fare l'amore con zia Palmi, però non hai il coraggio di confessarmelo. Sei talmente imbranato che non sai neppure quali parole usare. Sta bene: ti aiuterò a uscire dall'imbarazzo. Se è questo che vuoi, sono pronta anche subito".»

«Una zia davvero sorprendente» rise Elena.

«Proprio così. Mi tolse dalle mani il piatto con la torta, lo posò sul tavolino, poi mi ordinò di alzarmi con un gesto deciso e, sempre senza parlare, mi indicò di seguirla nella sua camera. Una stanza dalla semplicità monacale. A cominciare dal letto a una piazza più larga del solito, alla francese come avrei poi scoperto. Ma la zia Palmi dimostrò di essere tutto l'opposto di una monaca.

«Si spogliò senza nessuna timidezza. Ricordo che aveva delle mutandine bianche da adolescente casta e un reggiseno severo. La pelle era quella di una ventenne. Il seno piccolo, però molto sodo. Il ventre soffice e le cosce elastiche. Insomma, si era conservata molto bene, facendo sempre ginnastica, una consuetudine allora rara per le donne. Poi fu lei a spogliare me, con la cura che di solito una madre usa nei confronti di un bambino» raccontò Mario.

«Per te è stata una iniziazione in piena regola» commentò Elena.

«Puoi dirlo. Fece tutto lei. Io ero paralizzato dalla sorpresa e dall'imbarazzo, ma per niente al mondo avrei voluto trovarmi da un'altra parte. La Palmi mi maneggiò con un ardore crescente. E quando si rese conto che ero eccitato, mi aiutò a entrare dentro di lei, con qualche mossa decisa ed esperta. Fu la mia prima volta, e provai un piacere per me ancora sconosciuto.

«Se mi capita di ripensare a quel pomeriggio» continuò Mario, «rammento che lì per lì non mi resi conto che la zia Palmi non era per niente vergine. In seguito glielo dissi, ma lei alzò le spalle con noncuranza. Si limitò a spiegarmi: "È vero. Quando avevo la tua età, ho incontrato un signore sui quaranta, un amico di famiglia che mi taroccava con insistenza. Ho accettato le sue proposte, sperando che dopo la smettesse di darmi fastidio. Non lo fece, allora lo mandai al diavolo, minacciando di raccontare tutto a mio padre". E quel tizio scomparve.»

«Non credo proprio che la zia Palmi fosse così ingenua da credere che, dopo essersi concessa una volta, quel signore si sarebbe ritirato in buon ordine. E non venirmi a dire che, pur avendo diciotto anni, ti sei bevuto le sue parole. Ma sei andato altre volte a mangiare la torta a casa della zia?» domandò Elena, con un sorriso malizioso.

«Mi è capitato di farlo abbastanza spesso, nel giro di un anno. Non era necessario che glielo chiedessi, era lei a propormelo, anzi a ordinarmelo. Si limitava a dire: "Domani pomeriggio non ho impegni. Saresti disposto a venire da me? Ti aspetto, mi farò trovare pronta". Io accorrevo e la Palmi mi regalava due ore di piacere. Decideva lei che cosa fare e come farlo. Era una comandante, capace di tutto.

«La storia con la zia mi ha convinto che, a proposito delle donne, non bisogna mai fermarsi alle apparenze. Capita quasi sempre che siate molto diverse da come vi presentate o dall'idea che noi maschi ci facciamo di voi...»

«Spesso è così. Ma la Palmi che tipo di donna si rivelò?» domandò Elena.

«Una diavolessa. L'esatto contrario della zitella quarantenne riservata e casta. O della tardona scoraggiata. Mi insegnò tutto sul sesso. E su come un ragazzo doveva comportarsi con una femmina. Prima di andarci a letto, poi durante la faccenda e infine dopo. Anche nelle questioni d'amore mostrava una precisione da brava maestra elementare. Mi istruì sulla necessità di stare attento a non mettere nei guai chi mi avrebbe fatto lo stesso suo regalo. In una parola, mi ordinò di usare sempre il preservativo, il cappottino, come lo chiamava lei.»

«Ti spiegò perché aveva deciso di portarti nel suo letto?» chiese Elena.

«Mi disse che a un certo punto si era accorta che la guardavo con gli occhi del giovane lupo. E aveva pensato di premiarmi. Però mi comandò di non dire a nessuno quello che stava accadendo tra noi. Meno che mai a mia madre. "Siamo amiche da molto tempo e non voglio che lei mi allontani." Aggiunse: "Le mamme sono sempre gelose dei figli maschi e non sopportano che altre donne glieli portino via. La pensa di sicuro così anche tua madre, nonostante sia una donna di larghe vedute" concluse.»

«Vorresti farmi credere che tua madre, abituata a tenere tutto sotto controllo, non abbia mai intuito quello che accadeva fra di voi?» domandò Elena.

«Hai ragione, è probabile che sapesse tutto. Un giorno mi chiese perché andavo così spesso a trovare la zia. Ma senza aspettare una mia risposta, continuò dicendo che la Palmi era una signorina spregiudicata, molto disinvolta con i maschi. "È stata brava! Ci ha imbrogliati tutti, quella finta santerellina. Anche quando avrà sessant'anni, non smetterà di pensare che pure agli anziani il letto non serve soltanto per dormire!" Poi sospirò che era meglio frequentare lei che qualche strusona troppo andante e pericolosa.»

«Dopo la relazione con te, che cosa è successo alla tua Palmi?»

«Credo che abbia iniziato a vivere in modo diverso. So che ha incontrato altri amori. Quasi tutti ragazzi molto giovani. Poi ha conosciuto un signore di qualche anno più grande di lei. Era un medico della nostra città. Se lo è portata a letto e dopo un po' di tempo lo ha sposato. Per quel poco che ne so, è stato un matrimonio senza figli, però molto felice» disse Mario.

# 6
# Caccia ai vecchi

«Ti sei accorta che noi vecchi abbiamo un mercato?» domandò Mario a Elena. «Se ne parla sui media molto più di un tempo. Siamo invasi dalla pubblicità di prodotti cosmetici e di medicinali che garantiscono l'eterna giovinezza alle femmine e ai maschi. Del resto, anche noi stiamo scrivendo un libro sulla vecchiaia...»

Elena gli replicò: «Questo è vero. Eppure nell'Italia del 2016 essere vecchio non risulta tanto facile. Pensa al comportamento assurdo dei politici e a quello che si ascolta nelle trasmissioni televisive oppure si legge sui giornali. Tutti affermano che gli anziani rubano il futuro ai giovani. È una falsa verità perché l'avvenire non è una ricchezza che si possa rapinare o cedere in eredità».

«Ne sappiamo qualcosa anche noi due» convenne Mario. «Il nostro futuro ce lo siamo costruito giorno dopo giorno, con fatica e senza troppi aiuti. È vero: da quando è scoppiata questa maledetta crisi globale, la condizione dei giovani si è fatta più difficile. Ma di certo quella degli anziani non suscita invidia» mugugnò lui, risentito.

Poi aggiunse: «Ad ammetterlo si è levata qualche voce di saggezza, però si finge di non udirla. Ci circonda il frastuono assordante di chi continua a ripetere che i giovani non hanno nessuna colpa per le difficoltà che incontrano nel farsi strada. La colpa sarebbe tutta degli anziani che occupano i posti migliori, lucrano gli stipendi e i salari più alti. E in questo modo confinano le nuove generazioni in un ghetto con le porte sbarrate dal quale è impossibile uscire. Un'assurdità! Ma vogliamo parlare di quel che accade alle persone anziane? Ascolta che cosa mi hanno raccontato al caffè quando siamo andati a comprare i giornali».

In una città vicina, il signor Aldo, un settantenne ancora in forma, era incappato in un guaio che mai avrebbe immaginato. Una sera, mentre rincasava dal cinema, si era visto circondare da una squadretta di quattro o cinque giovani molto aggressivi. Dovevano essere ubriachi o drogati, poiché ridevano e gridavano in modo sguaiato.

Dopo la derisione, erano iniziate le offese con parole ingiuriose. Avevano mostrato i pugni ad Aldo, quindi si erano decisi a colpirlo. Lui stava per soccombere quando apparvero due donne. Una impugnava una rivoltella e sparò un colpo in aria. Bastò quello per far abbassare la cresta ai violenti che, girando i tacchi, scomparvero.

Le due donne aiutarono Aldo a rialzarsi. Era un po' ammaccato, ma non ferito. Si riprese alla svelta e, quando le impreviste salvatrici si offrirono di accompagnarlo a casa, lui salì sulla loro auto e insieme raggiunsero l'appartamento dove viveva con una badante. Questa ascoltò il racconto di quanto era accaduto al suo assistito e, una volta superato lo choc, propose alle due donne di fermarsi a cena.

In attesa di accomodarsi a tavola, il signor Aldo volle conoscerle meglio e, com'era solito fare, le subissò di domande. Chi siete? Dove vivete? Che lavoro fate? Quanti anni avete? Anna e Luisa gli risposero senza mostrare nessun fastidio. La prima era un'agente in servizio al commissariato cittadino. La seconda faceva l'infermiera al Policlinico.

Anna, la poliziotta, dichiarò i suoi trentacinque anni. Di statura media, corpo asciutto, bionda naturale, viso ovale sul quale si accendevano occhi scuri e un sorriso radioso. Indossava dei jeans con un giubbotto di pelle e calzava scarpe da ginnastica. Aveva i capelli molto corti e un modo di fare spiccio, da agente in grado di cavarsela anche in frangenti difficili. Si disse appassionata di sport, esperta di judo e di arti marziali. E portava la rivoltella anche quando non era in servizio perché conosceva i rischi che s'incontravano sulla strada. Ad Aldo sembrò una giovanotta esuberante.

Luisa, l'infermiera, aveva appena trent'anni. Magra, con i capelli di un bel rosso, le lentiggini e gli occhi verdi. Dall'aspetto e dai gesti, se ne intuiva un modo di fare deciso, quasi da maschio. Tanti anni di lavoro negli ospedali dovevano averla messa di fronte ai lati scabrosi dell'umanità. Raccontò di essere ancora single, senza un compagno o un moroso. Lui allora confessò: «Vivere da soli non è facile. Lo so bene perché sono vedovo da tempo e non ho mai voluto obbligare mio figlio a tenermi in casa».

Aldo fu subito attratto dall'infermiera. Per lei niente jeans né bomber, bensì gonna, camicetta, pullover leggero, scarpe dal tacco alto. Era ben costruita e lui ne apprezzò il petto robusto e ne intuì il lato B niente male. Luisa si accorse delle sue occhiate. Però non si mostrò infastidita, anzi lo ricambiò con un sorriso.

La più disinvolta delle due amiche si rivelò Anna, la poliziotta. Notando che la badante scrutava lei e Luisa con curiosità attenta, le chiese ridendo: «Scommetto che si domanda se siamo una coppia particolare, insomma due lesbiche. Non ci sarebbe niente di male, però non è così. Io ho un fidanzato, un tecnico dell'Enel. E presto ci sposeremo».

Poi aggiunse: «Per quel che ne so, a Luisa gli uomini non dispiacciono, soprattutto se sono maturi. Noi ci siamo conosciute due anni fa, quando ho portato al suo ospedale un collega rimasto ferito in un conflitto a fuoco con una banda di rapinatori. Da quel momento, quando siamo libere dai turni di servizio, ci frequentiamo. Pubblica sicurezza e sanità: non c'è di meglio in questi tempi da cani».

«Che cosa vuol dire tempi da cani?» domandò il signor Aldo. La poliziotta sospirò: «Può capitare di tutto e sempre di peggio. Pensi al rischio che ha corso lei qualche ora fa. La rabbia dei giovani va compresa, però non può essere tollerata nessuna violenza. Dobbiamo bloccare sul nascere una stagione balorda che ci può portare chissà dove...».

Poi la conversazione divenne più frivola. E dopo la cena le due amiche se ne andarono. Aldo si rammaricò di non aver chiesto all'infermiera il numero di cellulare. Ma due giorni dopo fu lei a cercarlo. Gli domandò se stava bene e se il brutto incontro con i teppisti non l'avesse impaurito. Lui la rassicurò, poi aggiunse: «In fondo, ho avuto la fortuna di conoscerla. E le confesso che vorrei rivederla. Sono un signore anziano, ma non ho perso il piacere di incontrare una donna, specie quando è giovane come lei».

Luisa replicò: «Se è così, venga a trovarmi domani nel tardo pomeriggio. Sarò a casa dopo la fine del mio turno al Policlinico. Prenda nota dell'indirizzo».

Si videro l'indomani, nel piccolo appartamento dell'infermiera. Dopo qualche chiacchiera vaga, Luisa gli domandò: «Per quale motivo ha voluto rivedermi? Non avrà certo bisogno di qualche consiglio per la salute, poiché constato che ha una forma perfetta».

Aldo comprese che l'infermiera gli chiedeva di essere schietto e si adeguò: «Il motivo le sembrerà fuori della mia portata, ma lei mi è piaciuta subito molto. Vorrei diventare suo amico e poterla frequentare. Tutto qui. Se fossi più giovane avrei ben altre idee, ma non posso spingermi oltre».

Luisa gli sorrise: «E questo che lei chiama "oltre" in che cosa consisterebbe?».

Al signor Aldo accadde quello che non gli capitava

mai, arrossì. Ma comprese che doveva sputare il rospo: «Sino a qualche anno fa, il mio oltre sarebbe stato farle la corte. Con la speranza di non essere respinto. E poi di venire accettato come amico intimo».

L'infermiera rivelò di avere davvero un debole per gli uomini maturi, come l'aveva dipinta Anna la poliziotta. Sorrise e rispose: «Io so che cosa le frulla per la testa: il desiderio di venire a letto con me. E le rispondo che non vedo perché non dovremmo farlo. Siamo due persone senza obblighi verso nessuno. Ma prima risponda a una domanda: da quanto tempo non frequenta una donna?».

Lui balbettò: «Da anni. Non mi domandi quanti siano perché non lo ricordo più. Anzi, non voglio ricordarlo per non deprimermi».

Luisa lo incalzò, come fosse di fronte a un paziente riottoso: «Ritiene di essere ancora in grado di farcela?».

Il signor Aldo arrossì di nuovo. «Ho settant'anni e per capirlo dovrei provare. Comunque ho anch'io una domanda. Lei è giovane e bella. Perché vuole sprecare del tempo con un signore anziano come me?»

L'infermiera sospirò. «Uno psichiatra del Policlinico mi ha spiegato che tutto dipende dal rapporto che ho avuto con mio padre, scomparso da tempo. Lui stravedeva per la mia sorella più giovane. E questo mi rendeva molto gelosa. Adesso che sono adulta, mi dedico ai signori anziani. In ciascuno vedo mio padre. E immagino di fare l'amore con lui. Può sembrare scandaloso, ma questa è la verità.»

Trascorse qualche giorno e la prova si rivelò piuttosto complicata. Ma l'infermiera era davvero una buona samaritana. Aiutò Aldo a liberarsi degli abiti, poi si spogliò anche lei. Dopo i primi tentativi a vuoto, Luisa riuscì a farsi prendere. Aldo si accorse di sentire un piacere immenso. E più o meno lo stesso provò l'infermiera. Stesi sul letto, Luisa gli disse: «Per oggi basta e avanza. Ma se vuoi riprovarci, potremo rivederci a metà settimana».

Quando si ritrovarono, la performance di Aldo fu migliore. Lui pensò: "Il mio corpo è una macchina arrugginita, rimasta ferma per troppo tempo. Ma adesso sta riprendendo a funzionare".

Sentendosi rassicurato, domandò a Luisa: «Continuo a non capire perché non rivolgi le tue attenzioni a uomini più giovani. Non ti darebbero tutto il daffare che ti dà un settantenne come me».

«Ci ho riflettuto anch'io e ti ho già dato una risposta. Ma c'è dell'altro» gli spiegò. «Se vi sentite accettati da una donna che ha molti anni di meno, voi anziani diventate bambini. Dolci e attenti. I maschi più giovani, invece, sono arroganti, pretendono di comandarti, vogliono tutto e il contrario di tutto. Ho avuto qualche moroso tra i venti e i trent'anni. Erano ben più forti di te, però mi consideravano all'incirca come una donnaccia al loro servizio. Tu invece mi regali ore tranquille. Questo è il motivo che mi spinge a fare l'amore con un signore della tua età» concluse Luisa.

Tuttavia non era un affare semplice. Per eccitare il partner, l'infermiera si vide costretta a soddisfare le sue bizzarrie. A volte Aldo le chiedeva di vestirsi e truccarsi come una signora dell'anteguerra. Altre di recitare la parte della propria madre giovane, della quale dichiarava di essere sempre stato innamorato. E ogni volta il settantenne mostrava un'energia che non pensava più di avere. Tanto che un giorno le disse: «Tra me e te ci sono quarant'anni di differenza. Ma non li sento quasi più».

Si incontravano due o tre volte alla settimana, poi Aldo iniziò a mancare a qualche appuntamento o a mostrarsi svogliato. Alle domande di Luisa rispondeva in modo evasivo. Però, messo alle strette, un pomeriggio decise di non nascondere la verità. Confessò di aver ricevuto delle lettere anonime che gli ordinavano di non frequentare più l'infermiera: «Se non obbedisci, ti pesteremo a sangue».

Aldo disse a Luisa: «L'aggressione che ho sofferto il giorno che sono stato salvato da te e da Anna è un precedente che mi fa tremare. Non voglio correre rischi. E soprattutto non voglio farli correre a te. Lo dico con la morte nel cuore, ma non dobbiamo più incontrarci». L'infermiera tentò di dissuaderlo, però lui fu irremovibile.

Rimasto solo, il settantenne si rese conto che il rapporto con Luisa lo aveva cambiato. E scoprì di essere attratto da una vicina di casa cinquantenne. In pubblico appariva una vedova inconsolabile, ma lui non lo credeva affatto e si era dato il compito di insidiarla per scoprirlo. Anche la portinaia del palazzo, una donna di mezza età che gli faceva sempre l'occhiolino, valeva la pena di essere conosciuta. Tutte le volte che lo incontrava, gli diceva: «Signor Aldo, lei sembra rinato. Perché non viene a trovarmi? Sono soltanto una portiera, ma ho delle qualità nascoste».

Lui decise di corteggiare la vedova inconsolabile. Lei lo accolse a braccia aperte. La relazione con l'infermiera gli consentì di essere all'altezza di una signora che aveva vent'anni meno di lui. Ma la loro storia non durò a lungo. L'anonimo o gli anonimi delle lettere minacciose lo tenevano d'occhio. E una sera nell'androne del palazzo lo pestarono a morte. Poi lasciarono accanto al cadavere un biglietto che diceva: «I vecchi maiali finiscono tutti così».

Elena rabbrividì. «È una storia orrenda, di amore e di morte. Che cosa ne pensi, Mario?»

Lui si strinse nelle spalle: «Non è vero che la società

di oggi è dominata dagli anziani. In realtà loro sono considerati dei paria, esseri inferiori. Sai chi mi ricordano? Gli sconfitti nella nostra guerra civile. Con il tuo aiuto, ne ho scritto molto. E penso che il vecchio sia anche lui un vinto. Senza diritti e alla mercé di chiunque sia più giovane di lui».

# 7
# I nonni di ieri

«Da quel che si legge e si vede in tivù, i nonni sono tornati a essere importanti!» esclamò Elena. «Soprattutto quelli che dispongono di una pensione e la usano per sostenere i nipoti disoccupati o in difficoltà. Qualcuno li ha definiti i nuovi ammortizzatori sociali. Con il loro assegno mensile, in certi casi, contribuiscono alla sopravvivenza delle famiglie.»

La interruppe Mario: «Com'è cambiato il mondo! Un tempo i nonni rappresentavano la figura cardine di ogni assetto sociale. Ci si rivolgeva a loro con il voi. Erano l'incarnazione di un passato da venerare o almeno da rispettare. In questo 2016 il passato invece non conta più nulla. È stato soppiantato dal presente o dal futuro. È un bene o un male? La mia risposta è senza incertezze: lo considero un male».

Elena ricordava benissimo i racconti di Mario sulla nonna Carolina. A trentatré anni era rimasta vedova di un contadino povero, con le pezze al sedere. Un bracciante a giornata, ucciso «da un colpo», come si diceva allora per indicare un infarto o un ictus. Il «colpo» lo aveva folgorato mentre zappava nel campo di un padrone esoso, convinto che i braccianti non fossero molto diversi dagli animali.

Questo nonno aveva fatto in tempo a mettere al mondo sei figli che Carolina era stata costretta ad allevare da sola. Combattendo ogni giorno contro la miseria più nera, segnata soprattutto dalla fame, era stata capace di crescerli e avviarli al lavoro. Diventati adulti, si erano sposati tutti, per ultimo il padre di Mario. «C'è un dettaglio che conferma l'esistenza grama di mia nonna» spiegò lui. «Era la preghiera che recitava ogni sera prima di prendere sonno. Diceva: "Gesù, la vostra bestia da fatica si corica".»

Quando l'ultimo figlio prese moglie, Carolina li seguì nella nuova casa. L'uso di quel tempo prevedeva l'obbligo di tenere con sé la madre. Chi non lo onorava veniva rimproverato dall'intero parentado. Carolina in questo modo non rischiò di rimanere da sola o di finire all'ospizio comunale dei poveri vecchi. Conosceva bene quel luogo triste poiché lo scorgeva tutte le mattine spalancando le finestre di casa. E ogni volta diceva al figlio: «Prima o poi, mi manderai lì».

«La nonna me la rammento bene. Una donna anziana, piccola, minuta, sempre vestita di nero. Lo stesso colore dei suoi pensieri» continuò Mario. «Soltanto più in là negli anni, ho compreso che viveva ancora sotto l'ombra buia della miseria che l'aveva oppressa, soprattutto dopo essere rimasta vedova. Di quell'epoca aveva conservato l'ossessione per il risparmio. C'è un episodio che me lo conferma. Un giorno mio padre portò a casa un apparecchio radio. Un desiderio che aveva da tempo ed era riuscito a realizzare. Risparmiando lira su lira.

«Ma Carolina la considerò una spesa inutile e obbligò papà a riportarla dove l'aveva comprata. Allora lui, operaio dalle mani d'oro, se ne costruì una, tutta da solo. Però la nonna non volle saperne nemmeno di questa e ordinò a mio padre di confinarla in cantina.»

«E tua madre che cosa diceva?» domandò Elena.

«Con il suo carattere deciso e ottimista, Giovanna avrebbe potuto tener testa a dieci suocere. Però nutriva un grande rispetto per il passato terribile di Carolina. E non si intromise. Ho anche l'impressione che a lei della radio importasse ben poco. Del resto, con il doppio lavoro di sarta modista e madre di famiglia non avrebbe avuto molto tempo per ascoltarla. La ragione vera però è che in quell'epoca gli anziani, i nonni per noi bambini, erano tenuti in grande considerazione.

«Anche i miei genitori davano del voi a Carolina. La interpellavano dicendo, in dialetto: "Vui mama", voi madre. Giovanna aveva mille attenzioni per lei. Me ne rammento una, che può sembrare secondaria, ma non lo è.»

«Stai parlando dei fotoromanzi che tua madre comprava per la nonna?» chiese Elena.

«Certo. La nonna era analfabeta, non aveva mai imparato a leggere e a scrivere. Per le statistiche del primo Novecento figurava nella categoria degli illetterati totali. Erano uguali a lei molte donne del ceto povero e della sua generazione. Nessuno se ne meravigliava perché era una condizione abituale, simile a quella di non portare le mutande nei mesi caldi, per risparmiare almeno su un indumento invisibile. Non c'era niente di scandaloso nell'andare con il sedere scoperto, diremmo oggi. Come la nonna, in tante indossavano gonne lunghe sino alle caviglie e nessuno se ne accorgeva.»

«Mi fai ricordare mia madre quando parlava di Elide, una vicina di casa» disse Elena. «Era la moglie del contadino che aveva in affitto il fondo al di là della strada, di fronte alla nostra cascina. Non portava le mutande, né d'estate né d'inverno. Di diverso da tua nonna c'era che lei indossava gonne poco sotto il ginocchio. Magari lo faceva per provocare il marito mentre erano al lavoro. O magari qualcun altro.»

«Ritornando alla faccenda dei fotoromanzi» riprese Mario, «devo precisare che stavamo nel primo dopoguerra, a qualche mese dall'aprile 1945. Mia madre cominciò ad acquistare per la nonna "Sogno", "Bolero Film", "Grand Hotel". Carolina trascorreva i pomeriggi immersa in due operazioni: recitare il rosario e al tempo stesso sfogliare quei settimanali. Io ero un bambino impertinente e le dicevo: "Nonna, tu non sai leggere, cosa li guardi a fare questi giornali?". Lei replicava: "Mi basta dare un'occhiata alle figure e capisco tutto!".

«Tra loro lei preferiva "Grand Hotel", uscito nel 1946 e arrivato in pochi mesi a una tiratura mostruosa: più di seicentomila copie. Ogni numero era di sedici pagine e costava dodici lire. Presentava soprattutto storie d'amore e questo spingeva la nonna a parlarne con me e con i miei cugini più grandi, tutti maschi. Ci raccomandava: andate pure a caccia di donne, fate quello che loro vi permettono di combinare, però non sposatevi e, se la ragazza vi propone di farlo, ditele di no!»

«Perché di no?» si stupì Elena.

«Il suo ragionamento era elementare. Carolina ringhiava: guardate quello che è successo a me, potevo restare zitella e non mi sarebbero capitate così tante disgrazie. Ho messo al mondo sei figli, poi quel poveraccio di vostro nonno ha pensato bene di andare all'altro mondo quando non aveva ancora quarant'anni. E mi ha lasciata in un mare di guai! Sono stata povera sette volte di seguito. Dopo ogni figlio e quando ho perso il marito.

«Di quell'epoca ricordava soprattutto la generosità di qualche parroco. E questo l'aveva fatta diventare molto religiosa. Tre volte alla settimana frequentava una chiesa vicina, quella che lei chiamava la Chiesa dei Frati. Erano francescani e anche in inverno portavano i sandali con calze rattoppate. Carolina rognava: "Il Vaticano è ricco, il Vescovado della nostra città è pieno di soldi, invece i frati somigliano a me. Vado d'accordo con loro e non mi vergogno della mia vita da miserabile".»

«Ma adesso basta con le mie solite storie, dimmi invece com'era tuo nonno» Mario domandò a Elena.

«Il vecchio Berto me lo ricordo bene» raccontò lei. «Non molto alto, robusto, con un faccione sul quale non ho mai visto fiorire un sorriso. Salvo che con i vicini e gli estranei. Con tutti noi della famiglia, figli, figlie, nuore, generi e nipoti, era sempre incarognito. Mi è capitato spesso di pensare che, se avesse potuto farci scomparire con un'occhiata, l'avrebbe fatto» precisò Elena.

«Non credi di esagerare?»

«Avresti dovuto conoscerlo!» ribatté convinta Elena. «Ma lasciami continuare. Berto era un contadino come tuo nonno, con la differenza che era un privilegiato per i suoi tempi. Invece di lavorare un podere a mezzadria o da bracciante a giornata, era in affitto e per giunta su un fondo di proprietà della Curia cittadina. Pagava un tanto all'anno e tutto quello che la terra gli rendeva restava a lui. Per una ragazza, prenderlo come marito voleva dire non patire mai la fame. Eppure la donna sulla quale aveva messo gli occhi lo rifiutò e sposò un altro. Dio solo sa quanto avrebbe fatto bene a mantenere il suo no nei confronti di Berto!»

«Che cosa vuoi dire?»

«Pochissimo tempo dopo il matrimonio, restò vedova, ad appena venticinque anni. Senza figli e con una discreta eredità. Allora Berto ritornò alla carica e, dopo molte insistenze, alla fine lei gli disse di sì. Era una donna fragile, figlia di contadini. Ma per la salute cagionevole le era stato risparmiato il lavoro nei campi e nella stalla. Invece nella nuova casa non le fu permesso di fare soltanto la redzòura, la padrona, e la fatica finì presto per farsi sentire. Anche perché Berto la mise subito incinta. Tra il 1912 e il 1924 di figli ne avrebbe scodellati otto, tre femmine e tre maschi più due bambine morte poco dopo la nascita» spiegò Elena.

«Mi hanno sempre raccontato che i vicini la vedevano a lavorare sui campi sino al momento del parto. Una volta diventata grande, anche le zie mi hanno confermato che il nonno non aveva per lei nessun rispetto. A letto, quando gli veniva voglia, allungava una gamba e le zompava addosso anche se era incinta. Non ho mai pensato che mi raccontassero bugie, perché Berto me lo ricordavo bene. Sempre infuriato con qualcuno, sempre a brontolare e a incitare i figli e le nuore a lavorare. Mai una soddisfazione! Anche la televisione, entrata in casa nostra neppure un anno dopo l'inizio delle trasmissioni, l'ha acquistata per il suo piacere personale.

«Prova a immaginare la scena» continuò. «La famiglia in cui sono cresciuta era composta di otto persone. Ebbene, all'ora di pranzo e all'ora di cena, il caro nonno seduto a capotavola finiva in fretta di mangiare, poi accendeva la tivù, ci girava le spalle e guai a chi parlava. Lui doveva sentire il telegiornale o un'altra trasmissione. Un vero despota. Eppure non volava una mosca. Soltanto una volta ho sentito il fratello maggiore di mio padre richiamare Berto: aveva alzato la voce contro la zia.

«Berto imprecava spesso contro mia madre, colpevole di essere figlia di un ex amico con il quale il vecchio aveva litigato in gioventù. Per non parlare dello sgarbo nei miei confronti una vigilia di Natale. La tradizione voleva che i bambini facessero trovare una letterina sotto il piatto del papà. Io e la mia cuginetta la mettemmo sotto quello del nonno. Ebbene, lei ricevette in dono una moneta, a me non venne regalato niente. Ma neppure lei con quel soldo poteva fare molto!»

«Berto non era un despota. Era una vera bestia!» ruggì Mario.

Elena assentì: «In tutti i sensi. Ieri, ritornando a casa dopo aver fatto la spesa, ho ascoltato una trasmissione radiofonica. Le due conduttrici parlavano di una ricerca secondo cui lavarsi troppo e con prodotti sbagliati mette a rischio la pelle. Ad esempio basterebbe fare la doccia una volta alla settimana, a meno di non essere addetti a lavori particolari e faticosi. Ebbene, in base a questa teoria, il nonno non correva rischi. Aveva il mento sempre unto, durante i pasti e anche dopo. La barba se la radeva sì e no ogni sette giorni.

«Non fare la faccia disgustata» scherzò Elena rivolta a Mario. «Lasciami finire. Non ti so dire se facesse il bagno nella tinozza ogni quindici giorni oppure ogni trenta, ma propendo per i trenta. La camicia e i pantaloni, diceva sempre mia madre, camminavano da soli e per cambiarli si doveva aspettare quando fosse andato a dormire. Poi era prudente prepararsi a tutte le rampogne del mattino successivo. Eppure, a comandare era sempre lui. E gli altri zitti e mosca. Però gliela facevano sotto il naso con un gran gusto tutte le volte che se ne presentava l'occasione.»

# 8
# I nonni di oggi

Mario ed Elena ritornarono a parlare dei nonni qualche settimana dopo. Glielo suggerirono alcuni articoli di giornale. «Hai letto che cosa è accaduto alla nonna toscana che portava a spasso la nipotina sul passeggino?» chiese lei al marito.

«Ho letto soltanto i titoli, spiegami bene che cosa è successo» la pregò Mario.

«La nonna ha perso l'orientamento. E invece di prendere la strada di casa, ne ha imboccata un'altra che la portava sempre più lontana dal paese. Quando è sceso il buio, la nonna e la bambina sono cadute in un burrone. Le hanno trovate dopo una notte passata al freddo. In ospedale la piccola non ce l'ha fatta ed è morta. La nonna invece se l'è cavata.»

Mario sospirò: «Quella signora è viva, ma non so come riuscirà a superare una tragedia simile. Dopo una certa età, è molto più complicato fare i conti con i momenti difficili che il caso ti mette di fronte. I sensi di colpa la tormenteranno finché campa. Tuttavia la storia che hai ricordato mi suggerisce una domanda: come è possibile perdersi lungo una strada che percorri abitualmente?».

«È meno raro di quanto tu creda» replicò Elena. «Ascolta questa vicenda per certi aspetti simile, ma accaduta quando ancora erano molto diffuse le famiglie larghe. Spesso erano imparentate tra loro e non abitavano lontane le une dalle altre.»

La storia risaliva a quando Elena aveva quindici anni e viveva con i genitori in un podere della campagna emiliana. Tra i suoi parenti c'era uno zio con la sindrome di Down, Luigi, accudito dai fratelli e dalle sorelle. Nel dopocena era abituato a recarsi da qualche vicino dove veniva sempre accolto come uno di casa. Di solito ritornava attorno alle dieci. In campagna, non si andava a letto tardi visto che la mattina bisognava alzarsi molto presto. Soprattutto per mungere le mucche, un lavoro che iniziava prima dell'alba. Ma una sera Luigi, ormai sulla trentina, tardò a rientrare. Tieni presente che il telefono l'avevano in pochi e così mio padre e l'altro zio uscirono a cercarlo. Però tornarono a mani vuote, con la notizia che Luigi se n'era andato un'ora prima.

«Abbiamo mobilitato tutto il vicinato» rammentò Elena. «Sapevamo che tornava a casa attraverso i campi, lungo sentieri che conosceva come le sue tasche. Con i trattori e le auto sono stati illuminati i posti dove poteva essere passato, ma Luigi non venne scovato. Attorno all'una di notte, un conoscente mi ha accompagnato nel paese vicino ad avvisare Francesca, una delle mie zie, sorella di Luigi. Suo marito, lo zio Pino, si è alzato dal letto e con la motocicletta ha percorso una strada secondaria alla ricerca del disperso.

«Dopo qualche centinaio di metri, si è imbattuto in una gazzella dei carabinieri: due giovani in divisa cercavano di capire chi fosse l'uomo fermo sulla strada, inzaccherato e confuso. Si trattava di Luigi. Nel suo linguaggio, uno slang comprensibile soltanto a noi della famiglia, tentava di dire il proprio nome ai due caramba di origine meridionale. Siccome gli sembrava che non lo ascoltassero, Luigi aveva cominciato a bestemmiare sempre più infuriato. Per fortuna a chiarire tutto è arrivato lo zio Pino, altrimenti il nostro povero Luigi sarebbe stato portato in caserma.»

Elena sorrise a Mario: «Vuoi sapere com'è andata a finire? I due zii sono arrivati a notte fonda, in sella alla motocicletta. Quando ci ha visti sull'aia davanti alla casa, Luigi ci è passato accanto incavolato di brutto e per poco non ha rifilato ceffoni a chiunque di noi gli arrivasse a tiro. Poverino, aveva perso l'orientamento e, confuso com'era, tra i campi si era avviato a destra invece che a sinistra. Allontanandosi per un bel po' di chilometri.

«Se ci ripenso» ammise Elena, «sorrido ancora nell'immaginare i due ragazzi della Benemerita che cercano di interpretare le parole di Luigi. Per questo provo una gran pena per quella signora toscana. E mi viene da aggiungere: accidenti a noi donne! Prima dobbiamo allevare i figli, per di più con il lavoro e la cura della casa che pesa soprattutto sulle nostre spalle. Poi dobbiamo pensare ai genitori diventati vecchi e alla loro salute malandata. E quando sarebbe il momento di goderci gli ultimi anni in tranquillità, ecco i nipoti da spupazzare.»

«Quando vado a fare la spesa» continuò Elena, «tu rimani a casa. Ma così non puoi sapere che spettacoli ti perdi! Al parco giochi non ci sono le mamme e tantomeno i papà. Ci sono i bambini con le nonne e con i nonni. Vedo che gli anziani sono stanchi. Sollevano a fatica i nipoti, perché con i piccoli ci vuole forza fisica e la loro non è più quella di una volta.

«Se poi devono farsi obbedire, ecco le ribellioni con pianti e capricci non di rado accompagnati da parolacce all'indirizzo della nonna o del nonno di turno. E così, pur di farli smettere, gliela danno vinta. Una prima volta e poi sempre. Ai miei tempi sarebbe volato più di uno scappellotto o qualche ceffone salutare, ma oggi non è più permesso. E così si allevano tanti piccoli tiranni che diventeranno tanti giovani egoisti.»

«È quel che dicevi: i nonni sono i nuovi ammortizzatori sociali, ma senza nessuna autorità» osservò Mario.

«Ammortizzatori sociali però è dire tutto e niente» replicò Elena. «Bisogna ammettere che molti raccolgono quello che hanno seminato da genitori. Se i figli ricorrono ai vecchi per qualunque cosa, è perché sono stati abituati a comportarsi così. Prendi le famiglie che, pur non potendoselo permettere, continuano a mandare i loro ragazzi all'università, anche a costo di sacrifici e rinunce. E invece di pretendere che si diano da fare con gli esami, accettano che i figli vadano fuori corso, rimandando di continuo le prove più difficili.

«A volte mi sembra che il mondo si sia capovolto» continuò. «Pure le famiglie con mezzi modesti si tolgono il pane di bocca per avere dei figli laureati, anche se la loro voglia di studiare è uguale a zero. E così contribuiscono ad allevare generazioni destinate alla disoccupazione e al precariato. Figli senza lavoro oppure con un lavoro saltuario e pagato poco. Ecco una truppa di disoccupati che continueranno a rivolgersi a mamma e papà, che nel frattempo sono diventati vecchi.»

Mario aveva qualcosa da aggiungere: «E questo non sarebbe niente. Fossero soltanto i figli a ricorrere ai genitori. Pensa ai nipoti. Molti non hanno il minimo ritegno nel chiedere soldi ai nonni. E se loro non glieli danno, può succedere che ne subiscano le conseguenze».

«Tu dimentichi» disse Elena «che sono stati i nonni, anche quelli non proprio benestanti, ad abituare i nipoti ancora piccoli a ricevere da loro regali in denaro. Guardati intorno e vedrai che non sono pochi i nonni in buona salute che al nipotame, posso chiamarlo così?, consegnano il guadagno dei lavori in nero o parte della pensione. Altro che la paghetta dei miei tempi! Il guaio è che in questo modo abituano i ragazzi a sentirsi in diritto di permettersi tutto. Ma come si diceva una volta, non si può essere figlio di un mezzadro e pretendere di vivere come se fossi l'erede di Gianni Agnelli.»

«Però esistono anche i nonni che se ne infischiano

dei figli e dei nipoti» osservò Mario, sorridendo. «Non hanno paura di essere giudicati egoisti e io dico che fanno bene. Prendi i nostri amici Giulia e Cesare. Hanno affittato una casa al mare e da marzo a metà ottobre se ne stanno per i fatti loro. Il figlio e la nuora si lamentano perché lavorano e debbono pagare una tata, ma i nonni non sentono ragioni. Il loro slogan recita: "Ai nipoti badate voi!". E soltanto durante il mese di ferie, da metà luglio a dopo ferragosto, gli lasciano a disposizione la casa al mare. Dove si rifugiano? Se ne vanno in crociera.»

«La più straordinaria di tutti, però, è la signora Emma» lo interruppe Elena. «Te la ricordi? Ha sessantatré anni. Il marito, più anziano di lei, faceva l'avvocato. Sono sempre stati una coppia molto unita. Lui è mancato poco più di un anno fa e le ha lasciato un bel gruzzolo. Intestato soltanto a lei, come pure l'appartamento nel quale abita e altri tre in affitto. I due figli, un maschio e una femmina, sono entrambi sposati e con un bambino ciascuno.»

«Avresti dovuto sentirli quando hanno scoperto che il padre li aveva privati dell'eredità!» disse Mario.

«Sì. L'avvocato ha lasciato un grande appartamento a entrambi, ma ha voluto garantire soprattutto la vecchiaia alla moglie. E bisogna dire che Emma ha preso alla lettera la volontà del marito defunto e se la gode. Il figlio si è separato da poco e voleva andare ad abitare con la madre. Lei l'ha accolto in casa per qualche settimana, poi l'ha obbligato a trovarsi un'altra sistemazione» raccontò Elena.

«L'avrai sentito anche tu, perché la decisione ha fatto rumore. Una mamma che mette alla porta il figlio maschio in difficoltà non si vede tanto spesso, eppure lei l'ha fatto. Gli ha spiegato che, insieme al padre, gli avevano dato tutto il meglio che potevano, ma adesso doveva arrangiarsi, perché lei non intendeva diventare la sua donna di servizio. Hanno fatto una gran lite e lui se n'è andato. Qualche giorno dopo lei è partita per un viaggio.

«Dopo essere rimasta vedova, appena può fa le valigie» precisò Elena. «Ha sempre avuto molta cura del proprio aspetto. È un'assidua frequentatrice dell'estetista dove ogni tanto vado anch'io. È stata lei a dirmi che è spesso ospite in Sardegna di amici conosciuti quando vi andava in vacanza con il marito. Oppure raggiunge un'altra coppia che si è trasferita in un'isola delle Baleari. All'estetista ha confidato di avere messo in vendita uno degli appartamenti in affitto e che ha intenzione di andarsene a vivere in un posto di mare.»

«Ho sentito dire che lo ha venduto ai vecchi inquilini e ne ha ricavato una bella somma» spiegò Mario. «L'ho incontrata qualche giorno fa e l'ho trovata davvero in forma. Pare abbia perso dieci anni. Forse ha scoperto il modo di far girare all'inverso le lancette dell'orologio. Qualche maschio maligno dice che fa la vita della vedova allegra. E straparla di storie con uomini, ma si tratta soltanto di malelingue. Eppure credo che non pochi maschi pagherebbero per entrare nelle sue grazie e nel suo letto.»

«Mi fai venire in mente il titolo di un film con Claudia Cardinale: *La ragazza con la valigia*» rise Elena. «Emma potremmo chiamarla "La vedova con la valigia". La tiene sempre pronta. Non ha peli sulla lingua quando sente qualche critica che la riguarda. È una donna formidabile, con uno spiccato senso dello humour. Di se stessa e della vita allegra e dispendiosa che conduce spiega: "Non voglio diventare la più ricca del cimitero". E a chi le chiede come vivrebbe se dovesse rimanere senza soldi, risponde: "So fare bene i miei calcoli. Comunque non sarò a carico dei miei figli. Ho messo da parte quel che serve per mantenermi in un'ottima casa di riposo per vecchie signore".»

«Stiamo dimenticando un altro aspetto dell'esistenza di certe nonne» raccontò Mario. «Molte di loro si sono sposate quando avevano appena vent'anni. Poi la sorte ha voluto che diventassero vedove cinquantenni. Oggi sono ancora belle e spesso non hanno nessuna voglia di occuparsi dei nipoti e soprattutto di vivere in solitudine. Che cosa succede allora? Si cercano un amante più giovane e se lo spupazzano.»

«Non avevo riflettuto sul caso della nonna sexy» ammise Elena.

«Ti garantisco che si tratta di casi molto frequenti. In uno dei giornali nei quali ho lavorato, c'era un collega quarantenne che stravedeva per quel tipo di femmina. Un giorno mi ha spiegato di essere un cacciatore di nonne. Le sue prede erano vedove sui cinquant'anni o poco più. Confessava che spesso si trattava di donne ancora molto attraenti e assai sgenate. Dei nipoti non gli importava un fico. A letto erano insuperabili. Non avevano più il timore di restare incinte. Ed erano pronte a qualsiasi gioco erotico. Avevano una sola pretesa: le loro storie dovevano essere protette dal segreto più assoluto.»

Mario continuò: «Quel collega mi disse che una cinquantenne di solito aveva un'energia sessuale da far invidia alle trentenni. Se ne rese conto quando venne piantato da una nonna che era una maggiorata fisica. Quando le chiese perché gli dava il ben servito, si sentì rispondere che aveva trovato un fidanzato appena maggiorenne. E aggiunse: è un ragazzone che vede in me la madre, la zia e la nonna. Mi strapazza quasi tutte le sere. Sostiene di non aver mai goduto così tanto!».

# 9
# Una crociera galeotta

«Tra i nonni di ieri e quelli di oggi ci sono anche altre differenze» spiegò Elena rivolta al marito. «È come se il trascorrere degli anni, e la convinzione di trovarsi sempre più vicini a un traguardo fatale, accendessero il desiderio di consumare con voracità il tempo che rimane. Del resto, questa spinta a vivere senza vietarsi nulla è alla base di molte delle storie private che ci stiamo raccontando. Vicende tutte diverse tra loro, ma che dimostrano una verità: gli anziani sono quelli che attendono passivi la fine dell'esistenza. E non quanti combattono per vivere come se fossero ancora giovani.

«Di certo ricorderai che, parecchio tempo fa, alcune amministrazioni municipali avevano inventato le vacanze al mare per gli anziani delle loro comunità. Il successo dell'iniziativa fu immediato. Si formavano comitive composte spesso da persone che non si conoscevano. Di solito partivano in periodi di bassa stagione, con tariffe più convenienti per le loro tasche. E poi in quelle fasi dell'anno il clima è gradevole e il sole meno spietato.»

«Me li ricordo bene quei primi esperimenti» disse Mario. «Poi il cosiddetto mercato se n'è impadronito. Le agenzie turistiche hanno iniziato a offrire pacchetti per località più alla moda rispetto alle spiagge domestiche della Romagna, della Toscana o della Liguria. Rammenti una delle nostre vacanze in Sardegna?» domandò lui.

«Sì. Dalla mattina presto fino al tramonto, sul bagnasciuga vedevamo passare plotoni di persone ormai in là con gli anni, ma ancora in buona forma. Mostravano di godersela molto. Camminavano parlando ad alta voce, scherzavano tra loro, prendendosi in giro a vicenda. Sembravano i loro nipoti adolescenti, sfuggiti al controllo dei genitori» rispose Elena.

«Dopo le vacanze al mare, le offerte destinate agli anziani si sono moltiplicate. Abbiamo visto nascere le università della terza età. A volte le televisioni mandano in onda servizi dove appaiono nonni e nonne seduti sui banchi come fossero tanti ragazzi. Ecco un modo intelligente per occupare il tempo e favorire la conoscenza. Quando li guardo, ripenso alle parole di Rita Levi Montalcini, uno dei nostri premi Nobel: per invecchiare bene, bisogna tenere in attività il cervello. Chissà se non sia stata proprio lei a ispirare questo tipo di iniziative.»

«Se non sbaglio» la interruppe Mario, «anche i sindacati dei pensionati si sono dati da fare organizzando corsi di varia natura per gli anziani. I più diffusi sono quelli per imparare l'uso del computer e gli elementi di base della lingua inglese. O anche del francese, utili entrambi per i viaggi all'estero o anche soltanto per leggere meglio il giornale. Immagina quanto è importante la possibilità di dialogare a distanza attraverso la posta elettronica con i figli o con gli amici che vivono lontano.»

Poi aggiunse: «Conosco persone avanti negli anni che proprio grazie al computer possono dedicarsi a corsi online su argomenti che li hanno sempre interessati, ma non hanno mai potuto coltivare per mancanza di tempo. E so di alcuni ex avvocati e altri professionisti che, dopo avere lasciato lo studio, hanno continuato a lavorare diventando consulenti di colleghi più giovani. Oppure si sono messi a disposizione di associazioni non profit».

«Però la maggior parte dei nonni, come li chiamiamo noi» continuò Mario sorridendo alla moglie, «sceglie di divertirsi. Basta fare capolino nelle sale dove si tengono corsi di ballo. Intere sessioni sono composte soltanto da loro. E forse ti stupirà sapere che i balli preferiti sono i latino americani, quelli che esigono molto movimento. I figli pensano che ballare sia utile alla salute dei propri genitori, una specie di surrogato per mantenere la forma fisica. Ma nelle danze ad agitarsi sono soprattutto i cuori. Quanti matrimoni o unioni di fatto tra anziani nascono nelle balere! Ma esiste anche il rovescio della medaglia: l'intimità del ballo sempre con lo stesso partner a volte provoca separazioni improvvise in coppie che apparivano eterne.»

Elena lo interruppe: «È la conseguenza fatale di una verità che anche noi conosciamo bene: non esiste un'età per innamorarsi. Una passione nuova ti aiuta a uscire dal tran tran di un'esistenza troppo monotona, per non dire grigia. E tra un ballo e l'altro può accadere che si accenda un interesse che va ben oltre la frequentazione di un dancing. E allora possono essere dolori. Ma il cuore che batte può regalare una sensazione di felicità che sembrava impossibile provare ancora.

«Pure le palestre sono strapiene di donne e uomini anziani. La cura di sé e del proprio benessere fisico è un obiettivo perseguito da un numero sempre maggiore di persone, nei piccoli come nei grandi centri. Allo stesso modo sono tanti gli over sessanta e settanta che frequentano le piscine» continuò Elena. «Considera che il nuoto permette di fare dell'esercizio fisico in modo dolce, senza strappi. È adatto soprattutto a chi non ha più la prestanza della giovinezza. E dà la garanzia di poter gustare al meglio le vacanze al mare.»

«Ma non c'è soltanto questo» la incalzò Mario. «Negli ultimi anni è molto aumentato il numero di anziani che frequentano le stazioni termali. Il benessere fisico che se ne ricava è doppio, perché l'Italia è ricca di acque che leniscono i disturbi respiratori o migliorano l'aspetto fisico, tonificando i muscoli e la pelle. Per non parlare delle acque specifiche per i problemi articolari. Insomma, ogni tanto alcuni giorni alle terme garantiscono cura e divertimento insieme. Dovremmo anche noi riprendere questa abitudine!

«A proposito di divertimento, però, nulla riesce a superare il ballo. Ritorno a parlarne perché ho ritrovato nel mio archivio una serie di servizi apparsi anni fa su "Repubblica", scritti da un nostro vecchio amico: Michele Smargiassi, un giornalista di rara bravura» ricordò Mario. «Sono andato a rileggerli e ho trovato anche qui una conferma: le donne sono le più numerose e anche le più vivaci a preferire le danze. Se il rapporto è di una a tre o quattro uomini, si passano il partner dall'una all'altra. Vista la sproporzione, sono molto diffusi i balli di gruppo, quelli sudamericani, ma guai a eliminare quelli di coppia!»

«Li ho letti anch'io gli articoli di Michele» aggiunse Elena. «E ricordo di avere riso di gusto quando ha ricordato che la presenza di una donna nuova porta scompiglio nella sala da ballo. È una specie di calamita per i pochi uomini che non hanno una partner fissa. Ma la vera novità è rappresentata dalle badanti slave. Di solito cinquantenni o poco più, tutte senza mariti al seguito, floride e rubiconde, magari in cerca di un fidanzato italiano.

«Sono concorrenti pericolose per le signore italiane, che rischiano di fare da tappezzeria al bordo della pista. Il mestiere della badante impone una fatica e un'attenzione continue. Quando hanno qualche ora di libertà, non poche di queste donne si scatenano. Si mostrano aggressive e sfacciate. E decidono loro in che modo concludere il pomeriggio o la serata di permesso.

«E poi ci sono le crociere. Caro Mario, non credo esista nulla di meglio di questo tipo di vacanza per pensionati e pensionate ancora in buona forma. E in grado di pagarsi uno svago che non è alla portata di tutti. Sali su una grande nave dove hai a disposizione le piscine, le feste, la palestra, le sale da ballo, il ristorante, l'estetista e le escursioni. E non devi essere per forza in coppia! Anzi, essere single e senza obblighi nei confronti di una moglie o un marito ti aiuta a trovare un'amicizia nuova che raddoppia il piacere di un viaggio in mare.»

«E qualche volta ti fa incontrare una novità che cambia la tua vita. Quello che è accaduto a una signora poco più che sessantenne. È una storia che conosco bene e adesso te la racconterò» disse Mario.

Gloria aveva sessantaquattro anni ed era un medico pediatra, molto brava, la migliore della città. Una donna alta, bella, cordiale, sempre disposta ad accorrere in aiuto a madri in pena per la salute dei loro bambini. Non si era mai sposata. E a chi le chiedeva perché avesse deciso di restare single rispondeva: «La professione non mi lascia il tempo di trovare un marito o un compagno. Del resto ho molti figli: sono i piccoli pazienti che le famiglie affidano alle mie cure».

Per la verità, a trent'anni, la dottoressa Gloria si era innamorata di un chirurgo quarantenne. Sembrava una storia destinata a sfociare nel matrimonio, ma lui l'aveva lasciata all'improvviso per sposare la figlia ventenne di un possidente terriero, ricco sfondato. Gloria ne aveva sofferto molto. E si era spinta a giurare che sarebbe rimasta zitella per tutta la vita.

Dopo la scomparsa dei genitori, continuò ad abitare nel grande appartamento dove era nata. Non si concedeva nessuna distrazione, poiché la cura dei bambini era diventata l'unico scopo della sua vita. Anche le vacanze erano ridotte all'osso: un paio di giorni attorno a Ferragosto e poi di nuovo nello studio o nelle visite a domicilio. Si sentiva felice. Ma un giorno le accadde quello che non prevedeva.

Il padre di un suo piccolo paziente possedeva un'importante agenzia turistica. E per gratitudine nei confronti della pediatra che gli aveva guarito il figlio, offrì a Gloria una crociera di sette giorni nel Mediterraneo, su una nave tra le più lussuose. La dottoressa sembrava incerta se accettare il regalo. Però il padre del piccolo la convinse a partire.

Una volta a bordo, Gloria scoprì un mondo che le era del tutto sconosciuto. E si rese subito conto di aver attirato l'attenzione di due croceristi. Un imprenditore sui cinquant'anni, con la fama di dongiovanni senza timidezze. E una signora anch'essa cinquantenne, proprietaria della boutique a bordo della nave. I pettegoli sostenevano che preferisse le femmine ai maschi. E non esitasse a circuire una donna quando le appariva sensibile alle sue attenzioni.

La pediatra tentò di evitare la corte asfissiante che entrambi, a insaputa l'uno dell'altra, avevano iniziato a farle. Ma non ci riuscì e comprese di essere diventata la preda che l'industriale e la negoziante volevano catturare a tutti i costi. La più sfacciata si mostrava la signora della boutique. Da quando aveva messo gli occhi su Gloria, non si era risparmiata, colmandola di attenzioni.

Un giorno le propose di incontrarsi nella sua cabina, dopo la conclusione del concerto serale. Gloria tentò di dissuaderla: «Abbiamo entrambe un'età che impone un minimo di riservatezza». La padrona della boutique le replicò: «L'unica età che conta è quella che sentiamo di avere. Non si comporti da signorina pudica. E accetti l'occasione che le offro».

Per la pediatra, i sette giorni di crociera divennero al tempo stesso un dolce inferno e un paradiso che prometteva piaceri proibiti. Fu tanto astuta da tenere entrambi i corteggiatori sulla corda e, bene o male, ci riuscì. Ma il suo castello di carte non poteva reggere a lungo. L'ultimo giorno di vacanza l'uno e l'altra svelarono il loro segreto: si erano innamorati di lei e la volevano come amante. L'unica a poter decidere era la pediatra. Doveva soltanto bussare alla porta di una delle due cabine.

Nell'ultima notte di crociera, Gloria non riuscì a prendere sonno. Per non essere soffocata dai dubbi, si disse che doveva seguire il proprio istinto. Poco dopo l'alba, si alzò, si vestì e si truccò con più cura di sempre. Quindi, con il cuore che batteva all'impazzata, andò a bussare a una delle due porte. Dall'interno una voce allegra rispose: «Un istante solo. Devo finire di mettermi in ordine!».

Quando aprì la porta, la signora della boutique accolse Gloria con un sorriso radioso. Poi la trascinò nella cabina e la baciò con un ardore prepotente.

# 10
# Mamma Joe

«Voi maschi considerate noi donne il sesso più debole» osservò Elena. «Ma vi sbagliate. Abbiamo risorse che non riuscite nemmeno a immaginare. E non parlo soltanto delle giovani, ma anche di quelle anziane.»

«Hai ragione e mi fai ricordare una storia» le replicò Mario.

Poi aggiunse: «È una vicenda che risale al primissimo dopoguerra in una città vicina a quella in cui sono cresciuto. L'ho ascoltata più in là negli anni, perché in famiglia si tornava a discutere della guerra e del periodo successivo. Te ne parlo adesso dal momento che stiamo costruendo questo libro sugli anziani e sulla forza che possono rivelare. Pensare che siano dei rottami da emarginare o persone inutili, capaci soltanto di sopravvivere grazie alla carità del prossimo, è l'errore più grande che i giovani possano commettere».

Alla fine dell'aprile 1945, in una città che Mario conosceva bene arrivarono le prime truppe degli Alleati: gli americani della 92ª Divisione di fanteria Buffalo Soldiers. Disponeva di un solo reggimento, il 370°, tutto di americani di colore. Oggi li definiremmo afroamericani, ma allora si diceva negri o neri.

I comandanti erano invece bianchi. Il numero uno era il generale Ned Almond, uomo del Sud. Come gli ufficiali, che venivano dagli Stati americani meridionali. Consideravano la truppa che gli era stata affidata una ciurma di negri testardi, per lo più analfabeti, difficili da addestrare e poi da comandare. Tuttavia quei soldati neri lasciarono in città un buon ricordo. Soprattutto nelle ragazze del posto e anche in donne più mature che li avevano accolti nei loro letti.

I soldati della Buffalo erano arrivati sul fronte italiano il 23 agosto 1944, nell'area di Pontedera, in Toscana. Da quel momento non avevano mai smesso di combattere i tedeschi, prima sul fronte dell'Arno, poi davanti alla Linea Gotica. Il loro compito era stato uno solo: sparare, uccidere e cercare di non farsi uccidere.

Ma a guerra finita, la piccola città di Mario venne vista come un'oasi di pace, di amicizia e di piacere. Anzi, di un doppio piacere: fare l'amore e farlo con le donne bianche. Nel Sud degli Stati Uniti era ancora considerato un delitto. Lo si poteva pagare con la vita per mano degli assassini incappucciati del Ku Klux Klan. Mentre in Italia non si rischiava niente.

Nella piccola città esistevano da molto tempo due bordelli autorizzati. Uno per i ricchi, l'altro per i poveri. Dopo aver accolto i soldati tedeschi, adesso i proprietari delle case di tolleranza si prepararono a ricevere gli americani con tutti gli onori. Ma il comando della Buffalo vietò alla truppa di mettervi piede.

L'ordine fu tassativo per il timore di un assalto in massa dei soldati e degli incidenti che ne potevano nascere. Chi sgarrava avrebbe fatto i conti con gli ufficiali bianchi e la polizia militare, i famosi PM, di solito inflessibili.

Di fronte al divieto, i neri bussarono a una porta che, nei secoli, era sempre stata aperta, sia pure di nascosto: la prostituzione casalinga. Nessuna fonte storica rivela quante fossero le ragazze e le donne che non disprezzavano il denaro guadagnato con il proprio corpo, ma è certo che non furono poche. E di tutte le età, dai venti ai cinquant'anni e anche più mature.

I neri della Buffalo erano molto generosi. Pagavano

in Am-lire, le banconote stampate per gli Alleati in Italia. Talvolta pure in dollari. Ma soprattutto con generi di conforto introvabili per l'intera durata della guerra: whisky, carne in scatola, sigarette, cioccolato, caffè, zucchero, farina per il pane e altri ben di Dio sottratti ai depositi della divisione. A questo Natale anticipato partecipò anche una signora che aveva già un'età ritenuta un ostacolo insormontabile per il commercio sessuale.

Si chiamava Geltrude, per gli americani Gelty. Come si diceva allora, era una vedova bianca che aveva la bellezza di sessantacinque anni, senza figli né parenti ai quali rendere conto delle sue azioni. Il marito era andato a combattere in Etiopia nel 1935 e non era più ritornato in patria.

L'esercito l'aveva considerato un disperso in guerra. Ma la Gelty sospettava che, da quel donnaiolo impenitente qual era, avesse sfruttato una ferita di poco conto per disertare. E fermarsi in Africa in compagnia di qualche abissina giovane e bella. Rimasta sola, la moglie si era ridotta a campare con qualche sussidio, tra mille difficoltà. Quando arrivò la Buffalo, decise di acchiappare l'occasione e si mise sul mercato.

Prima di iniziare a vendersi, la Gelty esaminò con cura il proprio aspetto. E si rese conto che la natura o il Dna ereditato dai genitori l'avevano favorita. Il volto non tradiva la sua età e le poche rughe poteva nasconderle con facilità. Il corpo non era niente male per una signora al di là dei sessanta. Alta, magra, con il seno più o meno intatto, le gambe lunghe e le cosce nervose, rispetto a tante giovani possedeva l'esperienza delle maritate. Infine, a differenza di molte sue coetanee, si rese conto di avere ancora voglia di sesso.

Disse a se stessa: "Ho tenuto a bada per anni quel porco di mio marito. Dopo che è scomparso, ho scelto la castità. Ho rifiutato tanti corteggiatori, tutti scapoli anziani o male ammogliati. Cercavano di tirarmela, però non mi andava di portarli nel mio letto. Ma adesso basta fare la vedova in gramaglie! Sono sicura di potermela cavare con questi ragazzoni neri. Sanno poco o nulla delle donne, ma in compenso sono dei Babbi Natale con la pelle scura".

A letto la Gelty ci sapeva fare. La lunga astinenza le dava una carica sensuale che le più giovani non si sognavano. Infine non poteva restare incinta, paura che ossessionava le donne sino ai quarant'anni. Loro costringevano il partner afroamericano a coprirsi con il preservativo o si sottraevano con qualche deciso spintone nel momento cruciale. Qualcuno resisteva e doveva essere rimandato indietro con la forza. C'era chi protestava. E a volte nascevano litigi furibondi.

Con la Gelty i soldati della Buffalo non correvano questo pericolo. Lei offriva un mix di atteggiamenti che li mandava in estasi. Rivelandosi una puttana disinvolta e, al tempo stesso, capace di attenzioni degne di una madre di famiglia. Non era necessario scomodare Freud, un signore che del resto nessuno conosceva. Le litanie di madama Geltrude si spiegavano da sole.

«Vuoi fare l'amore con la tua mamma bianca?» domandava. «Eccomi qui, pronta e calda tutta per te. Non sei pratico di quel che succede tra una femmina e un maschio? Niente paura, te lo insegno io. Entra sotto le mie lenzuola e lasciami fare. L'importante è che mi paghi il giusto.»

Nessuno le domandò mai quanti anni avesse. I neri della Buffalo andavano da lei per una sola cosa e la ottenevano. L'unico che osò chiederle l'età fu un cliente italiano. Si trattava di un insegnante di latino e greco del liceo cittadino, uno scapolo cinquantenne che spasimava per lei.

La sua corte diventò tanto asfissiante che la spinse ad

allontanarlo in modo sbrigativo: «Qualche mese fa ho compiuto i sessantacinque anni. Per calmare i suoi bollori si cerchi una donna più giovane. Io non vado bene». Il professore strabuzzò gli occhi: «Non mi prenda per il naso, lei non dimostra l'età che dichiara. Al massimo le davo quarant'anni. Adesso capisco perché mi sentivo tanto attratto. Ho sempre avuto una passione per le signore non di primo pelo».

«Come mai?» domandò Gertrude, curiosa. Lui sospirò: «È per la donna che mi ha svezzato. Faceva la cuoca nel nostro convitto di studenti poveri. Fra i tanti ragazzi aveva adocchiato me. Una sera, dopo la cena, mi bloccò sulla porta del refettorio e mi condusse nella dispensa.

«Era un bugigattolo da poveracci, ma aveva un arredo prezioso: una branda robusta, capace di sostenere il carico di due persone. Mi fece spogliare e si spogliò. A quasi settant'anni rivelava la carica erotica di una trentenne. Fu lei a prendere me, non il contrario. Dopo non ho mai goduto così tanto. Con lei, signora Geltrude, vorrei riprovare il piacere di allora».

Andarono a letto insieme una decina di volte. Ma fu l'unica eccezione che Gelty si permise. Per il resto seguitò a dedicarsi agli afroamericani della Buffalo. Loro cominciarono a chiamarla «mamma Joe» e facevano la fila davanti alla sua porta. Era così sgenata che arrivò ad accoppiarsi anche con due soldati alla volta. Allora la tariffa, ossia la merce che riceveva, raddoppiava e in qualche caso triplicava.

L'allegra vedova non fumava, non beveva liquori, non amava la cioccolata né il caffè, e mangiava quanto un passerotto. Il senso degli affari le suggerì di vendere sul mercato nero i generi di conforto che i clienti le portavano per pagare le sue prestazioni. Finì con l'accumulare una somma mai immaginata. Da un certo momento in poi, non accettò più Am-lire, ma soltanto dollari. E il suo conto in banca divenne davvero consistente.

Nella tarda estate del 1945, la Buffalo lasciò la città. A sostituire la 92ª Divisione americana arrivò un reparto dell'8ª Armata di Sua Maestà britannica. Al confronto degli americani, gli inglesi erano poco più che morti di fame. Di abbondante avevano soltanto il tè. Mamma Joe si sentì perduta. E cominciò a domandarsi se i risparmi depositati in un paio di banche della città le sarebbero bastati per vivere.

La via della salvezza gliela indicò un'amica. Il figlio sui trent'anni, un ciulandari imbranato, non sapeva ancora come fosse fatta una donna. Conoscendo la specialità della Geltrude, la madre si confessò con lei. Temeva che il ragazzo preferisse i maschi. E si sentì rassicurare: «Tuo figlio mandalo da me con un pretesto. Ci penso io a slattarlo».

Il giovanotto, un timido afflitto da un groviglio di complessi, si presentò dalla Geltrude. Al massimo del suo splendore di anziana tosta e ben conservata, lei si era preparata nel modo giusto. E non faticò a sedurre il tardoccone che in un amen perse la verginità. Non solo, fu così entusiasta del servizio ricevuto che ritornò altre volte, sempre con una busta di conquibus all'altezza delle manovre super disinvolte della sua maestra.

La voce si sparse e madama Geltrude scoprì un'altra volta la vigna del Papa nel proprio letto. Le madri di figli imbranati le mandarono i loro pargoli. Lei li serviva a dovere e sempre dietro pagamento anticipato e in contanti. Aveva intrapreso una nuova professione: la nave scuola per signorini impauriti dalle femmine. Poi accadde l'imprevisto. Di nascosto dalle mogli, si presentarono alla sua porta anche non pochi dei mariti. Volevano provare lo stesso trattamento del figliolame.

La Gelty servì anche loro. Di solito erano quarantenni o cinquantenni stufi del poco ardore delle mogliere. Lei stabiliva la tariffa in anticipo, dopo averli interrogati da vera professionista del sesso: «Vuole un po' d'amore orale oppure un paio d'ore di porcherie sfrenate? Nel secondo caso, la tariffa è superiore. Non faccio sconti e pretendo il pagamento in anticipo».

Alla fine accadde quello che nessuno poteva immaginare. Verso l'autunno del 1946 bussò alla porta della Gelty un giovanotto nero, vestito come un figurino. Le bastò qualche secondo per riconoscerlo: era uno dei soldati della Buffalo ospitati nel suo letto. Forse il più timido del reggimento. La prima volta non si decideva a spogliarsi e aveva confessato di essere ancora vergine. Madama Geltrude l'aveva messo a suo agio: «Tutti veniamo al mondo vergini. Quello che conta arriva dopo».

Si era presentato da lei per spiegarle che era il figlio di un riccone, se ne trovava qualcuno anche tra i neri. E di essere ritornato in Italia per acquistare una grande tenuta agricola dove stabilirsi. Poi si fece coraggio e aggiunse: «Mamma Joe, vorrei sposarti».

Riavutasi dalla sorpresa, lei spiegò che non era possibile. Prima di tutto non sapeva se il marito fosse ancora in vita. E poi tra loro c'era troppa differenza di età. A occhio e croce trentacinque anni. Ma lui non si diede per vinto. Trascorse qualche serata bollente nel letto della signora. Poi, concluso l'acquisto della fattoria, chiese a madama Geltrude di trasferirsi nella casa padronale della tenuta.

Lei ci pensò sopra per un paio di giorni, quindi accettò. Smise di fare la nave scuola e decise di diventare la zia dell'agrario venuto da lontano. Tutti si domandavano come mai quel negrone avesse una parente così bianca. Ma dopo un po' di tempo smisero di chiederselo.

Rimane da aggiungere che il soldato della Buffalo sposò una ragazza della città. Presto la Gelty passò dal ruolo di zia a quello di nonna, adorata da una pattuglia di nipotini color caffellatte. E campò felice sino ai novantacinque anni. A riprova del fatto che non avere paura del sesso ti allunga la vita.

# 11
# La donna dei ras

«A proposito di ricordi legati a fatti di parecchi anni fa, all'epoca che mi vedeva ancora un ragazzino, ma capivo anche quanto non avrei dovuto» disse Mario alla moglie, «c'è una storia che non credo di averti mai narrato.»

«Sarà una vicenda che ha per protagonista una donna di facili costumi. Una di quelle storie che hai sempre in serbo e ti piacciono tanto. Dai, racconta» rispose Elena, ridendo.

«La signora si chiamava Anna e per un certo tempo ha vissuto nella mia città. È riuscita ad attraversare senza danni un lungo periodo di violenze politiche e di guerre. Poi è incappata in un conflitto che non è stata in grado di superare.»

Anna era nata povera nel 1905, l'ultima dei sei figli di un bracciante avventizio. La famiglia, nove persone compresa la nonna, viveva in una bicocca nella campagna non lontana dalla città. I fratelli e le sorelle erano stati messi al lavoro poco più che bambini. Lei soltanto aveva potuto arrivare alla licenza elementare. E a dieci anni compiuti da qualche mese aveva iniziato a fare la piccinina nel laboratorio di una sarta importante.

Fare la piccinina significava imparare a cucire con l'ago e con la macchina Singer. L'apprendistato nella sartoria le spalancò gli occhi su un mondo sconosciuto. Conobbe le mogli e le amanti di un bel po' di borghesi benestanti: avvocati, industriali, medici. Ne ascoltava le chiacchiere con la proprietaria della sartoria e scopriva una quantità di cose che altrimenti non avrebbe mai appreso.

In quegli anni la clientela del negozio parlava soprattutto della Prima guerra mondiale, iniziata per l'Italia nel 1915. Le persone più anziane e facoltose erano contro l'adesione al conflitto. Dicevano: «Stiamo mandando a morire migliaia di uomini. E per che cosa? Per riprenderci Trento e Trieste? Potevamo risolvere il problema con qualche accordo diplomatico. Decidendo di entrare in guerra, abbiamo liberato un mostro che non riusciremo a sconfiggere: la rivolta dei poveri contro i benestanti. E la pace sociale finirà».

Nella sartoria, Anna maturò a poco a poco un interesse imprevisto per la politica. In famiglia sentiva dire dal padre: «La politica è per i signori. Mentre la fame e le malattie sono per i poveri come noi». Le era stato insegnato che ai genitori non si replicava, ma in cuor suo la pensava all'opposto. Se i poveri non si difendevano contestando i signori, la vita li avrebbe costretti a restare sempre a testa bassa. E mai a testa alta.

Questa convinzione si rafforzò quando fu vicina ai quindici anni. Anna era diventata una bellezza: alta, snella, lunghi capelli neri raccolti sulla nuca, labbra carnose, una camminata spavalda. Pensava che soltanto lei avesse il diritto di decidere se accompagnarsi a qualcuno o rifiutarlo. E non aveva nessuna intenzione di legarsi a un uomo.

Nella sartoria sentiva mormorare anche di faccende amorose. I clienti maschi si vantavano di essere andati a letto con donne bellissime e libertine. Mentre le signore confessavano alla padrona del negozio di aver messo le corna ai mariti. Raccontavano di nottate trascorse con dei gigolò ventenni. Le più sfacciate mormoravano: «È un vero stallone. Non ne ha mai abbastanza. Qualche notte fa sono quasi svenuta per il godimento che mi procurava. Ho dovuto ordinargli di fermarsi, altrimenti non sarei stata più capace di trovare la strada di casa!».

Un giorno la sarta le raccomandò: «Capisco che ascolti tutto l'ambaradan che mi viene confidato. Per questo motivo, cara Anna, voglio darti un consiglio. Non pensare di fare come certe mie clienti. Essere vergine è come tenere in tasca una moneta d'oro. Cerca di non regalarla al primo che passa».

Invece andò proprio così. L'uomo al quale la regalò fu un operaio che lavorava alla Fiat. Era un ragazzo di venticinque anni, Vittorio, un socialista militante, ma di quelli estremisti. Leggeva ogni giorno «Ordine nuovo», il quotidiano di un certo Antonio Gramsci, un sardo che si era trasferito a Torino e avrebbe fondato un nuovo partito rosso. Diverso da quello socialista, diventato parolaio e inconcludente.

Nel 1920, nei giorni dell'occupazione della Fiat, Vittorio si mostrò uno dei più scaldati. E quando il senatore Agnelli riprese in mano la fabbrica venne subito licenziato. Il giovanotto ritornò a casa e non si preoccupò di cercare un altro lavoro. Preferiva frequentare le sale da ballo e fu così che un sabato sera conobbe Anna. Lei sembrava più grande della sua età e i custodi delle balere la lasciavano entrare senza problemi.

Anna e Vittorio scoprirono presto di essersi innamorati. Nel 1921, ad appena sedici anni, lei gli si concesse. Si amarono nel povero alloggio di lui: una stanza con il cesso sulla ringhiera, in un casamento di poveracci appena al di là del Po, nel rione dell'Oltre ponte.

La loro storia durò molto poco. All'inizio del 1922 Vittorio fu arrestato per avere scagliato una bomba artigianale dentro un caffè frequentato dagli squadristi del fascio. Fu fortunato perché l'ordigno non esplose. Poi, ritornato in libertà prima del processo, espatriò in Francia e Anna non lo vide più.

Alla fine di quello stesso anno Mussolini prese il potere e Anna non tardò a scoprire che intorno a lei tutto stava cambiando. I clienti migliori della sartoria erano diventati fascisti. Li sentiva dire, soddisfatti: «I socialisti e i comunisti hanno avuto la paga che si meritavano. Il fascio rimetterà le cose a posto. Niente più disordini, scioperi, violenze politiche, furti nelle case. Certo, avremo la dittatura di un partito solo. Ma per gli italiani veri e onesti come noi andrà meglio, molto meglio».

A poco più di diciassette anni, Anna si domandava con sempre maggiore insistenza cosa fare per non continuare a vivere da povera come i genitori e i fratelli. In un modo all'inizio ancora confuso, ma di giorno in giorno sempre più chiaro, si lasciò andare al desiderio di entrare a far parte del mondo dei ricchi. Di nuovo il consiglio della sarta si rivelò cruciale: «Figlia mia, se vuoi cambiare vita, devi trovarti un uomo legato al fascio e farti sposare. La tua esistenza cambierà da così a così» concluse la padrona mostrando prima il dorso e poi il palmo delle mani.

L'uomo giusto si presentò senza che Anna lo cercasse. Era un agricoltore straricco, poco più che trentenne. Sosteneva di avere ereditato il titolo di conte dal padre. Ma che dicesse o no la verità, a contare era ben altro. Possedeva una grande tenuta agricola, nella pianura tra il Monferrato e la provincia di Vercelli. E tutti lo invidiavano e lo rispettavano.

Il conte Marcello rimase sopraffatto dalla bellezza di Anna. Cominciò a corteggiarla, presentandosi ogni giorno in sartoria. Purtroppo non era quello che si dice un bell'uomo. Aveva un aspetto micragnoso: piccolo di statura, grassoccio, già mezzo calvo, le maniere grezze. Ma comunque rappresentava un ottimo partito. Anna lo tenne sulla corda per un anno intero, poi accettò di diventare la sua amante. E nel 1925, a vent'anni giusti, lasciò il laboratorio e andò a vivere nel palazzotto che sorgeva al centro della tenuta del conte.

Marcello era per davvero un riccone e non aveva lesinato nel finanziare lo squadrismo fascista. La sua tenuta veniva frequentata da parecchi capoccia del regime, i cosiddetti ras, padroni politici del territorio fra il Piemonte e la Lombardia. Si presentavano portando i saluti, veri o falsi non si sa, del capo del governo. Ma il loro scopo era di spillare altri soldi al padrone di casa. E soprattutto fare la ruota intorno ad Anna che, da un certo momento in poi, sembrò attratta dai loro corteggiamenti sfacciati.

La ragazza era rimasta fedele al conte. Però le cose cambiarono quando il loro medico le confidò che Marcello non sarebbe vissuto ancora per molto: si era ammalato di un morbo che non perdona. Anna era diventata una donna scaltra e si cautelò facendosi sposare, allo scopo di ereditare il titolo e soprattutto le proprietà del marito. Quando lui se ne andò, lo seppellì con tutti gli onori nella cappella di famiglia. Portò il lutto per qualche mese. E poi si guardò allo specchio e ragionò su se stessa.

Nel 1935, a trent'anni, era una donna al culmine della bellezza. Circondata dalle voglie di maschi giovani e anziani, poveri e ricchi, pronti a soddisfarla. Dove stava scritto che dovesse interpretare la parte della vedova in gramaglie per chissà quanto tempo? Per di più rinchiusa in una villa sperduta in mezzo a una landa nebbiosa? La prospettiva le procurò una malinconia terribile. E così decise di darsi alla bella vita.

La contessa Anna diventò la favola del paese e delle province limitrofe. Si concedeva senza problemi, ma soltanto a politici potenti. Passò di amante in amante. Uomini di solito più anziani di lei, però tutti big del fascismo. Gente manesca, andata al potere con la violenza, ma che si lasciava soggiogare con il sesso.

Anna non si domandò mai se conducesse una vita

sbagliata. Confidava a se stessa: "Una donna sola, per di più ricca come me, può diventare una preda troppo facile per chi voglia mettere le mani sulle sue proprietà. Ma con questi signori intorno, chiunque abbia intenzioni cattive starà lontano". Aveva già sperimentato l'esistenza da povera e non voleva ricaderci.

Circolò la voce che anche Mussolini fosse passato per il suo letto. Il Duce si era fatto annunciare da un ufficiale della Milizia. E nel ritornare da una visita di Stato in Germania – paese da poco passato sotto il dominio di Adolf Hitler –, prima di arrivare a Roma si era fermato per una notte nella tenuta di Anna. Era una leggenda e nient'altro. Ma lei si guardò bene dallo smentirla. Se un'amica le chiedeva: «Come si comporta il Duce tra le lenzuola?», lei sorrideva enigmatica. E si limitava a rispondere: «Come un leone. Ma la vera leonessa sono sempre io».

Nel frattempo la storia del mondo faceva il proprio corso. Arrivò la Seconda guerra mondiale, il regime fascista cadde e iniziò la guerra civile. Anche nelle terre della contessa Anna spuntarono bande ribelli. Lei si rinchiuse nella villa e assunse tre giovanotti del paese con il compito di proteggerla. Erano ragazzi svegli e armati nel modo giusto. Ma non sarebbero riusciti a salvarla se non fosse accaduto un fatto che nessuno si aspettava.

Una sera dell'ottobre 1944 bussò al portone della villa un ufficiale inglese, affiancato da due militari anche loro britannici. Si trattava di una missione della Special Force, scesa in paracadute in un campo della contessa. Anna intuì subito che la fortuna continuava a stare dalla sua parte. Accolse i tre inglesi con urletti di gioia. E non lasciò passare molto tempo prima di portarsi a letto l'ufficiale.

Era un giovane sui trent'anni. Lei si avvicinava ai quaranta e non era più la ragazza splendente di un tempo. Stava ingrassando, vedeva apparire le prime rughe, spesso aveva le caviglie gonfie. Quando si osservava allo specchio si immaginava ormai alle soglie della vecchiaia. Ma, da femmina astuta qual era, sapeva come circuire l'ufficiale inglese.

Prima di portarselo nel letto, ammise con se stessa: "Ho fatto troppi stravizi e ho amato tanti uomini. Presto nessun trucco potrà nascondere l'età che avanza. A cinquant'anni sarò da buttare via. E a sessanta sarò pronta per finire nel guardaroba dei cani. Devo sparare tutte le mie cartucce con questo ufficiale di Sua Maestà britannica e fare in modo che resti con me".

Il giovanotto inglese sapeva tutto della guerra, ma ben poco di donne. Anna sfoderò il meglio del suo repertorio e il tenente si innamorò di lei. Da quel momento, la contessa divenne intoccabile. I partigiani di quel territorio erano pronti a tagliarle la gola per i molti trascorsi con i ras in camicia nera. Ma la presenza dell'ufficiale britannico al suo fianco li costringeva a girare al largo.

La vita di Anna cambiò del tutto quando la guerra finì. All'inizio del 1946, l'ufficiale la sposò, con una cerimonia sfarzosa nel Duomo della sua vecchia città. Tempo due mesi e la coppia si trasferì a Londra. Anna si complimentò con se stessa: ormai era una suddita del re d'Inghilterra e la sua esistenza sarebbe stata tranquilla come mai le era apparsa prima di allora.

Si sbagliava. Il marito, rimasto nei Servizi speciali inglesi, fece carriera e diventò colonnello. Nell'estate del 1974 venne mandato in missione nell'Irlanda del Nord, dove infuriava la guerriglia dell'Ira. Anna stava per compiere i settant'anni e volle accompagnarlo, per non restare da sola nel grande appartamento di Londra. La vecchiaia si stava avvicinando. Si guardava allo specchio e vi vedeva riflessa l'ombra della donna che era stata: una signora cadente, il volto prigioniero delle rughe.

La scelta di seguire il marito si rivelò un azzardo terribile. Una sera la coppia salì su un'auto dei Servizi speciali per ritornare nell'albergo di Belfast che li ospitava. Non immaginavano che quello sarebbe stato il loro ultimo viaggio. L'Ira aveva collocato una bomba nel bagagliaio della macchina. Quando il soldato al volante la mise in moto, Anna e il suo colonnello morirono senza neppure rendersene conto. L'esplosione fu così devastante che dei loro corpi restarono soltanto brandelli.

# 12
# Postina a luci rosse

«Hai fatto tardi» disse una mattina Mario a Elena. «Sei uscita per prendere i giornali, ma non immaginavo che dovessero ancora arrivare dalla tipografia.»

«È vero, ho perso tempo. Mi sono fermata al bar a chiacchierare. Poi ho incontrato la postina. Aveva due pacchi e una raccomandata per noi. Ma siccome la rete non funzionava, non poteva farmi firmare la ricevuta. E non me li ha consegnati. Ormai dipendiamo dalla tecnologia anche nelle cose più semplici della vita» sospirò Elena.

«Mi fai ricordare che cos'era una volta il servizio postale» iniziò a raccontare Mario. «Nella nostra città riprese in pieno alla fine del 1946. Tutti lo considerarono un segnale positivo. Significava che la guerra e i suoi guai stavano alle spalle, l'Italia si rimetteva in piedi e preparava la ricostruzione.

«Il numero di lettere, cartoline, plichi assicurati, pacchi, quotidiani e riviste da recapitare si moltiplicò a vista d'occhio. Tanto che i postini in servizio, davvero pochi, non riuscivano a tenere il passo. E il direttore dell'ufficio ottenne di assumerne un altro. Però, con sua sorpresa, si trovò davanti una postina. Inviata dal compartimento provinciale delle Poste e telegrafi, su sollecitazione di qualche pezzo grosso legato al ministero.»

«Proprio così è cominciata la storia della rinascita dopo la guerra, anche per il servizio postale!» lo interruppe Elena. «Le donne hanno sostituito gli uomini. In questo caso senza nessuna rimostranza dei maschi. Dal momento che i portalettere vengono ritenuti, a torto, il gradino più basso nella scala del lavoro postale.»

«Basta con questo femminismo a oltranza! Lascia che ti parli della postina della mia città» osservò Mario. «Era una ragazza sui trent'anni e di nome faceva Sara. Veniva da fuori, ma dimostrò di conoscere bene anche il nostro comune. Disse al direttore che, da adolescente, ci aveva abitato a lungo per assistere un'anziana zia materna, una signora al di là degli ottanta ormai deceduta.

«Puoi immaginare che l'assunzione di una postina non passò sotto silenzio. Le malelingue cominciarono a sussurrare che era la giovane amante del direttore delle poste. Oppure che aveva sollazzato il pezzo grosso del ministero, in cambio di una raccomandazione. Infine che si trattava della militante di un grande partito, la Democrazia cristiana o il Pci. Invece la faccenda era ben più banale. Subito dopo la fine della guerra, Sara aveva presentato una regolare domanda di assunzione. E dal momento che aveva un diploma da ragioniera, quel posto era toccato a lei.»

La nuova postina fece presto dimenticare ogni malignità sul suo conto. Aveva un bel modo di fare, sempre sorridente e gentile con tutti. Non guastava che fosse una bella ragazza bruna, piccola di statura però ben fatta, con un seno da mandare fuori di testa anche un vescovo.

Il buon carattere e l'intelligenza pratica l'aiutavano a essere svelta e precisa nelle consegne. Mai stanca, una camminatrice infaticabile che non si lamentava del lavoro. In più di un'occasione segnalò ai superiori di essere stata importunata da qualche cliente, ma il direttore non ci fece caso. Per lui contava soltanto il rendimento e di questo ringraziava nel pensiero la graduatoria che l'aveva premiata.

Sara era in servizio da qualche mese quando le accadde un fatto inaspettato. Doveva consegnare una lettera a un signore che abitava in una piazzetta del centro. Non trovando nessuna cassetta per la posta, entrò nell'androne e domandò a un'inquilina che stava uscendo se sapeva a quale piano abitasse il signor Bruno. «Lo trova al terzo, l'ultimo» si sentì rispondere.

La postina suonò il campanello e ad aprirle venne un tizio abbastanza anziano, ma ancora in forma, alto, magro, i capelli candidi. «Che cosa vuole vendermi?» chiese un tantino irritato. Lei sorrise: «Sono qui per consegnarle questa lettera». Da brusco che era, lui si addolcì: «Mi scusi, signorina. Pensavo fosse uno dei tanti che campano andando di casa in casa a scocciare il prossimo. Se entra, per farmi perdonare le offro un caffè di quelli veri».

Sara era in servizio e non avrebbe dovuto accettare, ma quella gentilezza a metà mattina era proprio ciò che ci voleva. Venne fatta accomodare in un piccolo salotto e si vide servire un caffè appena fatto, con due zollette di zucchero. Mentre lo assaporava non le sfuggì che il signor Bruno la stava osservando con attenzione. Ma da quando lavorava come portalettere si era abituata e non ci fece caso.

Alla domanda se le piacesse il suo lavoro, rispose: «Molto, anche perché mi fa incontrare tante persone diverse». «E quanto guadagna al mese?» Di fronte alla cifra dello stipendio, davvero basso, si sentì fare una proposta che mai avrebbe immaginato di ricevere: «Le offro la metà della sua paga di un mese se si lascia vedere nuda da me».

Sara lo fissò sbalordita, ma senza riflettere decise di stare al gioco: «Potrei anche farlo, ma chi mi garantisce che manterrà la promessa? E chi mi assicura che non andrà a raccontarlo in giro?».

«Le do la mia parola» replicò lui e mise mano al portafoglio. Quando vide sul tavolino dell'ingresso la somma che le era stata offerta, Sara rimase assorta per qualche istante. Poi afferrò il denaro, lo mise nella borsa a tracolla da postina e si alzò. Tempo qualche minuto e si mostrò nuda come l'aveva fatta la mamma.

Il signor Bruno volle osservarla con calma e la pregò con la sua voce roca di girare su stessa. Pretese di ammirarla meglio. Poi esclamò: «La immaginavo bella, ma non fino a questo punto. Mi sta facendo vivere una fantasia che non credevo possibile realizzare. Se adesso viene nella mia camera da letto e mi aiuta a spogliarmi, le consegnerò una somma identica alla prima».

La faccenda si stava rivelando complicata. Ma "fatto il primo passo" si disse Sara, "niente mi impedisce di fare il secondo". E così si ritrovò in una camera ordinata, immersa nella penombra e con un buon profumo di biancheria pulita. Il padrone di casa non era più un giovanotto, ma appariva ancora in una forma accettabile. Si coricarono entrambi nudi e il signor Bruno le chiese di parlare. Bastò la voce della postina a eccitarlo e a mandarlo in estasi.

Era passata quasi un'ora da quando Sara aveva suonato il campanello per consegnare la posta a quel signore mai incontrato prima. Riprese la biancheria e gli abiti dalla sedia dove li aveva appoggiati e si rivestì. Lui invece si limitò a indossare una vecchia giacca da camera sui pantaloni del pigiama e la riaccompagnò alla porta.

«Adesso la devo salutare» disse la ragazza. «Il mio direttore si starà domandando che fine ho fatto. Dovrò inventarmi una bugia e speriamo che mi creda. Prima di uscire, però, devo ringraziarla per il regalo generoso che mi porto via.»

Il signor Bruno la congedò proponendole: «Se desidera ritornare a trovarmi, l'aspetto tra una settimana esatta, ma nel tardo pomeriggio, dopo che avrà finito il giro di consegne della posta. Fuori dall'orario di servizio è libera di andare dove vuole o il direttore può metterci becco?». Il velato sottinteso non piacque alla ragazza.

Bruno le replicò: «Non faccia quella smorfia preoccupata! Pensi che le darò la stessa somma di oggi e non le chiederò niente di diverso. Mi accontenterò di guardarla e, per così poco, lei può intascare un altro stipendio».

Sara scese le scale di corsa, trattenendo il respiro nel timore di imbattersi nella signora del palazzo alla quale un'ora prima aveva chiesto dove abitasse il destinatario della lettera. Non incontrò nessuno e se ne andò tranquilla, almeno in apparenza. Ma subito si rese conto che dentro di lei stava nascendo una gran confusione.

Cominciò a riflettere su quel che aveva appena fatto. Si domandò come avesse potuto restare nuda davanti a un uomo, per di più vecchio e del tutto sconosciuto. E se lui, invece di accontentarsi di guardarla, le avesse messo le mani addosso, che cosa sarebbe accaduto? Però Sara era una ragazza pratica e non tardò a far prevalere l'altro aspetto della faccenda. Toccò le banconote che aveva ricevuto. E gli interrogativi svanirono.

La settimana successiva, la postina si presentò puntuale alla porta del signor Bruno. Le sembrò agitato. E sorridendo tra sé e sé pensò che a tormentarlo fosse il pensiero che lei non sarebbe andata all'appuntamento. Per la verità negli ultimi giorni era stata alle prese con la domanda se presentarsi oppure no al nuovo incontro. Però il richiamo del denaro che avrebbe ricevuto aveva prevalso ed eccola lì, pronta ad accontentarlo.

«È quasi sera, ormai non l'aspettavo più. Come mai ha fatto tardi? L'ha trattenuta il direttore? Comunque, bentornata, bentornata!» si affrettò a strillare il vecchio signore. «C'è però qualcosa che non va: lei ha messo del profumo e così non riesco a sentire il suo odore di femmina. Non va bene, io la pago per averla al naturale. E adesso non perda altro tempo: si tolga i vestiti. E rimanga nuda senza fretta, abbiamo tutta la serata davanti e voglio godermela» disse, già eccitato.

Lo spogliarello andò per le lunghe. Quando Sara restò con indosso soltanto la biancheria intima, lui la fece stendere a gambe aperte e le impose di togliersi il reggiseno. Poi le ordinò di liberarsi delle mutandine e di girarsi per lasciargli ammirare il fondoschiena.

«Tiri su quel sedere e mi faccia vedere il pelo. E adesso si tocchi! Non vorrà farmi credere che non sa come si fa?» le disse il signor Bruno. Aveva la voce che raschiava, tanto che la ragazza ebbe paura di vederlo stramazzare sul pavimento. Ma per far barcollare un guardone del suo calibro ci voleva ben altro.

Nudo sul letto, mentre la postina stava a cavalcioni sopra di lui, gli bastò guardare il boschetto tra le sue gambe per andare ai sette cieli. Sul mobile del salotto c'era già la busta con il compenso pattuito. Sara la infilò nella borsetta; disse un grazie frettoloso e se ne andò. Non prima di avere fissato un nuovo appuntamento, sempre dopo una settimana.

Vista da un estraneo, la ragazza appariva la stessa di sempre. Svolgeva il suo lavoro con la solita attenzione e puntualità. Era cortese e sorridente con tutti e faceva una vita tranquilla. Dentro, però, la postina era cambiata. Con la memoria, ritornava spesso all'appartamento del terzo piano dove veniva pagata per accontentare le fantasie di un anziano.

Alla parola «pagata», usata per caso una prima volta, fece seguito una domanda: «Sono diventata una prostituta?». E rispondeva di sì, perché non contava il fatto che lui si limitasse a guardarla senza toccarla. Lei accettava del denaro in cambio e quindi non era diversa dalle donne abituate a vendersi.

Poi rientrava nella topaia in cui abitava, due stanze più il cesso sulla ringhiera e si rispondeva: «Per lasciarmi guardare nuda ogni sette giorni, guadagno quanto in un mese a consegnare la posta. Non avrei mai pensato che mi accadesse la fortuna di poter contare senza fatica su un secondo stipendio. Spero che continui, così smetterò di abitare in questo buco. In fin dei conti prostituirsi come faccio io non è poi tanto faticoso».

Passarono i mesi e Sara si ritrovò con un bel gruzzolo da parte. Le visite al signor Bruno erano diventate un'abitudine settimanale che le era entrata sotto la pelle. Pur nella sua stramberia, quella tra loro si era trasformata in una relazione stabile. E quando seppe che lui stava per trasferirsi presso la figlia, fu due volte dispiaciuta. Da una parte si era affezionata all'anziano amante. Dall'altra le sarebbe venuto a mancare il denaro che riceveva da lui.

Dopo l'ultimo incontro, prima dei saluti, Bruno le offrì di nuovo una tazza di caffè, «di quello vero», disse ridendo. E per la prima volta, passò al tu e le spiegò: «Mi hai fatto sentire giovane e ti ho dato quello che potevo, anche se avresti meritato ben di più. Immagino che i miei soldi ti mancheranno e, se mi prometti di non offenderti, ti faccio una proposta».

«Vada pure avanti, non mi offendo» gli replicò Sara, con un bel sorriso.

«C'è un mio amico, anche lui sui settanta, che sono sicuro vorrebbe conoscerti. Gli ho parlato di una ragazza che viene a farmi visita e mi ha confidato che, se fossi disposta ad andare anche da lui, ti accoglierebbe a braccia aperte. Pagherebbe bene, persino meglio di me. Forse ti è capitato di consegnargli la posta. Abita da solo in un grande appartamento sotto la Torre civica...»

«È il signor Carlo, il vicesindaco della città?» lo interruppe Sara.

«Proprio lui. Se ti interessa, puoi andarci anche domani, ma non prima delle nove di sera. La domestica se ne va alle otto, dopo avergli messo in tavola la cena.»

«Ci penserò» rispose la postina. Ma in cuor suo aveva già preso la decisione.

L'indomani, a una certa ora, Sara si lavò con cura, indossò i migliori indumenti intimi che possedeva, mise il rossetto e l'abito più audace. Nel prepararsi all'incontro che l'attendeva, pensò: "Potrei anche presentarmi vestita da stracciona. Prevedo che pure lui vorrà vedermi nuda. Tuttavia una donna fa una figura migliore se dimostra di avere rispetto per se stessa...".

Il vicesindaco le aprì la porta con un sorriso. Poi quando chiese a Sara se fosse vergine, fu subito chiaro che le sue esigenze erano ben diverse da quelle del suo amico. Lei gli rispose: «Mi sono concessa soltanto a un fidanzato che poi è morto in guerra. Da allora non ho più fatto con nessun maschio quello che intende lei» fu la risposta pronta della postina.

«Non discuterò sul compenso che pretenderà da me» continuò il signor Carlo. «Però non dica mai a nessuno che è stata qui. Ho una posizione sociale e politica che non prevede incontri di questo tipo.»

Accadde quello che Sara aveva previsto, ma non del tutto. La serata fu eccitante per entrambi. Il padrone di casa si rivelò ancora in grado di comportarsi da amante esigente. E pretese da lei una serie di manovre, per chiamarle così, che Sara non aveva mai sperimentato.

Ma la postina si rivelò un'allieva duttile e in grado di eseguire alla perfezione gli ordini del nuovo cliente. A mezzanotte, quando lasciò la casa, era stremata. Però se pensava all'incasso si sentiva soddisfatta. Disse a se stessa: "Anche il vicesindaco sa di aver speso bene il proprio denaro. Infatti mi ha invitata a ritornare da lui tra una settimana".

Sara continuò a fare la postina, ma si guardò dal lasciare il suo secondo lavoro, quello più redditizio. Ormai non si domandava più se fosse una donna di vita. Come era diventata dopo l'addestramento ricevuto prima da Bruno e poi da Carlo. Ma non aveva scrupoli, le bastava controllare l'estratto conto per non lasciarli affiorare.

Il suo deposito cresceva con regolarità. L'aveva aperto nel primo istituto di credito della città. E un giorno, mentre stava allo sportello per un altro versamento, il direttore la invitò nel suo ufficio. Chiuse la porta e, senza molto garbo, le domandò se l'entità del conto nasceva da un'attività lecita.

Lei gli offrì un sorriso sfrontato: «Certo che sì. Nelle ore libere dal mio lavoro di portalettere, faccio la prostituta a domicilio. Rallegro le serate di signori anziani e rimasti soli. In fondo, il mio è un servizio sociale. E mi faccio pagare bene. Però se i miei risparmi non le piacciono, posso sempre portarli altrove...». Ma il capo della banca si affrettò a dirsi onorato di avere una cliente così giovane e bella.

Tuttavia Sara era una donna furba e le domande del direttore fecero suonare dentro di lei un campanello d'allarme. Lasciò passare qualche settimana e inoltrò al ministero delle Poste una domanda di trasferimento. Non aveva problemi circa la destinazione, andavano tutte bene, purché fossero grandi città. Dove svolgere il suo singolare servizio sociale non avrebbe dato nell'occhio. Venne accontentata. E lei riprese, felice, il suo doppio lavoro: la consegna della posta e gli incontri con signori in là negli anni.

## 13
## La zingara

«Il tuo racconto a proposito di Sara, la postina a luci rosse, mi fa ricordare una signora non più giovane che si presentava ogni tanto a casa nostra» disse Elena a Mario. «Doveva avere una cinquantina d'anni. Era sposata con un marito fannullone che la obbligava a provvedere anche ai due figli ormai grandi e della medesima pasta del padre.

«Girava la voce che faticasse a mettere insieme il pranzo con la cena. E si aiutasse facendo dei servizietti ai signori anziani del paese, quasi tutti coltivatori diretti che non avevano certo dei portafogli magri. Forse era un'esagerazione, però nei mesi estivi l'ho vista parecchie volte arrivare sotto il nostro portico a metà mattina. Probabilmente accadeva anche nel resto dell'anno, ma io ero a scuola e non la incontravo mai. Di sicuro trovava il nonno da solo, poiché i figli e le nuore stavano sui campi a lavorare.

«Ti ho già parlato del nonno Berto» continuò Elena. «Era davvero un tipo bizzarro. Sempre intrattabile con noi famigliari e, al contrario, molto cordiale con i vicini e i forestieri. Era rimasto vedovo abbastanza giovane, eppure non ricordo di averlo mai visto con una donna. Ma non metterei la mano sul fuoco sul fatto che non avesse qualche intrallazzo. Per esempio con la signora che veniva a casa nostra, anche se non era granché attraente: grossa, vestita con abiti da poco, però molto truccata.»

«Che cosa cercava da tuo nonno?» domandò Mario.

«Chiedeva in regalo un po' dei prodotti dell'orto. Noi ne avevamo in abbondanza e il nonno non glieli ha mai negati. Insieme a qualche forma di pane, un pezzo di parmigiano, un salame. Con la scusa di prendere del foraggio per il mulo che la donna portava con sé per trasportare anche il fieno che riceveva, si allontanavano verso il fondo del portico e sparivano. Alla fine lui l'aiutava a mettere tutto sul carretto e la salutava. Chissà cosa accadeva nel fienile!»

«Avranno fatto una sveltina» disse Mario, ridendo. «Anche tuo nonno aveva diritto a un po' di piacere. E si sa che un piacere tira l'altro. Quando hai iniziato a raccontarmi della donna che cercava il nonno Berto, lì per lì ho pensato che si trattasse di una zingara. Pure da voi arrivavano con i loro carrozzoni?»

«Sì, ma si fermavano alle porte del paese. E di lì partivano per qualche scorribanda. Oggi se ne fa un gran parlare, ma la loro presenza è una faccenda antica» continuò Elena. «Anche da noi gli zingari non piacevano per niente. Per una serie di motivi che s'imparavano sin da piccoli. Le madri e le nonne, se ti vedevano in disordine dopo un pomeriggio di giochi nel cortile di casa, strillavano: "Disgraziato, sembri uno zingaro! Corri a lavarti!".»

«Ma prima di essere sporchi e vestiti di stracci, gli zingari, o i rom come li chiamano adesso, erano ladri» precisò Mario. «Quando arrivavano in città e parcheggiavano i loro carrozzoni nella grande piazza di fronte al Po, i commercianti del centro chiudevano a chiave le porte dei negozi.

«Quelli che domandavano l'elemosina per le strade venivano respinti in malo modo. Anche perché erano insistenti, tra il lagnoso e il prepotente. Le più fastidiose erano le zingare. Le anziane sembravano le mogli dell'orco: brutte, senza denti e con i modi bruschi delle capobanda. Se decidevano di fare una spedizione in centro, guidavano una truppa di ragazze e di bambini che obbedivano a comando.

«Lo scopo dell'incursione era soprattutto rubare qualcosa nelle abitazioni degli anziani e nei negozi. Se ci riuscivano, nascondevano il bottino sotto le lunghe sottane. Le rom giovani erano invece quasi tutte belle. Si comportavano da spavalde e non di rado provocavano i maschi offrendo i loro servizi. Ma se qualche dongiovanni osava fargli una proposta, lo aggredivano urlando che non erano puttane, bensì madri di famiglia. E a volte accadeva che, da sotto la gonna, spuntasse un coltello ben affilato.»

«Mi fai venire in mente mio padre» lo interruppe Elena. «Quando si trovava davanti una zingara entrata nella nostra aia, la rincorreva. Le dava della sporcacciona e poi le intimava di alzare la sottana per controllare se nascondeva una delle galline che razzolavano nel cortile. Li guardavo ridendo, affascinata da come la donna gli teneva testa.»

«Però l'accusa più pesante era un'altra. Si sosteneva che gli zingari rapissero i bambini piccoli» riprese a narrare Mario. «Una leggenda senza fondamento. Eppure qualche caso c'era stato e non se ne comprendeva la ragione. Dal momento che le famiglie nomadi erano stracariche di figli, di solito trascinati al seguito delle madri che invadevano le strade della città. Tuttavia se qualche zingara appariva nei posti frequentati dalle madri o dalle bambinaie, come i giardini pubblici davanti alla stazione ferroviaria, veniva subito scacciata e qualche volta anche picchiata.»

C'era chi non temeva di essere rapito dagli zingari. Uno di questi era un certo Giuseppe, per tutti Pino, un uomo vicino ai settanta, magro, stempiato, dai modi cortesi, un solitario rimasto scapolo. Faceva l'orologiaio, mestiere imparato dal padre. E possedeva un piccolo negozio con annesso laboratorio che si affacciava su piazza San Francesco, a pochi passi dal centro. Dunque era abituato a vedere come reagivano le madri di figli piccoli quando appariva un plotoncino di zingare.

Pino aveva una scarsa pratica delle donne. Prima della guerra, chiamato al servizio di leva nel Genio militare, era stato al bordello un paio di volte, ma senza provare nessuna emozione. La guerra civile l'aveva visto in disparte. Era contento che si fosse conclusa, però non riusciva a valutare se la scomparsa del regime di Mussolini fosse un bene o un male. Anche perché il disordine persisteva e i delitti politici continuavano.

L'orologiaio non aveva problemi di denaro. La clientela, sempre la stessa, gli consentiva di vivere bene. Era specializzato nelle riparazioni. Ma vendeva anche orologi nuovi e gli acquirenti si fidavano dei suoi consigli e dei prezzi richiesti. Bisogna aggiungere che Pino non si preoccupava delle ruberie degli zingari. I pezzi pregiati li conservava al sicuro in una piccola cassaforte nel retro del negozio. E poi gli sembrava che i rom non avessero interesse per la sua merce. Pensava: "Non ho mai visto uno zingaro chiedere l'ora a un passante. Che gli importa? Vivono girando sui loro carrozzoni e si regolano con la luce del giorno e l'oscurità della notte".

Una mattina del settembre 1945 Pino notò una zingara ferma davanti al negozio. Era molto giovane e bella. Sotto la gonna lunga e sciupata doveva nascondere un corpo snello e ben fatto. L'atteggiamento era spavaldo. Gli occhi neri come il carbone, lo sguardo incuriosito e malizioso. I capelli color ruggine erano raccolti in una treccia arrotolata sulla nuca. Era senza trucco, neppure un filo di rossetto. Ma non ne aveva bisogno: le labbra erano di un rosa tenero e la pelle scura appariva di seta.

La zingara bussò sulla porta a vetri e gli fece cenno di aprire. Senza riflettere, Pino obbedì. La ragazza entrò con un passo sicuro e chiese: «Davvero sei un dottore, di quelli che curano i malanni?».

Stupito, lui disse di no e domandò: «Perché vuoi saperlo?».

«Perché hai indosso una vestaglia bianca come i medici dell'ospedale.»

Pino sorrise: «È una vecchia usanza degli orologiai. Anche mio padre la portava».

«Tuo padre è ancora vivo?»

«È scomparso da tempo. Mi è rimasta la mamma, però ha più di novant'anni e se ne sta sempre in casa, al piano di sopra.»

«Allora in negozio lavori da solo» osservò la zingara. «Non hai paura di noi? Tutti i negozianti ce l'hanno. Ci mandano via con malagrazia. Ma tu sei stato buono con me, mi hai fatto entrare nel tuo laboratorio. Domani tornerò a trovarti.»

A Pino sembrò una vanteria bizzarra. Ma la mattina successiva la zingara si rifece viva. Disse di chiamarsi Imelda e di avere venticinque anni: «O almeno credo».

«Non conosci la tua età?» domandò lui, stupito.

«Di preciso no. L'ho imparata da mia madre. Ma potrei averne di meno o qualcuno in più. Una zia dice che sono pronta da parecchio per sposarmi. Però io un marito, e per giunta rom, non lo voglio.»

«Perché?» domandò Pino. Mentre lo chiedeva, l'orologiaio si stupì di se stesso. Qualche cliente gli diceva che era un introverso, ben poco incline a chiacchierare con il prossimo. Invece era lì a parlare con una sconosciuta, per di più una zingara. E stava scoprendo che gli piaceva farlo.

Imelda spiegò: «Non voglio sposarmi perché sarei obbligata a diventare la serva di un rom anziano e cattivo. Mi tratterebbe come un asino da soma che bisogna picchiare tutti i giorni. Sarei costretta a mettere al mondo un bel po' di figli. E dovrei portarli con me quando chiedo la carità ai ricchi come te».

«Io non sono ricco. Vivo soltanto del mio lavoro» le replicò Pino.

«Eppure sei vestito come un signore. Vedo che sotto il camice hai persino la cravatta e forse anche una giacca.»

L'orologiaio si spazientì: «Lo faccio per rispetto dei clienti. Il proprietario di un negozio non può sembrare uno zingaro. Non sarebbe decoroso».

Pino si accorse della gaffe, però non fece in tempo a rimediare. Imelda si mise a inveire: «Anche tu sei come tutti i bottegai di questa città. Mi consideri una stracciona. Pensi che sia lurida, vestita di robaccia, una pezzente peggio di una mendicante. Però io non sono così. Guardami!».

L'Imelda sollevò la gonna e mise in mostra che cosa c'era sotto. L'orologiaio vide mutande di pizzo che immaginò all'ultima moda, calze di nylon allacciate a un corsetto, il tutto reso più attraente da un paio di gambe perfette e da un pancino niente male. La zingara aggiunse: «E se mi spoglio divento ancora più elegante. Posso reggere il confronto con qualsiasi signorina della città!».

«Per favore, non farlo» balbettò il povero Pino.

Lei lo provocò: «Hai paura di vedere come sono fatta? Ti garantisco che andresti in oca».

L'orologiaio non si era mai sentito tanto confuso. Farfugliò: «Siamo in un negozio. Potrebbe entrare qualche cliente e indignarsi per lo spettacolo che stiamo dando».

La zingara gli ribatté: «Sta bene. Oggi non mi spoglierò, ma domani sì». E se ne andò con un'aria altera, da gran dama.

«Domani resterò a casa e tengo chiuso il negozio» si ripromise Pino, ma subito pensò che avrebbe dovuto spiegarne la ragione alla madre e lasciò perdere. Così, la mattina successiva, tremebondo, si preparò al nuovo assalto della zingara.

Quando si presentò, Imelda chiese: «Il tuo negozio ha una stanza sul retro? Che cosa ci tieni in quel buco?».

«Un vecchio divano, due sedie, un tavolino e la cassaforte» spiegò Pino.

«Della cassaforte non m'importa niente, non sono una ladra. Ma del divano sì» replicò lei e, con i modi della padrona, s'inoltrò nello stanzino. Non perse tempo: in un amen si mise nuda, quindi si coricò sul sofà a pancia in su, pronta a offrirsi.

Il resto accadde in pochi minuti. Pino non osò rifiutarsi di prenderla. Da parecchi anni non faceva l'amore e ansimava per il timore di non esserne più capace. Ma a guidarlo ci pensò lei che sapeva bene come condursi.

Da quel giorno in poi, a settant'anni quasi suonati, Pino scoprì i tormenti dell'innamorato. Invece l'Imelda era divertita. Si presentava in negozio qualche minuto prima della chiusura serale. Lo aiutava a tirare giù la saracinesca, poi si precipitava nel retro. Si comportava da amante ardente e insieme affettuosa, quasi materna. Una volta gli disse: «Potresti essere mio nonno, ma ti desidero come se tu fossi un figlio».

Poi nell'ottobre 1945 la città precipitò nel caos. Scomparve un bambino di sei anni. Giocava in piazza San Francesco con la nonna e svanì all'improvviso, come per magia. Disperati, la nonna e i genitori sospettarono che fosse stato rapito dagli zingari. In poche ore il sospetto si trasformò in certezza. E si diffuse la convinzione che a prenderlo fosse stata la giovane rom che frequentava il negozio dell'orologiaio, affacciato sulla piazza.

I carabinieri si presentarono da Pino e gli chiesero: «Dove possiamo trovare la tua amante zingara?».

Impaurito, lui riuscì soltanto a farfugliare: «Starà con

la carovana che sosta in piazza Castello. Io l'Imelda non la vedo da qualche sera».

La Benemerita si precipitò sul grande piazzale davanti al Po. Ma gli altri nomadi dissero che il carrozzone della ragazza era partito da un paio di giorni. Per dove? Nessuno di loro volle rivelarlo.

L'orologiaio venne portato nella caserma dei carabinieri. Arrivò un magistrato che lo interrogò a lungo e infine lo scagionò: «È un signore perbene, non può essere complice di chi ha rapito il bambino».

Quando Pino ritornò al negozio, scoprì che un gruppo di mamme infuriate l'aveva devastato. E si erano anche portate via gli orologi migliori. Ma la sua giornata storta non era ancora conclusa. Verso sera si trovò davanti una squadra di rom anziani e nerboruti. Lo riempirono di botte per avere accusato una zingarella innocente.

L'orologiaio rimase a terra svenuto. Quando riaprì gli occhi vide Imelda accanto a sé. Sorrideva come sempre, affettuosa e un po' insolente. Lo aiutò ad alzarsi e poi gli spiegò che avevano ritrovato il bambino. Si era nascosto in una cantina per fare uno scherzo ai fratelli più grandi. Stava bene, inconsapevole del pasticcio combinato. E concluse: «Sono sicura che un giorno, diventato grande, verrà a chiederti scusa per i guai che ti ha procurato».

«Ma tu? Dov'eri finita?» balbettò il povero Pino.

«Mio padre era infuriato con me. Non voleva che diventassi la tua morosa, così ha deciso di partire con tutta la famiglia. Ma ad Alessandria ho tagliato la corda. Eccomi qui con te. Se vuoi ci rimarrò per sempre.»

L'orologiaio e la zingara si misero insieme, una coppia felice e contenta. Ma nel mondo attorno a loro stava in agguato un folle. Era un commerciante della strada centrale della città. Prima di levare le tende, gli zingari di piazza Castello gli avevano svaligiato il negozio. E lui aveva deciso di vendicarsi.

Una mattina si presentò nel laboratorio dell'orologiaio con in mano un revolver. Uccise per primo il povero Pino. Poi freddò Imelda. Infine si sparò un colpo in testa accanto ai due cadaveri. Tre morti ammazzati per una colpa inesistente. La città ne parlò per una settimana, poi dimenticò tutto.

# 14
# La felicità fa bene

«Alle prese con tutti questi ricordi, comincio a pensare che stiamo diventando vecchi anche noi» sospirò Elena. «A volte mi sembra di assomigliare a mio padre. Con il crescere dell'età, ti faceva supporre che per lui contasse soltanto il passato. E il presente non avesse nessuna importanza.

«Rivangava di continuo il tempo di guerra e la sua prigionia in Germania, dopo l'armistizio del 1943. Era una storia che in casa conoscevamo tutti, eppure papà continuava a ripeterla. Come se il giorno prima fosse rimasto fuori da quel rifugio da dove la Wehrmacht aveva scacciato lui e gli altri deportati italiani per far posto ai civili tedeschi. L'aveva visto esplodere, centrato da una bomba sganciata da un apparecchio inglese. Da quel momento lui e i suoi compagni, tutti ex militari internati, aspettavano i bombardamenti per entrare nelle case lasciate incustodite, e rubare quello che trovavano di commestibile, nella speranza di attenuare i morsi della fame.

«A tavola, lo osservavo mangiare con ingordigia, come se fosse ancora alle prese con la mancanza di cibo patita nel campo di concentramento di Mannheim. Povero papà. La sua memoria vacillava al punto di dimenticare persino le parole pronunciate poco prima. Ma a proposito di quegli avvenimenti lontani non sbagliava una virgola.»

«Cara Elena, a volte succede anche a me. Però non è questa la faccenda più grave. È il nostro corpo che segnala la vecchiaia» disse un po' intristito Mario. «Ti vai a sbarbare e scopri che, nel giro di due giorni, le rughe sono più profonde. Pure i muscoli delle gambe e delle braccia hanno perduto forza e non serve camminare o darci dentro con la cyclette. E che dire delle ginocchia che cedono? Anche sul viso compaiono macchie color caffellatte, segno inequivocabile del tempo che è passato e continua a passare.»

«Dovresti valutare i lati positivi della situazione» gli suggerì Elena. «Grazie al cielo e ai nostri avi, come tu chiami i genitori e i nonni che se ne sono andati, finora abbiamo schivato malattie gravi. E l'esperienza che hai conquistato facendo il giornalista ti aiuta a guardare il mondo con occhi disincantati.

«Per di più, la memoria è intatta. Il cervello è lucido e lavori senza risparmio, come quando ti ho conosciuto un quarto di secolo fa. Il giorno di Pasquetta, alle otto di mattina, stavi già al telefono, chiamato da un redattore di un giornale radio della Rai che ti chiedeva delle elezioni amministrative ormai vicine. Allora, che cosa importa se le ginocchia cedono un po' e se qualche ruga è diventata più evidente? Pensa a quanti anziani vorrebbero essere nelle tue condizioni!» sdrammatizzò Elena.

Poi proseguì: «Ti osservo di continuo. Anzi, come hai l'abitudine di dire, ti tengo d'occhio. Anche se cammini più adagio di un tempo e scendi con cautela le scale, tutto sommato ti muovi bene. Ti alzi presto e corri a vedere le rassegne stampa trasmesse dalle televisioni e da Televideo, per sapere cosa è accaduto nel mondo mentre stavamo dormendo. E ogni mattina, puntuale come un postino svizzero, imprechi per la faziosità di Sky che non fa quasi mai vedere i giornali di destra. E per i lumaconi della Rai che sono sempre in ritardo. Se ti confronto con i giovanotti svaccati e indolenti che vedo in giro, altro che vecchio!, il giovane sei tu.

«Caro Mario, tirati su, come ti avrebbe detto tua madre. Cosa credi? Pur avendo un po' di anni meno di te, anch'io mi accorgo dei capelli che diventano bianchi. L'umidità dell'Emilia, dove sono cresciuta, mi ha regalato un tantino di artrosi. Però mi considero fortunata. La mia amica pranoterapeuta ripete sempre che, finché i dolori "girano" da una parte all'altra del corpo, non mi devo preoccupare. E io non mi preoccupo. Dovrei, anzi dovremmo, uscire a camminare all'aria aperta, ma in questo decide la pigrizia. Sia mia che tua.

«Forse non te l'ho mai detto» seguitò Elena, «ma mi sorregge una filosofia: non penso al passato, soltanto al presente. È inutile rammaricarsi di quanto non possiamo più fare. Io evito di soffermarmi sul futuro e su quanto può accaderci, perché se lo faccio sono sicura di andare in crisi. Mi troverei alle prese con la paura di restare da sola, di non averti più accanto. Invece nel mio presente tu ci sei, riempi la mia giornata e questo si chiama felicità».

«Hai proprio ragione» osservò Mario. «La felicità fa bene. Ed è l'arma migliore per non soccombere. È la più forte cura preventiva contro le malattie in agguato. Ho conosciuto colleghi diventati molto anziani e in buona salute perché non erano mai tristi. Amavano la moglie o la compagna ed erano riamati. Si alzavano la mattina di buon'ora con il piacere di rimettersi a scrivere. Lo facevano da tanti anni, ma seguitavano a farlo con gioia. La pensi così anche tu, Elena?»

Lei gli sorrise: «Sì. Che cosa c'è di più bello e vitale di invecchiare insieme alla persona che ami? E di non sentirsi inutili? Come direbbe il filosofo dell'antico programma televisivo di Renzo Arbore, è meglio diventare vecchi o fermarsi prima? Quindi è sacrosanto respingere i pensieri cattivi».

«A te piace uscire a pranzo o a cena, per il resto preferisci startene rintanato in casa. Invece io, dopo due o tre giorni, provo il bisogno di prendere l'auto e muovermi» confessò Elena. «Con il pretesto della spesa, me la svigno per qualche ora. È in quel momento che di anziani ne incontro parecchi. E li vedo come sbiaditi, tanto appaiono spenti, senza volontà e soprattutto infelici.»

«Sono così anche le persone del paese che trovi all'edicola ogni mattina?» chiese Mario, sornione.

«Prima di tutto è un bar edicola, ma la mattina sembra di inoltrarsi in una sala di lettura. Ai tavoli non ci sono né vecchi né anziani. Direi piuttosto clienti un po' grandi e di sicuro non spenti. Sono informati, spesso incazzati con il governo e la politica, puntuti nei giudizi e nel sacramentare. È una compagnia che mi piace. C'è una ragazza non più giovanissima dietro al bancone che non manca mai di accogliermi con un sorriso luminoso e un saluto cordiale. Ci sono un signore sempre silenzioso che in estate va in giro in bicicletta e un altro appoggiato al suo bastone. Una miniera di battute e di espressioni dialettali colorite.»

«Dilla sino in fondo» scherzò Mario, «anche a te piace andare al bar per il cappuccino e soprattutto per parlare di calcio.»

«È vero. Al bar c'è un microcosmo di tifosi» raccontò Elena. «I milanisti che non si fanno molte illusioni neppure su questo campionato. Mentre gli interisti continuano a sperare nella Cina e che per lo scudetto sia la volta buona. I tifosi della Fiorentina si domandano le vere intenzioni di Della Valle. Fossi in loro sospetterei che il viola porti iella, come pensa chi fa teatro. Il romanista più importante del paese è il nostro giovane maresciallo dei carabinieri e conviene tenerselo buono.

«L'ex tabaccaio ha il cuore granata ma è soprattutto un tifoso che ama il calcio. I laziali vengono da fuori. E poi ci siamo noi, gli juventini. La maggioranza, i più baldanzosi dopo cinque anni consecutivi di vittorie. C'è qualche antijuventino che vorrebbe fossimo rimasti in serie B, ma noi gli sorridiamo con accondiscendenza. Si fa tutti il tifo per la nazionale e per le squadre italiane nelle coppe. Più corretti di così si muore!

«Ma torniamo a noi» continuò Elena, sorridendo. «Gli anziani e i vecchi li vedo soprattutto al supermercato e nei centri commerciali. Sono per lo più donne, qualche volta accompagnate da un figlio o una figlia. Se con loro ci sono bambini, spesso si mostrano capricciosi perché vogliono qualcosa che la nonna rifiuta di comprargli. Gli uomini che fanno la spesa sono per lo più giovani, al massimo di mezza età. Le generazioni più in là negli anni restano convinte che fare la spesa e tanto altro siano affari da donne. E i pochi che hanno cambiato idea è perché non hanno potuto evitarlo.»

«Siamo cresciuti con l'obbligo di osservare una serie di regole ben precise» sospirò Mario. «L'uomo al lavoro per mantenere la famiglia. E le donne a prendersi cura dei figli e della casa. Poi avete cominciato a lavorare in numero sempre crescente e le cose dovevano per forza mutare» disse, senza far capire se era rassegnato o infastidito da quel cambiamento.

«Non cercare scuse» gli ingiunse Elena. «Voi maschi siete sempre stati e continuate a essere egoisti: farvi servire vi fa un gran piacere. Ma lasciami proseguire. Al supermercato io so cosa acquistare e non perdo troppo tempo. Per fortuna, non devo badare ai prezzi, mentre quasi tutti gli anziani mi accorgo che controllano i cartellini con attenzione. Quando sono in coppia, si confrontano su quanto costa un prodotto rispetto a un altro. E acquistano soltanto quel poco che gli serve. Vedo spesso un signore che prima di metterle sulla bilancia, cambia due banane almeno dieci volte. Sono molti a soffermarsi sui prodotti in offerta. E non credo che dipenda da quanto sia robusto il portafoglio: è che tutti sono stati educati a non sprecare.»

«Mi fai ricordare la regola che vigeva in casa nostra,

quando ero bambino» la interruppe Mario. «Nel piatto non si doveva lasciare niente. E anche se una minestra o una pietanza non ci piaceva, dovevamo mangiarla per intero. Durante l'ultimo anno di guerra, mia sorella, io e un cugino eravamo sfollati con la nonna Carolina in un podere vicino alla città. Non ci andava affatto il minestrone e storcevamo sempre la bocca. Qualche volta ho pensato che la nonna lo cucinasse, soprattutto di sera, per metterci alla prova. Ma noi testardi tentavamo sempre di rifiutarlo. Allora lei spegneva la luce e ci minacciava: "Se quando la riaccendo, trovo ancora un cucchiaio di minestrone nel piatto, vi mando a letto subito!". Adesso il minestrone mi piace molto. Forse significa che sono davvero vecchio» sorrise Mario, scuotendo la testa.

«Lo mangi perché sei un anziano felice. E scopri che molte cose che un tempo non gradivi adesso ti piacciono. Sai dove vedo la gente più infelice? Soprattutto in città. E sai dove mi sento più insicura? Al supermercato e nei centri commerciali» si rabbuiò Elena.

«Accade quando alle mie spalle qualcuno mi sorprende masticando in cattivo italiano un ciao quasi rabbioso, un buongiorno che trasuda rancore. Oppure, se hai come me una certa età, ti senti chiamare "mami", ossia mamma. Sono migranti o profughi clandestini, ragazzi di colore che passano le giornate nei parcheggi e ti seguono come ombre. Si offrono di aiutarti a mettere le borse della spesa nel bagagliaio dell'auto in cambio dell'euro che hai usato per prelevare il carrello. Ma ti assediano con insistenza anche quando non hai il carrello.

«Donne e anziani sono le loro vittime preferite. Ti si appiccicano addosso e non ti mollano finché non ottengono qualcosa. È una specie di pedaggio che viviamo tutti con sempre maggiore fastidio. Anche se gli anziani, per l'età e i movimenti un po' impacciati, sono i più facili da importunare.»

«Non credevo fossero così invadenti» osservò Mario.
«Di solito io li allontano» sbuffò Elena. «Ma la loro presenza fa sì che mi ritrovi in una delle poche situazioni in cui sento tutti i miei anni addosso. È una sensazione che non mi piace. Ovunque vai trovi un nero che ti viene incontro, ormai fanno parte del quotidiano. Poi ci sono quelli che non chiedono monete e se ne stanno tutto il santo giorno aggrappati al telefonino, in stato quasi ipnotico. E ti domandi che cosa guardano. E ti vengono pensieri strani dopo aver visto l'Isis in azione a Parigi nella notte del Bataclan...
«Mi domando sempre per quale motivo, dal momento che li ospitiamo e sono tutti baldi giovani, non sia previsto l'obbligo di insegnargli la nostra lingua e di spiegargli come sia fatto il paese nel quale sono sbarcati. E magari anche di occuparli, fargli fare qualcosa di utile per impiegare il tanto tempo che hanno e restituire così l'accoglienza gratuita che ricevono. Io la penso come i vecchi di una volta che non sopportavano i fannulloni.»

# 15
# Viagra

«Elena, mi ha colpito sentire che ti comporti come una ragazza di trent'anni» osservò Mario mentre stavano in auto diretti al cinema.

«Pensi che sia un atteggiamento sbagliato per una signora che ha superato la barriera dei sessanta?» domandò lei.

«Assolutamente no. Se tutti si arrendessero all'incalzare del calendario e si preparassero a morire, il nostro mondo diventerebbe un inferno. Abitato soltanto da giovani, maschi e femmine quasi sempre ignoranti e con poca voglia di lavorare. Per fortuna, anche tu appartieni a quella parte dell'umanità che rifiuta il tempo che passa. Dici no alla vecchiaia e in questo siamo molto simili. Se ti conosco bene, non ti arrenderai tanto facilmente.»

«A proposito di non arrendersi, avrai letto sul giornale il caso di quel signore molto anziano grande consumatore di viagra e della sua giovane amante? Lei si è spaventata per l'energia pazzesca del compagno. Però gli è rimasta accanto sino alla fine. Ma cosa te lo domando a fare?...» osservò Elena. «A te le storie che riguardano il sesso non sfuggono mai, soprattutto quando i protagonisti sono uomini ormai lontani dagli anni verdi...»

Mario le replicò, ridendo: «Sfottimi pure. Ma considera che cosa significa per i maschi anziani poter contare su un prodotto chimico come il viagra. Un rimedio che gli consente di risvegliare le energie sessuali che sembravano assopite per sempre. E permette di avere rapporti con donne molto più giovani di loro. Certo bisogna farne un uso accorto per non incappare in qualche rischio...».

«Già, prova a immaginare un signore in là negli anni che, mentre sta a letto con una ragazzona, si accorge all'improvviso che il viagra ha smesso di fare effetto. Sarebbe un disastro. Mi ricorda uno spot pubblicitario che ho visto in tivù. Il personaggio è un tizio non più di primo pelo che sta per coricarsi con una signora della sua stessa età. Tiene in mano la magica pastiglia azzurra, ma nell'eccitazione la lascia cadere. La pastiglia rimbalza dalla finestra e finisce nel serbatoio di un'automobile che sta facendo rifornimento. Lui rimane con un palmo di naso, mentre la macchina parte di gran carriera, con uno sprint da Formula Uno!» concluse Elena, divertita.

«Se l'effetto della benzina mescolata al viagra è davvero quello, le scuderie delle macchine da corsa ne avranno delle scorte grandiose. Comunque la storia che conosco non assomiglia a quello spot. Ascolta il mio racconto» disse Mario a Elena.

Dopo la scomparsa della moglie, il signor Giorgio, un settantenne, viveva da solo in una piccola città piemontese. Abitava in una bella casa e non era assillato da problemi economici. Insieme alla buona pensione da dirigente industriale, poteva contare sul rendimento dei non pochi risparmi.

Continuava a seguire le raccomandazioni della moglie, quindi si teneva in ordine, aiutato da una colf ucraina cinquantenne che si occupava con scrupolo della casa e di lui. Vestiva con eleganza, si radeva tutte le mattine e andava dal parrucchiere una volta alla settimana. A fargli lo shampoo provvedeva una lavorante molto gentile e sempre sorridente: Carmela, una ragazza calabrese di ventuno anni. Impossibile non ammirarne la gran massa di capelli neri e ricci, ma soprattutto il volto davvero bello e il corpo flessuoso. Le gonne molto corte e i leggings scuri esaltavano la perfezione delle gambe.

Senza rendersene conto, Giorgio cominciò a osservare Carmela con un occhio diverso da quello del cliente. Si immaginava a letto con lei, immerso in manovre a luci rosse. Poi rimproverava se stesso: "Non essere sciocco! Tra voi due ci sono quasi cinquant'anni di differenza. Rischi di apparire un vecchio ridicolo. Guardati bene dal farle qualunque proposta. Perché lei ti manderebbe al diavolo".

Però Giorgio non fu capace di trattenersi e un giorno chiese a Carmela: «Quanto guadagni lavorando qui?». Lei rispose: «Poco. Non arrivo a cinquecento euro al mese. In più ci sarebbero le mance, ma con questa crisi si sono ridotte al minimo. Per fortuna vivo ancora con i miei genitori, altrimenti non riuscirei a mantenermi».

«Hai mai pensato di integrare il tuo stipendio?» domandò il signor Giorgio.

«Magari, ma non saprei in che modo» esclamò la ragazza.

Lui le spiegò: «Potresti farmi un po' di compagnia. La mia governante ha due giorni di riposo ogni settimana: la domenica e il lunedì. Il tuo lunedì è libero, poiché il parrucchiere chiude. Vorresti sostituirla nel pomeriggio? Sarai compensata senza avarizia. Se accetti, ti aspetto dalle quattordici in poi, questo è il mio indirizzo. Ti darò cento euro e ti offrirò la cena».

La ragazza accettò di corsa e alle due del primo lunedì utile si presentò a casa del signor Giorgio. Lui le mostrò l'appartamento, poi aprì la porta del guardaroba e la invitò a indossare la divisa da governante. «Spero di non aver sbagliato taglia. La signora che sostituisci è assai più anziana e inciccionita di te. Ma ho una richiesta da farti: vorrei che sotto il grembiule tu rimanessi con la sola biancheria intima. Lo puoi fare?»

Carmela non aveva niente in contrario. Anzi domandò: «Vuole osservarmi mentre mi cambio?». Poi cominciò a spogliarsi davanti al padrone di casa che la scrutava con uno sguardo capace di bucare il muro.

Il bello, però, doveva ancora venire. Per Carmela il pomeriggio non fu particolarmente faticoso, poiché l'appartamento era in un ordine perfetto. Venne l'ora di cena e fu invitata a preparare la tavola. Nel frigorifero trovò prosciutto, formaggio, un po' di gelato e una bottiglia di ottimo vino bianco. Mangiarono chiacchierando del più e del meno.

E quando lei pensava che il suo pomeriggio di lavoro fosse terminato, il signor Giorgio le chiese di avvicinarsi. Le sollevò la gonna e abbassò le mutandine, poi la toccò tra le gambe. La sua mano si fece sempre più insistente e andò a finire che procurò alla ragazza un orgasmo.

«Vedo che non ti vergogni» le disse. Carmela alzò le spalle: «Venendo da lei sapevo che avrei fatto qualcosa di diverso dalla sua governante. Ero preparata. E adesso sono pronta al secondo tempo del nostro incontro. Che cosa posso fare?».

Il signor Giorgio sospirò: «Poco, purtroppo. Sono molto anziano per azzardare richieste audaci. Però mi piaci tanto. E cercherò di prepararmi meglio per il lunedì della prossima settimana. Tornerai, vero?».

Lei gli sparò un sorriso malizioso: «Certo che ritornerò. Anche perché sono curiosa di scoprire che cosa intende quando promette che si preparerà meglio».

L'indomani il signor Giorgio si recò dal proprio medico e gli confidò il suo incontro con Carmela. Poi gli domandò di prescrivergli del viagra. Il medico lo conosceva bene e sapeva che non c'erano controindicazioni a quel rimedio miracoloso. Lo accontentò, poi disse: «Si goda la sua ragazza di ventuno anni! Non capita a tutti gli anziani di trovare un boccone tanto prelibato. Usi pure la pillola azzurra, ma senza esagerare. Se impara a dosarla, non le succederà niente di pericoloso».

Carmela lo vide arrivare in negozio per il servizio settimanale ai capelli e lo accolse allegra, con il sorriso di sempre. Non fu necessario alcun cenno di intesa, perché l'appuntamento per il pomeriggio di lunedì era fissato. Infatti lei si presentò puntuale e si avviò verso il guardaroba per mettersi la divisa. Questa volta, però, sotto il vestito rimase nuda. Prevedeva che il dopo cena sarebbe stato molto diverso da quello precedente.

All'inizio, Giorgio sembrò disinteressarsi della sua presenza, quasi che in casa ci fosse la solita colf. In realtà non le staccava gli occhi di dosso e lei scoprì di esserne lusingata. Al tempo stesso lo sentiva diverso, come se avesse i sensi eccitati. Con il passare dei minuti lei stessa avvertì dentro di sé un'ansia strana. Non aveva nessun timore, ma intuiva che il signor Giorgio covava una sorpresa.

Cenarono chiacchierando come la prima volta. E mentre Carmela riponeva i piatti nel lavello, lui la bloccò afferrandole le spalle. Quando vide che sotto la divisa era nuda, la pregò di spogliarsi del tutto. Rimase affascinato soprattutto dalla forza delle cosce e dei seni a pera. Avevano la forma di due piccole campane rovesciate, con i capezzoli che sembravano suggerire: «Accarezzami». Non gli fu possibile, poiché la ragazza si diresse verso il soggiorno. Qui cominciò a passeggiare davanti a lui, provocandolo. Infine lo pregò di sedersi sul divano e si accoccolò sulle sue ginocchia, baciandolo a lungo.

Carmela gli sussurrò: «Sei il mio moroso trentenne». E, in piedi di fronte a lui, gli suggerì di accarezzare il suo triangolo nero e riccioluto come i capelli. Poi gli afferrò la mano e lo invitò ad andare nella camera da letto. Si distese per essere servita con calma. E urlò per il piacere provocato dalle carezze di Giorgio.

La ragazza avrebbe voluto dedicarsi a lui, ma il vecchio balbettò: «Tu sei stata fantastica. Ma sei anche molto giovane, mentre io ho qualche anno più di te. Il mio cuore batte forte, per questa volta è meglio fermarci qui. Possiamo rivederci lunedì prossimo?».

«Non è necessario aspettare una settimana» rispose Carmela. «La sua governante viene soltanto di mattina. Potrei tornare tra due o tre sere, magari ceniamo insieme come al solito» continuò, facendogli l'occhiolino.

«Bene, quella sera avrò una sorpresa per te. Non voglio dirti nulla, ma resterai a bocca aperta» spiegò il signor Giorgio.

La ragazza ricomparve il giovedì. E nessuno dei due pensò alla cena, che rimase intatta nei piatti. «Adesso tocca a lei spogliarsi» disse Carmela a Giorgio. «E non si rifiuti. Non deve provare vergogna del suo corpo anziano. A togliersi i vestiti l'aiuterò io, si abbandoni.» Quindi si coricò accanto a lui. Lo studiò con attenzione: «Lei non ha un filo di grasso e tra le gambe non le manca niente. È soltanto un po' arrugginito. Ma se la tocco, vuole scommettere che reagisce ancora?» concluse sorridendo.

Le mani della ragazza fecero miracoli. Però il vero miracolo lo fece il viagra che gli aveva prescritto il medico qualche giorno prima. Infatti quella sera funzionò tutto a dovere. Il signor Giorgio ebbe un'erezione potente e riscoprì gli stessi movimenti di un tempo. Prese la ragazza una prima volta e poi una seconda. Finché lei, stremata, lo pregò di fermarsi.

Ansimando, Carmela gli disse: «Al suo confronto, il mio ragazzo sembra impotente. Mi dica: lei ha preso il viagra?».

Il signor Giorgio bofonchiò: «Non sapevo che avessi un moroso. Se qualcuno gli raccontasse che vai a trovare un vecchio, si getterebbe in un pozzo».

«Può fare quel che vuole. E anch'io» replicò lei.

Incontro dopo incontro, Carmela scoprì di non poter fare a meno del sesso con il signor Giorgio. E questo cambiò l'atteggiamento del settantenne nei confronti della ragazza. Continuò a ricompensarla con la stessa generosità, però divenne il suo padrone dispotico. A letto e nella vita.

Licenziò la governante e Carmela prese il suo posto. Lei accettò anche perché il vecchio amante non aveva mai smesso di essere molto generoso e le versava un compenso ben più alto dello stipendio come parrucchiera. Andò a vivere in casa con lui e Giorgio cominciò a comportarsi come se lei fosse una moglie. Andavano insieme al cinema, a teatro, alle mostre, nei negozi. Tutti restavano a bocca aperta nel vedere quel signore anziano accompagnato da una donna giovanissima e di una bellezza speciale.

Il buon gusto non impedì alla proprietaria di una boutique di chiederle come fosse il marito a letto. «È meglio lui di un trentenne, dovrebbe provarlo» rispose Carmela, suscitando lo stupore della negoziante. Ma la ragazza non tardò a scoprire che, al riparo della curiosità, il sentimento che tanti mostravano nel vedere la loro coppia era di ostilità. E guardavano soprattutto lei con ben poca simpatia. Bisbigliando alle sue spalle: «È una puttana o una mantenuta».

Dopo averci riflettuto a lungo, Carmela suggerì a Giorgio uno stratagemma. La condizione per continuare a uscire insieme era che lui si vestisse da vecchia signora. Gli spiegò: «Ti scambieranno per mia zia o mia nonna. Troverò gli abiti giusti e ti truccherò. Se ti muoverai con un po' di difficoltà, l'effetto risulterà completo: anche le signore anziane camminano a passi incerti».

Carmela non era sicura che lui avrebbe accettato, invece Giorgio si disse d'accordo. Dopo avere sperimentato le gioie del viagra, gli piacque anche la nuova trasgressione. E così, prima di ogni uscita, iniziava il laborioso travestimento. Metteva mutande di pizzo, il reggiseno imbottito, la sottoveste, calze velate nere, abito elegante e severo, mocassini femminili, rossetto e fard usati con misura. Sul capo una parrucca di capelli grigi e bianchi, dal taglio classico.

La ragazza gli raccomandò: «Quando siamo per strada, devi aggrapparti al mio braccio come se fossi preoccupata per l'aggressività che ci circonda». Il signor Giorgio seguì con scrupolo tutti i suoi consigli. E a forza di interpretare la parte della vecchia signora, scoprì che essere femmina non gli sarebbe dispiaciuto.

Ma nello stesso tempo il viagra continuava a produrre i suoi effetti. Sopraffatto dalla smania per la sua nuova vita, non aveva rispettato la raccomandazione del medico di non abusarne. La riscoperta del piacere fisico, e il trovarsi con una ragazza a disposizione nel letto, gli fece dimenticare ogni cautela. E una mattina, Carmela, rientrando dal fare la spesa, lo trovò sul divano che non respirava più.

«Ucciso da un infarto» sostenne il medico. «È stato un uomo fortunato, se l'è goduta sino alla fine» concluse, rivolgendo alla ragazza uno sguardo carico di sottintesi.

Un mese dopo, Carmela apprese da un notaio di essere anche lei una donna fortunata. Giorgio le aveva lasciato tutto il suo patrimonio. E lei era diventata una ragazza ricca.

Carmela usò con accortezza l'eredità ricevuta dall'amante. Aprì un centro estetico per persone anziane. Era l'unico in tutta città. E il successo che ottenne le permise di mettere da parte i contributi per una buona pensione integrativa.

# 16
# Il vizio del barone

«Amore mio, vorrei che tu mi spiegassi una cosa che, malgrado i tanti anni di vita in comune con te, non ho ancora compreso sino in fondo» disse Elena a Mario.

«Scommetto che la "cosa", come la chiami tu, riguarda un problema gigantesco per l'umanità. Non credo di avere la forza giusta per risolverlo. Ma comunque tenterò di risponderti» replicò lui.

Elena si preparò a un lungo confronto e iniziò con la solita schiettezza: «Perché per voi uomini, non appena raggiungete la mezza età, diventa tanto importante il sesso e cercate la compagnia di donne giovani? Ho letto che il pisello per voi è il baricentro di tutto. Forse è proprio questa la ragione che spinge un anziano di settant'anni a mettersi con una ragazza di venti. Un fenomeno molto più diffuso di quanto non si creda. Basta osservarle queste coppie per comprendere che lui è pieno di soldi e si è comprato l'illusione della giovinezza. Esibisce la fanciulla come fanno i figli di papà con la Ferrari ultimo modello. Quello che poi accada per davvero nell'intimità delle loro camere da letto, sarei proprio curiosa di scoprirlo...».

Mario provò a risponderle: «Ci sono uomini anziani, quasi sempre con un portafoglio bello gonfio, che sono rimasti soli, per la morte della moglie o della compagna. Hanno figli grandi che fanno la loro vita. Il tempo che scorre inesorabile e la solitudine sono frustranti. In quei casi, il sesso può diventare un loro bene rifugio molto importante.

«Anche avere soltanto delle fantasie erotiche può

essere una medicina efficace contro la depressione. Ti svegli la mattina presto dentro un letto che ormai è vuoto per metà. L'assenza della donna che hai amato diventa un tormento. Allora immagini di scopare con una ragazza che hai intravisto e ti è piaciuta. La commessa della panetteria. La nuova impiegata dell'ufficio postale. La shampista del parrucchiere.

«Il problema del nostro signor X sta nel trovare il modo e la persona per mettere in pratica le sue fantasie» continuò Mario. «E se hai i mezzi per ricompensare le loro prestazioni, di ragazze disponibili ne trovi quante ne vuoi. Dobbiamo biasimarlo? Io non mi sento di farlo. Non tutti hanno la fortuna di diventare vecchi insieme alla donna amata. Quelli che tu consideri malati di sesso bisogna capirli. E comprendere la loro volontà di non cedere le armi.»

«Insisto con queste domande, dal momento che per una donna è differente» ragionò ad alta voce Elena. «Superata la barriera fisiologica degli anni fertili, come mi ha detto lo specialista che anni fa ha curato la mia menopausa, inizia la stagione che ci fa tornare bambine. Infatti il nostro corpo si rilassa e anche nel sesso cerchiamo calma, tenerezza, persino pudore. Gli ardori e le fantasie roventi li lasciamo a voi. Anche le donne mature accompagnate da ragazzi giovani non fanno immaginare notti bollenti.»

«Non ne sarei così sicuro» obiettò Mario. «Se pensi ai cinquantenni e alle cinquantenni devi riconoscere che tra loro si è realizzata una specie di parità. Risultano sempre meno rare le donne di potere, le attrici famose, le cantanti di successo e le vedove ricche che esibiscono accompagnatori giovani e di bella presenza. Sono i famosi fusti, così venivano chiamati anni fa. Oggi c'è un'espressione inglese che dice tutto: il toy boy, il ragazzo giocattolo. Non credo che per le signore che ne dispongono il sesso sia soltanto tenerezza.

«Ma a proposito di maschi che hanno sempre pensieri a luci rosse» disse Mario, «voglio raccontarti il caso di un medico di grandi capacità, nonché professore universitario, che aveva proprio quel vizio. E alla massima potenza.»

Edoardo, Dedo per gli amici, a Torino lo avevano soprannominato il Grande Sottaniere. I più spregiudicati lo definivano il Super Mandrillo.

Alto, robusto, sul volto un paio di baffi superbi, veniva considerato l'internista più famoso dell'Italia settentrionale. La sua bravura era tale che a lui ricorrevano le famiglie più in vista della città. Possedeva la capacità pressoché infallibile di individuare la malattia più nascosta.

Accanto alla figura pubblica di grande luminare, in lui conviveva una doppia personalità. Era autoritario, come di solito lo sono i grandi baroni della medicina. Ma trattava tutti nello stesso modo, tanto il paziente importante e ricco, quanto l'ultimo dei ricoverati nel grande ospedale dove esercitava.

Non ammetteva obiezioni alle sue sentenze e alle cure prescritte. Se un malato non gli obbediva, lo cancellava per sempre dall'elenco delle persone da aiutare. In città si diceva che avesse ordinato a un componente della famiglia più nota di non bussare al suo studio. E lo aveva congedato con un verdetto brutale: «Le auguro di presentarsi presto al Padreterno!».

Il secondo lato della personalità del professore era tenuto nell'ombra, ma pur sempre conosciuto da molti. In pubblico il suo comportamento era impeccabile. Non molestava le infermiere del reparto, nonostante fossero scelte da lui una per una tenendo in gran conto il criterio della bellezza fisica. Era solito dire: «Impareranno bene la professione dopo essere state per ore sotto il mio comando!». Al contrario di molti primari, si guardava bene dall'insidiare le dottoresse tirocinanti. E infatti le giovani laureate lo adoravano.

Le donne che il professor Dedo preferiva erano le zoccole, ossia le prostitute. A cominciare dalle ragazze dei due o tre bordelli di lusso che esistevano in città. Aveva stretto un patto con le maîtresse che li dirigevano. Quando arrivava una nuova quindicina, dovevano avvisarlo subito. In quel caso, appena libero dal lavoro in ospedale, il barone si precipitava al casino.

Qui veniva accolto a bandiere spiegate, come il primo dei clienti. Lui baciava la mano alla maîtresse e correva in camera dove lo aspettava la più bella della squadra. Con lei trascorreva un'ora di sesso furibondo. A letto il professore mostrava una grande energia vitale. Le ragazze del bordello nutrivano un tantino di paura per le sue richieste. Ma si adattavano. Ben sapendo che, conclusa la prestazione, le avrebbe premiate con una mancia regale.

Un giorno il barone venne a sapere che a Parigi esisteva una casa di piacere unica in Europa. La dirigeva una signora che si faceva chiamare madame Claude, al secolo Fernande Grudet. Il motto di questa maîtresse era di un realismo cinico ed esplicito. Diceva: «Ci sono due cose che la gente sarà sempre disposta a pagare: il cibo e il sesso. Io non ho mai imparato a cucinare, ma di sesso me ne intendo. E sono pronta a metterlo a disposizione di chi non esita a onorare le mie parcelle».

«Scusa se ti interrompo» disse Elena al marito, iniziando a ridere: «Il professore era proprio un arrapato senza controllo. La sua passione per i bordelli e le zoccole, adesso dovresti chiamarle cocotte, alla francese, era tale che non si fermava davanti a nulla. Non gli bastavano le squinzie di Torino e voleva passare il confine. Senza saperlo, anticipava l'Unione europea!».

«Tu scherzi, ma il barone era un vero estimatore del

genere» le replicò Mario. «Fossero belle di notte o belle di giorno, come nel famoso film con una strepitosa e giovane Catherine Deneuve, lui era sempre pronto. Se amava divertirsi così, dobbiamo condannarlo? In fin dei conti poteva fare del male soltanto al proprio portafoglio.»

La maison di madame Claude stava nel più prestigioso arrondissement di Parigi, il Sedicesimo. E negli anni Cinquanta e Sessanta era frequentato da vip francesi e internazionali. Si diceva che avesse tra i suoi clienti John Kennedy, Gianni Agnelli, lo Scià di Persia, Marlon Brando e tanti altri big.

La padrona del bordello esibiva un catalogo di bellezze sensazionali: una raccolta con le foto più audaci e le varie specialità delle ragazze. La leggenda sostiene che la truppa cambiava ogni mese. E tra le venti che si presentavano per entrare nel suo harem, madame Claude ne sceglieva una soltanto.

Il medico non tardò a recarsi a Parigi per constatare se quel bordello fosse davvero tanto speciale. La padrona lo accolse senza obbligarlo a fare anticamera, dal momento che si era informata sul conto del nuovo cliente arrivato dall'Italia. A parte il fatto che era un medico molto noto nella sua città, scoprì che pagava senza battere ciglio le tariffe richieste. La minima che lei praticava era di diciassettemila franchi a notte. Il trenta per cento della somma restava alla maîtresse che in questo modo si era arricchita non poco.

«Ma fare quella vita, alla lunga, può anche stancare» scappò detto a Mario. «Infatti, arrivato ai cinquant'anni, il professore prese una decisione mai considerata prima: quella di sposarsi. A imporgliela era stata l'insistenza della vecchia madre, vicina ad andarsene al Creatore. Però, volendo mantenere la promessa fatta alla mamma, il barone si riservò di tentare una prova. Convinse la sposa prescelta, una splendida ragazza poco più che ventenne, a giacere almeno una volta con lui.»

Trascorsero insieme qualche ora in un hotel a cinque stelle sul lago di Garda. Ma per Dedo fu una notte di tregenda perché il Super Mandrillo andò in bianco. E per colpa sua, dal momento che non riuscì a eccitarsi e fu costretto al ritorno repentino a casa. Con la promessa sposa in lacrime che, tra i singhiozzi, balbettava: «Non sapevo di essere così frigida». Mentre lui tentava di rassicurarla: «Tu non c'entri, cara. A fallire sono stato soltanto io!».

Testardo nella vita come nella professione, il medico non si perse d'animo. Individuò altre due fanciulle che si dichiararono pronte a sposarlo. Scelse alberghi di lusso, a Milano e a Venezia. Ma con entrambe scoprì angosciato di non essere in grado di consumare nessun rapporto.

Elena si mise a ridere: «Avrà pensato che, a forza di usarlo, il suo arnese avesse dichiarato forfait. Come è andata a finire?».

Il barone ritornò a Parigi per consultarsi con madame Claude. Lei lo ascoltò, paziente, poi disse: «Illustre professore, non tema di essere diventato impotente all'improvviso. È un evento deprecabile che non succede mai, così mi suggerisce l'esperienza. Le metto a disposizione per questa notte la ragazza migliore della mia scuderia. È indocinese, dalla bellezza superba e dall'erotismo senza pari. Constaterà che è tutto a posto. E non avrà più motivo di angosciarsi».

Dedo trascorse una notte rovente con la giovane escort esotica. Versato il dovuto alla maîtresse, la interrogò di nuovo sul proprio caso. E la signora sospirò: «Lei non è il primo a trovarsi in questa situazione imbarazzante. Svolgo la mia missione da molti anni e mi sono già imbattuta in problemi come il suo. Capita spesso che gli habitué dei bordelli riescano ad accoppiarsi soltanto con sgualdrine a pagamento. L'inconscio glielo vieta con ragazze di buona famiglia, pronte soltanto al matrimonio. Ritorni alle sue abitudini. Scoprirà che l'amore mercenario la soddisfa sempre. E non cerchi altro».

Non del tutto convinto, il professore pensò di consultare anche un collega di facoltà, famoso psicanalista. E si sentì rispondere: «Mio caro Dedo, conosco una sola spiegazione per il tuo caso. Non ho la certezza di prenderci, ma il tuo subconscio aborre il matrimonio. E il motivo è chiarissimo. Tu rifiuti la responsabilità di mettere su famiglia, di avere dei figli e di essere fedele a una moglie. Nonostante i cinquant'anni, sei rimasto un adolescente. E non vuoi saperne di crescere per il timore di diventare anziano e poi un vecchio senza forze. Ecco perché continui a frequentare i bordelli, le ragazze che si vendono e le notti di baldoria insieme a loro. Ti consiglio di accettarti per quel che sei e di vivere come hai sempre fatto».

Nel 1958, quando la legge Merlin abolì le case di tolleranza, il medico non restò senza il passatempo preferito. In barba alle norme, stavano nascendo bordelli clandestini. Pieni di ragazze di prima classe, giovani puttane pronte a tutto.

I casini più lussuosi non avevano problemi. La clientela non mancava e i poliziotti chiudevano entrambi gli occhi, grazie alle mazzette sganciate dai tenutari. E Dedo, dal momento che il lupo perde il pelo ma non il vizio, pensò di sfuggire alla vecchiaia tra le donnine di quel mondo sommerso.

Visse da mandrillo sino agli ottant'anni. E morì di colpo tra le gambe di una ragazzona di Treviso che si vantava di essere la Super Porcellona del Veneto.

# 17
# Amiche per sempre

«Il serbatoio dei tuoi ricordi e delle tante storie che hai appreso in molti anni di lavoro nei giornali sembra inesauribile. Comprende protagonisti di decenni fa, altri di epoche più recenti e infine di oggi» disse Elena al marito. «Ma nelle tue storie le donne sono in prevalenza comprimarie e disposte a concedersi con facilità. Per amore o per denaro, il tornaconto c'è sempre.»

Poi aggiunse: «Però la vita della maggioranza delle donne è di una normalità addirittura noiosa. Sia che abbiano un lavoro oppure no, al centro della loro esistenza c'è un uomo, non sempre lo stesso, ma un uomo. Qualcuna ha un amante, però la precedenza su tutti è dei figli, con i maschi prediletti. Un posto obbligato tocca ai genitori e ai nipoti. Infine, invecchiando, molte di loro rivalutano le amicizie, soprattutto quelle tra donne.

«Persino chi ha provato grandi passioni, vivendo amori importanti e turbolenti, scopre il bisogno di dolcezza e di calma» proseguì Elena. «Capita allora che le donne si rifugino in amicizie femminili sempre più strette. Non è detto che ne nascano amori saffici, benché qualche volta accada. La stanchezza per le prestazioni richieste anche dal maschio anziano, e il desiderio sessuale non assopito, possono indurre pure le signore più ardenti a scegliere come fidanzata un'altra donna.»

«Immagino che tu stia parlando di vicende che conosci» osservò Mario. «Ho constatato da tempo che anche il tuo armadio di ricordi è ben guarnito. E il tuo punto di vista femminile mi aiuta a valutare meglio certe vicende.»

Elena replicò: «Quando si osserva il mondo senza malizia, e voi maschi non sempre siete capaci di farlo, vedi quello che altri non vedono. Ricordo bene lo stretto legame esibito in pubblico da due signore dalla bellezza un po' sbiadita che vivevano in una città emiliana. Le ho incontrate spesso, quando la politica mi piaceva e partecipavo a parecchi dibattiti. Erano entrambe militanti del Pci. Stavano sempre in prima fila, l'una accanto all'altra. La complicità nei loro gesti, e quel non separarsi mai, lasciavano intuire che il rapporto tra loro fosse profondo, fisico e non soltanto intellettuale. Credo che situazioni del genere siano molto più diffuse di quanto non si creda. E riguardino anche signore anziane.

«Raggiunta una certa età» proseguì, «accade soprattutto tra donne di riuscire a liberarsi di ricordi angosciosi e di condividerli con qualcuno di cui ci fidiamo. È come se il trascorrere del tempo ci sciogliesse dai vincoli che obbligavano al silenzio. E non sempre ci si confida con amiche di lunga data».

«Quando l'hai constatato?» le domandò Mario.

«Il giorno che mi sono trovata a parlare con una conoscente di mia nonna, una signora avviata a compiere novant'anni. Era considerata la zitella più ricca della città e viveva da sola nel quartiere dei benestanti. La ricordo piccolina, sempre elegante e silenziosa. Vedeva poche persone, una di queste era la nonna Bice. È stata lei a farmi incontrare la signora Paola. Ho intuito subito che provava un'istintiva simpatia per me. Un giorno mi ha invitato a prendere un tè da lei. E senza che le domandassi nulla, mi ha narrato una storia terribile che risaliva alla sua giovinezza. Te la racconto.»

Paola e Carla sembravano molto diverse tra loro. La prima era bionda, piccolina, cicciosetta, dolce, abbastanza timida. L'altra era alta, magra, bruna, dal carattere forte, abituata a comandare. Carla era figlia di un avvocato importante e Paola di un commerciante in tessuti. A unirle era l'età e il fatto di essere compagne di scuola e grandi amiche.

Nate entrambe nel 1924, si erano conosciute all'inizio delle medie. Poi avevano frequentato il liceo nella stessa classe. E nell'autunno del 1943, a diciannove anni, si erano iscritte alla facoltà di Lettere dell'Università di Torino. Ma l'inizio della guerra civile e i bombardamenti angloamericani avevano reso le lezioni molto irregolari. I treni viaggiavano a singhiozzo, un guaio non da poco per due studentesse pendolari.

Per questo motivo, le ragazze presero a trascorrere molto tempo insieme. Di solito se ne stavano nella villa di proprietà del padre di Paola, il commerciante. Si trovava sulle prime colline dell'Appennino e veniva usata soltanto al tempo della vendemmia. Studiavano, leggevano, parlavano tra loro, si confidavano. E fu allora, nei primi mesi del 1944, che scoprirono di piacersi molto, in un modo inatteso.

Dapprima ne furono spaventate. Poi Carla spiegò a Paola che cosa stava accadendo. L'attrazione che provavano era identica a quella che di solito avvicina un uomo e una donna. Ne presero atto con semplicità. E iniziarono ad amarsi, avventurandosi nella scoperta dei loro corpi e delle emozioni che suscitavano.

Da quel momento la vita cambiò per entrambe. «Io sono il moroso e tu sei la mia fidanzata» diceva Carla a Paola, la più remissiva della coppia. Vivevano interi pomeriggi dedicati all'amore, nella camera matrimoniale della villa, immersa nel silenzio. Non temendo l'arrivo di nessuno, si abbandonavano a una passione e a un piacere che avevano sempre ritenuto proibiti.

Dimenticarono tutto: dalle regole che la morale corrente imponeva sino alla guerra che straziava il mondo intorno a loro. Parlavano spesso di quanto stava accadendo in Italia. Ma sembrava una tempesta lontana, una faccenda che non le riguardasse. E si limitavano a seguirla nel notiziario dei giornali o della radio.

Poi la guerra civile entrò nella loro vita. Le due amiche erano cresciute entrambe nel regime di Mussolini, come tante loro coetanee. A Paola non importava nulla di quanto le avevano insegnato durante le lezioni di dottrina fascista. Carla, invece, si sentiva una figlia politica del Duce. E nell'estate del 1944 prese una decisione che gettò l'amica nell'angoscia: scelse di arruolarsi con la Repubblica sociale, nel corpo delle Ausiliarie.

Paola la scongiurò di non farlo. Ricordò a Carla i rischi che avrebbe corso. Quindi pianse per giorni e giorni, implorando l'amica di non lasciarla sola. Non ci fu nulla da fare. Anche in quel caso, Carla dimostrò per intero il proprio carattere. Spiegò a Paola che si sarebbero riviste presto. Poi non volle essere accompagnata al treno che la conduceva a Milano e di lì a Como, dove si teneva il corso per le Ausiliarie.

Non si rividero più. Paola ricevette molte lettere da Carla. E le rispose ogni volta. Era un modo per sentirsi vicine, e per amarsi nonostante la separazione imposta dalla guerra. Poi nel marzo del 1945 le lettere di Carla si diradarono. E a partire dalla metà di aprile non ne arrivarono più.

Paola cominciò a temere il peggio. Andò alla sede cittadina del Partito fascista repubblicano per cercare qualche notizia di Carla. Ma non seppero dirle nulla. Scrisse più di una lettera all'ultimo indirizzo della posta da campo indicato dall'amica. Nessuno le rispose. Paola sentiva i morsi di un'angoscia sempre più feroce. Ma come tante altre persone, sapeva che doveva farsi forza e aspettare la fine della guerra.

All'inizio del maggio 1945, fu il padre di Carla che le rivelò, piangendo, in che modo fosse morta la figlia.

Nei giorni della sconfitta fascista, i partigiani l'avevano catturata in un paese vicino a Genova. Era l'unica donna di un piccolo reparto della Brigata nera costretto ad arrendersi. E i vincitori le fecero pagare l'arruolamento nella Rsi.

Mentre i suoi camerati venivano fucilati, Carla era stata violentata. Poi l'avevano rasata, dipingendole sulla nuca una svastica nazista, tracciata con la vernice nera. Infine l'avevano obbligata a sfilare nuda per le vie del paese, insultata e sputacchiata dalla folla. Uno dei partigiani, per odio politico, la uccise con un colpo di rivoltella alla nuca. Del suo corpo non fu trovata traccia. Dovevano averlo gettato nel folto di qualche bosco. Affinché gli animali selvatici lo divorassero.

La fine spaventosa dell'amica cambiò Paola. A cominciare dal carattere. Da dolce e timida, si trasformò in una donna dura, con un solo desiderio: vendicare la morte di Carla. E nel giugno 1945, da sola, raggiunse il posto che aveva visto il martirio dell'amica.

Si presentò al parroco del paese e gli disse soltanto una parte della verità. Spiegò di essere una conoscente dell'ausiliaria, incaricata dalla famiglia di scrivere un ricordo della ragazza. Paola, con la sua aria da studentessa alle prese con un compito superiore alle sue forze, impietosì il sacerdote che le confessò: «Ho assistito alla sua via crucis. Ho cercato di oppormi all'esecuzione. Ma per poco non ci ho rimesso la pelle anch'io».

Poi aggiunse: «Quella giovane donna doveva avere un carattere di ferro. Non pianse, non si lamentò. Nuda e con la testa coperta di sangue, ha sfilato per le strade del paese come se partecipasse a una parata militare. Senza una lacrima, senza un tremito. Guardava davanti a sé e vedeva soltanto il cielo».

«Lei mi sa dire chi è stato il partigiano che le ha sparato il colpo alla nuca?» domandò Paola. Il parroco sapeva soltanto che non era un giovanotto della zona, ma veniva dal Basso Piemonte. E fece il nome di un piccolo comune non lontano dalla città delle due amiche.

Prima di recarsi nel paese indicato dal prete, Paola lasciò passare qualche giorno. Poi si armò di coraggio e partì con la propria auto. Aveva un progetto ben chiaro in mente. Cercò la sezione del Pci e spiegò al segretario di essere una giornalista dell'«Unità» di Milano. Incaricata di fare un'inchiesta sulla Resistenza in quella zona. E chiese: «Ho saputo di un bravo partigiano che ha combattuto in Liguria. Vorrei incontrarlo per un'intervista».

Fu più facile di quanto Paola immaginasse. Il segretario della sezione comunista lo conosceva. «È un nostro compagno» rispose. «È fuori, ma ritorna nel pomeriggio. Lo manderò a chiamare e potrai parlargli.»

Un paio d'ore dopo, Paola si trovò di fronte all'uomo che aveva ucciso Carla. Giuseppe aveva venticinque anni e di mestiere faceva il reduce della Resistenza. Nel senso che campava con il sussidio versato dall'associazione dei partigiani e partecipava alle commemorazioni.

La ragazza gli riservò un sorriso smagliante e non ebbe bisogno di incitarlo a parlare. Lui raccontò nei dettagli la propria guerra contro i tedeschi e i fascisti. Compreso l'ultimo capitolo: l'uccisione dell'ausiliaria. Disse: «Nessuno si decideva ad accopparla. Allora l'ho fatto io. Era una troia fascista. Ha avuto quello che si meritava».

Paola si limitò a un po' di appunti e riuscì a nascondere il disgusto che sentiva crescerle dentro. Infine, per ringraziarlo, propose al giovanotto di farle compagnia a cena, dato che sarebbe ripartita il mattino dopo. Lui accettò subito, immaginando che, alla fine della serata, la bella giornalista si sarebbe mostrata gentile con lui.

Paola lo aiutò a bere molto e, quando fu brillo, lo sorresse sino alla propria auto. Era buio. Nessuno poteva vedere la ragazza mentre gli legava le mani dietro la schiena. E poi lo spediva nel mondo dei sogni con una gran botta sulla testa.

Svegliandosi, l'ex partigiano scoprì di essere prigioniero di una falsa giornalista e di non conoscere il posto dove si trovava. Era la villa dove Paola e Carla avevano trascorso le loro tante giornate d'amore. Dopo averlo trascinato nella sala al pianterreno, lei si era preoccupata di legarlo bene a una sedia, con qualche giro di corda robusta. Tanto da impedirgli di muoversi.

Era notte fonda. Nel silenzio che avvolgeva la campagna circostante si sentiva soltanto il frinire delle cicale. Il giovanotto era confuso e oppresso da un dolore insopportabile alla nuca. Ma iniziò a tremare quando udì le parole di Paola: «Sono un'amica dell'ausiliaria che hai assassinato. Potrei vendicarla accoppando te, adesso o tra un minuto. Però non voglio sporcarmi le mani con una carogna senza pietà. Non ti farò niente di più di quello che i tuoi compagni hanno fatto a lei».

Paola si era preparata alla vendetta. Con un rasoio lo rapò a zero, incurante delle sue grida di dolore. Lo fece con brutalità, coprendogli la nuca di sangue. Poi con la vernice rossa gli dipinse sul cranio e su parte della fronte una falce e un martello. Il giovanotto non la smetteva di piangere. Allora lei lo mise a tacere con un altro colpo in testa e lo fece svenire una seconda volta.

La ragazza lo trascinò fino all'automobile, sempre con le mani e le gambe legate. Lo caricò sul sedile posteriore, quindi si diresse verso la strada statale che portava in Liguria. Dopo una decina di chilometri, si fermò. Scaricò l'uomo al centro della carreggiata e gli slegò polsi e caviglie. Dicendo a se stessa: "Ci penserà qualche camion a completare il mio lavoro". Quindi ripartì e rientrò nella villa.

Aveva visto giusto. Mentre l'assassino di Carla riprendeva i sensi, arrivò un autocarro dell'esercito americano. Come succedeva sempre, andava a tutta birra e non si accorse del corpo al centro della strada. Gli passò sopra. Quando si rese conto di aver maciullato una persona, il soldato al volante non si curò dell'accaduto. Risalì sul camion e scomparve nella notte.

Il cadavere di Giuseppe venne ritrovato la mattina successiva. Il cranio rasato e, soprattutto, la falce e il martello disegnati con la vernice rossa, fecero subito pensare a un delitto politico. Quel compagno doveva essere stato ucciso da un reduce della Repubblica di Mussolini che non si rassegnava alla sconfitta.

I comunisti misero in piedi un can can infernale. Strillando contro l'orrendo crimine fascista. E contro i repubblichini già pronti a uccidere, a poche settimane dalla Liberazione. Articoli di condanna comparvero su tutta la stampa del Pci, quella nazionale e quella locale. Si tenne persino un grande comizio di protesta a Genova, la zona di attività dell'ex partigiano.

Fu aperta un'indagine. I compagni del morto raccontarono della giornalista che lo aveva intervistato, il giorno precedente la scomparsa. Ma nessuno riuscì a darle un nome. All'«Unità» negarono di aver spedito una cronista per un'inchiesta sui partigiani. E tutto finì senza risultati.

«Quando Paola, l'amica novantenne di mia nonna ha concluso il suo racconto» disse Elena al marito, «piangeva sconsolata. Con dolcezza le ho chiesto se fosse pentita di quel delitto. Mi ha risposto che neppure per un solo secondo, durante la sua vita ormai vicina alla fine, aveva provato rimorso.»

# 18
# Come la mamma

«Mario, tu parli molto spesso di tua madre. E quando te lo faccio notare, mi rispondi che è per colpa del complesso di Edipo. Il vecchio Freud ci ha spiegato che esplode nei maschi attorno ai tre anni e li fa diventare possessivi nei confronti della mamma. Tanto da essere carichi di aggressività verso il padre del quale sono gelosi. Tu hai mai provato gelosia e ostilità per il tuo?» domandò Elena al marito.

«Il papà era l'uomo più dolce che io abbia conosciuto» rispose Mario. «Come avrei potuto essere aggressivo o geloso di lui? Questo non toglie che abbia amato tanto mia madre e che la ami ancora, anche se è scomparsa da molto tempo.»

«Sempre il buon Freud, a proposito del rapporto delle bambine con la mamma, parla del complesso di Elettra. Devo ammettere di non averlo mai provato» ammise Elena. «Il rapporto con mia madre è stato molto complicato da vicende esterne e questo ha reso il nostro legame parecchio disturbato. Tanto che prima di superarlo è stato necessario un lavoro di analisi su me stessa durato anni. Comunque io ho amato molto mio padre, ma non sono mai stata gelosa della mamma per il suo legame con lui. Anzi, devo ammettere che fin da piccola mi sentivo autonoma da entrambi i miei genitori.»

Poi aggiunse: «Ma torniamo al complesso di Edipo e ai guasti che è in grado di provocare se rimane irrisolto. Lo sai che tra i suoi effetti negativi c'è persino quello di far sorgere disturbi psichici? Naturalmente questo te lo dico soltanto come semplice informazione. Perché non penso proprio che a te potrebbe accadere qualcosa di così grave».

«Lo credo bene! Io non ho mai avuto i problemi di cui parli e meno che mai legati al mio complesso di Edipo» esclamò Mario. Poi continuò, scuotendo il capo: «Però so di maschi che non l'hanno mai superato del tutto. E in loro è ritornato a galla con l'avanzare dell'età. Quando i ricordi del passato si ripresentano con insistenza e, come succede a me, la memoria te li restituisce trasformati. A volte anche deformati».

Tra i maschi che non avevano risolto il loro complesso di Edipo c'era sicuramente Carlo, uno scapolo di settantacinque anni con alle spalle un'importante carriera da dirigente ministeriale. Sempre in trasferta con compiti di controllo presso le amministrazioni comunali di mezza Italia, usava questi viaggi come pretesto per spiegare di non avere avuto il tempo di intrecciare una relazione stabile o decidere di sposarsi.

Però il successo con le donne, dovunque lo portasse il lavoro, non era mai mancato. E di quell'epoca gli era rimasta l'abitudine di osservare l'altro sesso con un'intensità particolare che di solito gratificava la donna oggetto delle sue occhiate. Specialmente le signore attempate, ma ancora pimpanti e addobbate come se dovessero presentarsi a un incontro galante che imponeva di apparire giovani e belle.

Nessuna era insensibile agli sguardi di quell'uomo che dimostrava meno anni di quelli certificati dall'anagrafe. Ad aiutare Carlo nei rapporti con le madame era il fatto di essere alto e per niente curvo, magro, sempre vestito con sobrietà, la barba fatta ogni mattina, i capelli freschi di parrucchiere. Uno scapolo che camminava svelto, senza mostrare nessun timore di inciampare e di cadere.

Un giorno, entrando nel solito caffè sulla piazza centrale della sua città, Carlo scoprì che il proprietario aveva assunto una nuova cameriera. Gli bastò uno sguardo per restare sbigottito. Lì per lì pensò di avere un'allucinazione: la donna era identica a sua madre Enrica, ormai scomparsa da molto tempo.

Stesso volto, uguale sorriso, corpo identico. La cameriera si spostava nel locale come era solita fare la mamma nel suo negozio di merceria: il passo deciso e il garbo sicuro nel trattare i clienti. Spie di una signora dal carattere forte e abituata a comandare anche in casa. Il figlio ne era stato affascinato, al punto che nella sua mente ogni donna veniva messa a confronto con lei. E perdeva sempre.

Carlo rimase soggiogato dalla cameriera. Ma restò seduto senza aprir bocca, cercando di nascondere la propria sorpresa. Il giorno successivo ritornò nel caffè per convincersi di non aver preso un abbaglio. Si era portato una vecchia foto che lo ritraeva da ragazzino insieme alla mamma. La prese dalla tasca e, dopo essersi seduto a un tavolino che gli permetteva di osservare la cameriera con maggior comodo, si dedicò a fissarla con un'attenzione per lui sconosciuta. E a paragonarla con l'immagine posata davanti a sé.

Quella donna era una calamita. Carlo non riusciva a toglierle gli occhi di dosso, tanto che lei non tardò ad accorgersene. Alle prese con l'insistenza fastidiosa di quelle occhiate, gli si parò dinanzi e domandò con ruvida schiettezza: «Perché mi sta scrutando? Nemmeno alla sua età è ammesso comportarsi come un guardone!».

Lui sorrise e la pregò di scusarlo: «Non sono un vecchio maniaco. La osservo perché lei assomiglia in modo impressionante a mia madre, scomparsa da anni. E questo mi ha lasciato stupefatto ieri, quando l'ho vista per la prima volta, e ancora di più lo sono oggi». Per confermare le sue parole, le mostrò la fotografia della mamma da giovane.

Lei si portò la mano alla bocca, sorpresa dalla somiglianza perfetta. Poi abbandonò il tono severo e sorrise con dolcezza: «Si dice che ciascuno di noi abbia il proprio sosia. Non ho mai pensato che fosse vero. Ma adesso devo ricredermi. Perché il volto della signora ritratta qui mi assomiglia davvero tanto. Potrei quasi essere la gemella di sua madre. Le faccio una domanda: che effetto le fa vedermi? La infastidisce? La rende triste?».

«Mi rende felice» confessò Carlo. «È come se all'improvviso ritornassi indietro di quarant'anni. E non le nego che mi piacerebbe saperne di più sul suo conto. Sono un signore a posto, può fidarsi di me. Lo chieda al suo principale. Lui mi conosce da parecchio tempo.»

«Il mio turno finisce alle venti. Dove possiamo vederci?» domandò la cameriera, senza pensarci su.

«Al ristorante La Pentola d'Oro. L'aspetterò lì. Vivo da solo e sono abituato a cenare presto, ma per lei farò un'eccezione» scherzò Carlo, ritrovando di colpo il buonumore.

Pochi minuti dopo le venti, stavano seduti l'una di fronte all'altro a un tavolo tranquillo del ristorante. E come era solito fare, lui iniziò subito a bombardare di domande la cameriera. Si chiamava Matilde, aveva quarantuno anni, era separata dal marito e non lo vedeva più da tempo, non aveva figli e pure lei viveva da sola. All'orizzonte nessun compagno fisso e neppure precario.

Poi toccò a Matilde di chiedergli della madre. E Carlo l'avvertì: «La prego di non scandalizzarsi per le mie parole. Per prima cosa ero l'unico figlio maschio, ultimo dopo due sorelle. Mia madre voleva bene anche alle ragazze, ma il suo preferito ero io. Le mie sorelle adoravano soprattutto nostro padre, mentre io amavo essere il cocco della mamma. Andavo in estasi quando mi avvolgeva nei suoi lunghi abbracci e affondava il mio volto nel seno. La annusavo inebriato dal suo odore».

Matilde scoppiò in una risata: «Adesso mi dirà che, invece di crescere, ha desiderato rimanere bambino».

«Al contrario, avrei voluto crescere più in fretta. E le confesserò un segreto che non ho mai rivelato a nessuno» mormorò Carlo. «Da adolescente, quando le pulsioni sessuali diventano insistenti, ho immaginato più volte di avere un rapporto carnale con la mamma. Ero abituato a vederla al massimo in sottoveste, a intuire il profilo del reggipetto e del reggicalze. Io però la immaginavo nuda. E mi masturbavo.»

Poi aggiunse: «Quando ieri l'ho vista per la prima volta, sono rimasto sconvolto. Scoprendo la sua somiglianza perfetta con mia madre, ho compreso che per tutta la vita l'avevo cercata in ogni donna che incontravo».

Matilde gli domandò: «Immagino che di donne ne avrà avute molte, ma in nessuna ha ritrovato sua madre. È per questo che non si è mai sposato?».

Lui fece cenno di sì e mormorò: «A tutte mancava qualcosa dell'originale che custodivo nella memoria. Ho la fama del donnaiolo, ma non c'è mai stato in me il desiderio di fare collezione di femmine. Cercavo lei e, non riuscendoci, passavo da una all'altra. Giudicherà tutto questo sconveniente, ma c'è un'ultima cosa che devo dirle e le raccomando di non offendersi. Lei ha risvegliato in me un desiderio che non mi afferrava più da tempo».

Matilde lo fermò: «Questo discorso rischia di diventare molto pericoloso. È vero che sono una donna sola e anche lei lo è. Però io ho quarant'anni e lei, ma non si offenda, è un signore anziano. Io non sono interessata a una relazione che non ci porterebbe da nessuna parte».

Allora Carlo si limitò a sussurrare: «Capisco. Ma le chiedo se possiamo rivederci qualche volta».

Lei annuì: «Sì, una delle prossime sere. Sempre alla stessa ora, in questo ristorante. In seguito, forse, la inviterò a prendere il caffè a casa mia. Prometto che non cambierò idea».

Si ritrovarono dopo una settimana, ancora alla Pentola d'Oro. E in quel secondo appuntamento Carlo rivelò a Matilde un segreto: «Ho conservato gli abiti e gli indumenti intimi della mamma. Le mie sorelle volevano disfarsene, però io ho rifiutato di gettarli. Stanno in due scatoloni nel bagagliaio dell'auto. E oso farle una proposta che potrebbe sembrarle indecente. Mi piacerebbe vederli indossati da lei. Che cosa mi risponde?».

Matilde non ebbe incertezze: «Mi ci lasci pensare. Per questa sera direi che può bastare. Se mi accompagna a casa scoprirà il mio indirizzo, nel caso accettassi la sua richiesta. Non abito lontano dal centro della città».

Carlo quella notte faticò non poco a prendere sonno. Nel dormiveglia immaginava l'appuntamento con Matilde trasformata nella sua madre giovane. E non riuscì a smettere di tremare.

Carlo suonò il campanello dell'appartamento abitato dalla cameriera. Lei gli strillò che la porta era aperta e poteva entrare. Avanzò lungo un breve corridoio e, dopo un ingresso minuscolo, si trovò di fronte la propria madre, quando era una signora quarantenne. Stava seduta su un divano e gli tendeva le braccia per accoglierlo.

Sentì il cuore fermarsi. Matilde non sembrava più la gemella di sua madre: era sua madre. Una donna degli anni Quaranta, vestita e truccata come richiedeva la moda di allora. Anche i capelli erano stati raccolti come si usava in quel tempo, con due riccioli sbarazzini che dalla fronte scendevano sul viso.

Carlo notò la gonna corta, le scarpe con la suola alta di sughero, quelle chiamate zatteroni, le calze con la riga. Sotto l'abito immaginò la sottoveste leggera, un busto con i ganci del reggicalze e le stecche di balena che faceva risaltare il seno. Ricordò che la mamma indossava sempre il busto, perché la sosteneva. E la aiutava a mostrare un petto rigoglioso che attraeva i maschi quando la vedevano passare per il centro della città, con la falcata della donna sicura di sé.

Da adolescente, Carlo l'aveva spiata più di una volta mentre si vestiva. E rammentò che la mamma si osservava allo specchio, muovendo le anche, per accertarsi che tutto fosse perfetto. Subito dopo, si colorava le labbra usando senza risparmio il rossetto. Quello era il momento che lui aspettava più di ogni altro. Affascinato dalla cura che la madre poneva nel disegnare il profilo della bocca. Chiedendosi perché non potesse baciarla e ritrovarsi anche lui con le labbra rosse.

Sopraffatto da quei ricordi, Carlo ritornò in sé nel sentire Matilde che gli ordinava: «Tesoro, vieni a sederti accanto a me, non startene lì impalato!».

Carlo obbedì e fu premiato con un bacio che lo travolse. Lei gli mormorò: «Le mamme di una volta non baciavano così i figli maschi. Ma le mamme di oggi sono trasgressive, imprevedibili, in preda a desideri proibiti. Come questo che adesso voglio soddisfare...».

Gli abbassò la cerniera dei pantaloni e si dedicò a quel figlio ritrovato.

Carlo si svegliò di soprassalto. Coperto di sudore e con una prepotente erezione, come non gli accadeva da tempo. Rimase stordito nel letto, circondato dal buio della propria camera e dal silenzio assoluto della notte.

Matilde trasformata nella sua mamma era scomparsa come accade ai sogni quando svaniscono. Quel sogno struggente e irripetibile riportò Carlo alla realtà. Si rese conto di essersi spinto troppo oltre con la cameriera. Se non voleva apparire un vecchio con fantasie squilibrate doveva mettere la parola fine alle sue confidenze pericolose.

Lasciò passare alcuni giorni prima di ripresentarsi al bar. Quando lo vide, Matilde si avvicinò al suo tavolino portandogli la solita tazza di caffè americano fumante. Con un atteggiamento premuroso, chiese dove fosse stato. Per caso, si era sentito male?, domandò con dolcezza. Poi ritrovò il sorriso che Carlo le conosceva quando lui rispose che era tutto a posto.

Carlo se ne restò seduto, scambiando il saluto con gli altri avventori del caffè. Continuò a osservare, ma con discrezione, la cameriera mentre serviva ai tavoli. E si accorse che non era poi tanto simile alla madre. Matilde gli sembrò più piccola, più magra, il volto più affilato e un po' troppo truccato, ma soprattutto con un seno meno prosperoso. Però con un passo ancheggiante a esaltare il lato B.

Forse era stato proprio quello ad attrarre la sua attenzione di vecchio donnaiolo. Per attaccare bottone con Matilde senza rischiare di essere mandato a quel paese, aveva usato il pretesto della somiglianza con la madre. Esisteva, certo, ma abbastanza alla lontana.

Adesso avrebbe cambiato approccio. Pur rimanendo sicuro che con la cameriera sarebbero diventati grandi amici. E lei avrebbe allietato la sua vecchiaia.

# 19
# La vicina vuole il sale

«Vuoi ridere?» chiese Elena a Mario mentre stava mettendo in tavola il pranzo. «Stamane, mentre ero in coda alla cassa del supermercato, sul piazzale esterno ho visto un crocchio di persone che inveivano contro qualcuno. Ho pensato che i migranti neri, abituati a stazionare tra le auto parcheggiate, avessero importunato qualche donna. Invece...»

«Una delle macchine aveva rischiato di mettere sotto un cliente?» suggerì Mario. «I parcheggi sono diventati luoghi più pericolosi di un'autostrada. Un sacco di gente non sa fare manovra...»

«No, era successo ben altro. Un signore sui sessanta di bell'aspetto si era avvicinato a un gruppetto di donne. E aveva rivolto a ciascuna la stessa domanda. Tutte gli avevano risposto in malo modo, ordinandogli di smammare, con gesti furibondi.»

«Ma che poteva aver detto di tanto grave?» chiese Mario.

«La cassiera mi ha spiegato l'accaduto, dal momento che anche lei è stata importunata. Ogni due o tre giorni, quel tizio si fa vedere sul piazzale. E appena una donna gli arriva a tiro, con estrema gentilezza e facendo un piccolo inchino, le chiede: "Me la dai?". Oppure: "Vorrei scopare con te". Le clienti più giovani scoppiano a ridere e lo mandano a quel paese, passando oltre. Le signore un tantino più attempate lo riempiono di insulti. Ma lui continua imperterrito con la sua litania.

«Quando sono uscita» continuò Elena, «ho saputo che stamattina ha pescato male. Qualche signora era accompagnata dal marito e per poco il poveretto non le buscava. Ho scoperto che è solito fare il giro dei centri commerciali della zona, ma io non l'avevo mai notato. Poi la faccenda si è chiusa con l'arrivo di una Gazzella dei carabinieri che l'hanno convinto ad andarsene.»

«E se avesse fatto a te la stessa proposta, come avresti reagito?» domandò Mario, divertito.

«Si vede che non mi conosci ancora del tutto: mi sarei comportata come le clienti più giovani: l'avrei allontanato con una risata» scherzò Elena. «Quell'uomo mi ha fatto ricordare il caso di un vecchio collega insegnante, che era anche un delegato sindacale non più giovanissimo e molto conosciuto. Aveva una passione irresistibile per le femmine e ci provava con tutte. Applicando una regola che riteneva infallibile. La spiegava così: "Mi metto sulla porta della sala riunioni e a ogni compagna che passa rivolgo la stessa domanda. Qualcuna che mi dice di sì la trovo sempre. Non vado mai in bianco". Se fosse vero non lo so.»

«Gli esseri umani, soprattutto noi maschi, a volte si lasciano trascinare dagli impulsi più strani, quando si tratta di sesso» ammise Mario.

«Hai ragione» convenne Elena. «In fin dei conti lo sconosciuto del supermercato, o il sindacalista che conoscevo bene, non si sono spinti troppo in là. Hanno tenuto le mani a posto. E al massimo hanno rischiato di prendersi un ceffone e qualche insulto. Ma in giro ci sono dei maniaci che qualche pericolo possono presentarlo.»

Elena proseguì, confessando a Mario un vecchio ricordo: «Avrò avuto undici anni. Con la borsa della spesa nel cestino della bicicletta tornavo dal paese dove i miei mi avevano mandato a fare le commissioni. Dalla parte opposta della strada arrivava un uomo che sembrava procedere tranquillo. Arrivato a una ventina di metri da me, ha fatto una gran frenata, è sceso dalla bici e, dopo un ciao, si è aperto i pantaloni. Mi ha mostrato la sua bottega, invitandomi a guardarlo mentre si masturbava».

«Un esibizionista di strada» bofonchiò Mario. «E tu che cosa hai fatto?»

«Di quell'uomo ricordo soltanto il sorriso stupido e la posa sghemba che aveva assunto per evitare che la bicicletta gli franasse addosso. Non ho visto niente delle sue doti messe in mostra. Nel timore che mi inseguisse, ho pensato soltanto a pedalare in fretta per arrivare a casa il prima possibile. Ancora adesso, se rammento quell'episodio, provo una sensazione di disgusto.»

Poi Elena rifletté ad alta voce: «E se devo essere sincera, anche se oggi non mi manca più molto a compiere i settanta, quando un uomo che non conosco si avvicina, mi irrigidisco. Non tanto tempo fa, un ambulante extracomunitario di mezza età, direi un egiziano, mi ha seguito sino alla macchina che avevo parcheggiato. A tutti i costi voleva vendermi un ombrello e non mi mollava. Probabilmente era la persona più inoffensiva del mondo, ma la sua insistenza e il modo in cui mi guardava mi hanno spaventata. Intorno a noi non c'era nessuno e sono ritornata tranquilla soltanto dopo essere entrata nell'auto e aver messo la sicura. Al di là del vetro, lui inveiva. Chissà quante volte mi avrà dato della puttana nella sua lingua».

«Voi donne dovete fare attenzione, perché da noi uomini non si può mai sapere che cosa aspettarsi» disse ridendo Mario.

Poi, seguendo il filo dei suoi ricordi, aggiunse: «C'era un conoscente di mio padre, un certo Gianni, che frequentava ogni tanto casa nostra. Un uomo qualsiasi: volto banale, statura media, né magro né grasso, modi di fare cortesi, però sempre un po' dimessi. A mia madre non piaceva granché. E quando al ritorno dal negozio lo trovava da noi, alzava gli occhi al cielo e non vedeva l'ora che se ne andasse.

«Però quel signore era un dipendente anziano del comune, un geometra dell'ufficio tecnico e conveniva tenerselo buono» continuò Mario. «Era vedovo. La moglie Camilla era sempre stata una brava ragazza, ma ben poco attraente. Dal matrimonio non erano nati figli. E quando lei morì, ancora giovane, a neppure sessant'anni, lui si adattò a una vedovanza solitaria, abbastanza tetra.

«Rimase a vivere nell'appartamento che aveva condiviso con la moglie, dunque conosceva bene gli altri inquilini della nostra palazzina di tre piani. Sul pianerottolo, di fronte a lui abitava una signora anche lei vedova da qualche anno. Di nome faceva Sandra. Una sera bussò alla porta di Gianni per chiedere se poteva prestarle un po' di sale: stava cucinando e si era accorta di esserne rimasta senza.»

«Scommetto che galeotto fu il sale» lo interruppe Elena, sorridendo.

«Non ci crederai, ma il vedovo fece ben di peggio, o di meglio, a seconda dei punti di vista. Gianni invitò la vicina a entrare nel suo appartamento. Poi chiuse la porta a chiave e andò a prendere il barattolo del sale. Ma invece di consegnarlo alla signora, lo posò sul tavolino dell'ingresso e le saltò addosso. La trascinò in camera da letto e la obbligò a un fuoriprogramma veemente» raccontò Mario.

«Questa Sandra era una cliente della mamma e non si trattenne dal confidarle la faccenda. Spiegò che mentre si rivestiva, si era accorta che lui era costernato. Invece lei era pronta a ringraziarlo per quel trattamento che nessuno le riservava più da tempo.»

«Immagino che si sia dimenticata del sale e che quella sera abbia cenato con una pietanza insipida» osservò Elena, maliziosa.

«Questo non lo so. Quel che conosco è che poche sere dopo Sandra tornò a bussare alla porta del geometra comunale. E fu lei a proporre a Gianni di ripetere il gioco che avevano fatto. Dopo avere urlato per il piacere, gli chiese di rivedersi di nuovo. Ma questa volta in tre. Lui, lei e la cugina cinquantenne, sposata con un marito che non la guardava più. Le due donne rimasero soddisfatte, tanto che vollero replicare l'esperienza del triangolo» disse Mario.

Ma la storia di quel signore che ignorava di essere un superdotato non finì lì. Gianni si confidò con il medico di fiducia su quanto gli stava capitando. Il dottore, dopo averlo ascoltato sbalordito, confessò di non essersi mai imbattuto in un caso come il suo: «Lei ha sessantacinque anni. Eppure si comporta come un maschio di venti, nel pieno delle energie sessuali. Per di più, se n'è accorto all'improvviso e per la prima volta nella sua vita. La ragione non riesco a spiegarmela. Nonostante i progressi continui della scienza medica, l'essere umano resta sempre un mistero. La mia conclusione non la soddisferà: le consiglio di non esagerare per non mettersi nei pasticci. È vero che le due signore sono consenzienti, ma se cambiano idea saranno dolori».

«Gli incontri a tre diventarono un'abitudine settimanale, a volte si ripetevano anche il giovedì. Poi accadde un fatto nuovo che creò uno dei dolori ipotizzati dal medico di Gianni» riprese a raccontare Mario.

«Ti ho già detto che la signora Sandra si era confidata con mia madre. Non stava nella pelle per quella manna scesa dal cielo a ravvivare la sua esistenza monotona. E svelò che al goga e migoga con il vedovo partecipava anche la cognata.

«Il povero Gianni perse la tranquillità. La prima donna a godere dei suoi superpoteri non si era trattenuta dal raccontare ad altre signore quello che le era accaduto» disse Mario. «Una delle sere dedicate al goga e migoga, nascosto dietro l'uscio di casa, il vedovo assistette non visto alla lite furiosa tra la vicina e il marito della cognata. Ne sentì di tutti i colori, l'insulto meno pesante fu "puttana". Così quella volta il superdotato andò in bianco.»

Quindi cominciarono le telefonate. Di scherno. Di minaccia. Con proposte oscene. Tanto che Gianni fu costretto a denunciare gli sconosciuti e le sconosciute che lo tormentavano di giorno e di notte. Chiese persino alla procura della Repubblica di mettere il proprio telefono sotto controllo. E fu così che gli capitò di conoscere una commissaria di Pubblica sicurezza arrivata da poco in città.

Simona era sui trent'anni, a prima vista una donna dal contegno e dai modi severi. Volle sapere da Gianni il motivo della sua richiesta al magistrato. Lui cominciò a balbettare impacciato e lentamente raccontò di avere scoperto molto tardi le proprie qualità di amante infaticabile. E delle complicazioni che ora doveva affrontare.

«Vorrei trovarlo anch'io un uomo potente come lei dice di essere» lo stupì la giovane commissaria, lasciando da parte l'aria severa. Poi, ripreso il controllo, gli confermò che non stava commettendo nessun reato. Ma gli consigliò di non mettersi nei guai con ragazze troppo giovani. Altrimenti avrebbe rischiato una denuncia per corruzione di minorenne.

A quel punto accadde quello che nessuno si aspettava. Qualche giorno dopo, la giovane commissaria ritornò dal signor Gianni e gli parlò senza sottintesi: «Se non le dispiace, vorrei provare anch'io le doti che lei ha scoperto di possedere. Ma da sola, senza il codazzo di donne che assediano il suo letto». Il superdotato accettò di soddisfarla. Ne nacque una relazione che durò parecchi mesi. E poiché la nuova partner era una poliziotta, le altre clienti si ritirarono senza accapigliarsi.

«Com'è andata finire? Al signor Gianni è venuto un colpo mentre era all'opera? Oppure ha scelto la pensione anticipata e ha lasciato la città per sfuggire alle chiacchiere?» domandò Elena.

Mario le spiegò: «Dopo un periodo che non lo vedevo, è venuto a casa da noi. Era ridotto uno straccio e con lo sguardo allucinato. Mentre facevo i compiti nella mia stanza, l'ho sentito piangere, mentre papà cercava di rincuorarlo. Ma lui insisteva nel dire che tutte le notti la moglie morta si presentava nei suoi sogni e lo insultava. Si svegliava quasi subito, con il risultato che da settimane non dormiva quasi più. E farfugliava che, dall'aldilà, la sua Camilla gli aveva fatto un maleficio. Perché si era sempre comportato da marito frigido che la trascurava. A quel punto iniziava a piangere. E chiedeva a papà un consiglio».

«E tuo padre come se l'è cavata?» indagò Elena.

«Ha cercato di sdrammatizzare, faticando a rimanere serio. Io però lo conoscevo bene e intuivo che sotto sotto stava sorridendo. Poi ha avuto un colpo di genio» raccontò Mario. «Disse a Gianni: "Caro geometra, non hai mai pensato di riprendere moglie? Trova una donna alla tua portata, non più giovane di te. Magari con i mezzi che possiedi, scova una moglie da accontentare e che ti accontenti. La povera Camilla riposerà in pace e tu dormirai tra due guanciali".

«Non ci crederai ma andò a finire pressappoco così» concluse Mario. «Il signor Gianni si accompagnò con una signorina sui settanta che viveva da sola, ma aveva dei trascorsi chiacchierati, essendo passata da un amante all'altro. Qualcuno mormorò che davanti al notaio per l'accordo pseudomatrimoniale, lei si impegnò a non pretendere dal marito più di una prestazione alla settimana.

«Ma quel che accade negli studi notarili rimane sempre avvolto nel silenzio. Poi un bel giorno ascoltai mio padre dire alla mamma che Gianni e la sua compagna erano morti. Nello stesso momento, tenendosi per mano nel grande letto che dividevano.»

# 20
# L'onorevole e la governante

«Al cinema a vedere *Il ponte delle spie* siamo andati lunedì dell'altra settimana» ricordò Mario alla moglie. «Poco prima che il film iniziasse, ho visto entrare in sala una coppia. Lui mi sembrava di conoscerlo, ma non riuscivo a rammentare dove l'avevo visto. Ci ho riflettuto a lungo e finalmente adesso lo so.»

«Chi era quel tizio?» gli domandò Elena.

«Nella mia professione» le spiegò Mario, «ho incontrato tante persone. Magistrati, imprenditori, sindacalisti, terroristi e molti politici. Ecco, quell'uomo è un vecchio politico che ho osservato all'opera in più occasioni.

«La sua è una storia soltanto in apparenza singolare. In realtà è più comune di quanto non si pensi» iniziò a raccontare Mario. «Dunque, il suo nome è Guido. È nato nel 1930 in un piccolo centro toscano che nel dopoguerra da nero sarebbe diventato tutto rosso. Nell'adolescenza Guido era di destra. Quando Benito Mussolini cadde nel luglio 1943, aveva tredici anni ed era un balilla. La guerra civile gli impedì di passare alla categoria superiore e lui si disperò per l'ingiustizia che la sorte gli aveva scaraventato addosso. Nacque allora, da quella delusione, la cattiveria che lo accompagnò lungo tutta la vita.»

Guido provò un'istintiva passione per la Repubblica sociale, ma era troppo giovane e non gli fu possibile arruolarsi in nessuno dei reparti fascisti. Nutriva un'invidia profonda nei confronti di un cugino adulto che era stato accettato nella Decima Mas del principe Junio

Valerio Borghese. E gli toccò soltanto di sperare nella vittoria dell'asse tra Mussolini e Hitler.

In occasione di una breve licenza del cugino, gli raccomandò: «Ammazza più partigiani che puoi. Sono tutti comunisti e vogliono che l'Italia diventi schiava di Stalin». Poi, nell'aprile del 1945, Guido pianse per l'assassinio del Duce e rimase sgomento nel sapere che il suo corpo l'avevano appeso per i piedi a piazzale Loreto. E giurò a se stesso che avrebbe fatto di tutto per vendicare la morte del capo fascista.

Un giorno seppe che nella sua città era stata aperta una sezione del Movimento sociale e pensò di presentarsi a chiedere l'iscrizione. Ma venne fermato da uno zio materno che volle incontrarlo e parlargli con franchezza.

Lo invitò una sera a cena e gli disse: «Io non sono stato né fascista né antifascista, ma faccio da sempre l'avvocato e so come gira il mondo. Tu hai soltanto sedici anni, sei un ragazzo intelligente e un bravo studente. Ti presenti bene, hai un bell'aspetto e quando sarai più grande le donne ti correranno dietro. Non ti conviene intrupparti in una banda di reduci del fascio. È gente destinata a perdere e a non contare nulla».

A quel punto lo zio fu ancora più esplicito: «Per avere un futuro, devi buttarti a sinistra. Iscriviti al Pci o al massimo al Psi. Se l'attività politica ti piace, diventa un militante rosso. Con un po' di fortuna, scoprirai di avere di fronte un'autostrada e farai una carriera che oggi neppure immagini!».

Guido era sveglio e seguì il consiglio dello zio. Invece di presentarsi alla sezione del Movimento sociale, andò dai comunisti a chiedere l'iscrizione al partito di Togliatti. Fu accolto a braccia aperte perché il Pci aveva bisogno di giovani rampolli della borghesia. Gli affidarono subito l'incarico di occuparsi del tesseramento, come aiutante di Elsa, la compagna addetta all'organizzazione. Una signorina sui trent'anni di gamba svelta, senza troppi tabù che non tardò a dedicarsi al giovanotto pure fuori dalla sezione. Quando si stancò di portarselo a letto, lo congedò così: «Sei un ragazzo che impara presto ed essere bello non guasta. Continua a impegnarti e di passi in avanti ne farai molti».

La compagna Elsa dimostrò di avere la vista lunga. Appena maggiorenne, Guido entrò in lista per le elezioni comunali. E contro ogni aspettativa, venne eletto, sia pure al penultimo posto. Il segretario della sezione lo prese in disparte e gli spiegò che dai loro calcoli risultava che avesse raccolto molti voti femminili. Poi aggiunse: «Non mi stupisco. L'Italia sta cambiando. Tu hai un vantaggio su altri compagni: quello di essere un bel ragazzo e questo ti ha aiutato, perché le donne che votano sono più degli uomini e decidono il risultato che esce dalle urne. Però tu non scordarti mai che devi tutto al partito».

L'elezione in consiglio comunale fu il primo gradino di una carriera destinata a portare Guido sempre più in alto. Dopo molti mandati da consigliere comunale, nel 1970 venne messo in lista per le prime elezioni regionali. Nelle previsioni del Pci toscano toccava a un altro di essere eletto, però la scelta dei votanti rossi premiò lui. Di sicuro, anche in quell'occasione, il voto femminile gli giovò molto. Aveva quarant'anni giusti, ma appariva un trentenne. Per di più era sempre scapolo.

Rifiutava l'idea di sposarsi, anche se non si tirava indietro quando si trattava di entrare nel letto di qualche signora, di solito più matura di lui. Divenne l'amante di tre donne in successione. Una professoressa di latino e greco. Una sarta proprietaria di un grande negozio. Una ginecologa, primaria dell'Ospedale civico.

Le soddisfò tutte, poi decise di dedicarsi a femmine più giovani. Una di queste, figlia di un riccone della città, che di nascosto finanziava la Democrazia cristiana, fece l'impossibile per diventare sua moglie. Ma la risposta di Guido fu netta: «Ho sposato la politica. È l'unica donna a interessarmi».

Nel frattempo il Pci stava cambiando. Dopo la scomparsa di Enrico Berlinguer, divenne segretario del partito il vecchio Alessandro Natta. A lui successe un nuovo segretario, il più giovane nella storia dei comunisti italiani: Achille Occhetto. Aveva sei anni meno di Guido. E provò una simpatia immediata per quel compagno schierato dalla sua parte.

Ma a contare di più per il suo futuro fu un dirigente con i capelli bianchi, ex confinato politico a Ventotene, che nella guerra partigiana aveva fatto il commissario politico delle brigate Garibaldi. Avvicinò Guido e lo ammonì: «La tua fedeltà al segretario del partito è un dovere sacrosanto. Però la fedeltà non basta per diventare un dirigente di prima fila. È necessario ben altro...».

«Che cosa occorre per riuscirci?» domandò Guido. Il vecchio compagno gli spiegò: «In politica è indispensabile essere cattivi, cinici, darsi un obiettivo e non guardare in faccia a nessuno pur di raggiungerlo. La vita di partito è sempre crudele. Penso che tu sia fatto della pasta adatta. Serve essere un po' carogna e credo che tu sia in grado di comportarti così. Non esitare a prendere posizioni dettate dalla convenienza. Se serve rompere con qualche compagno, fallo senza esitare. E tieni presente un comandamento decisivo: per durare bisogna stare sempre dalla parte di chi vince».

Guido, ancora una volta, non esitò a seguire quei consigli. Nel 1989 sostenne la scelta del segretario di chiudere la vecchia bottega comunista e cambiare nome al Pci. Ma quando Occhetto perse le elezioni del 1994, vinte da Silvio Berlusconi, lui si schierò con il nuovo capo. Nello scontro tra i due candidati papabili sostenne il più cattivo e arrogante: Massimo D'Alema. Lasciando perdere Walter Veltroni che gli sembrava un po' troppo mollaccione. E fu ripagato con l'elezione a deputato. Da allora iniziò una carriera parlamentare di lungo corso.

Della sua vita privata non parlava mai con nessuno. E tutti si guardavano bene dall'interrogarlo, nel timore di sentirsi mandare a quel paese con asprezza. Con gli anni, però, la solitudine cominciò a pesargli. Continuava a passare da una relazione all'altra, da un letto all'altro di donne più giovani, ma l'insoddisfazione cresceva. Soltanto una storia diventò importante.

Tra i parlamentari del Movimento sociale c'era una deputata meridionale, una donna davvero bella, alta, formosa, dal carattere tosto. Un giorno prese Guido in disparte e gli chiese: «Ma è vero che da ragazzo sei stato un militante del nostro partito?». Lui non volle negarlo. E questo intrigò molto la collega missina che da quel momento iniziò a tampinarlo. Sia pure con molta discrezione per non incappare nelle rampogne delle rispettive parrocchie.

Durante lo struscio dei deputati nel Transatlantico, fingevano di non conoscersi. Ma cominciarono a incontrarsi di nascosto nei salottini alle spalle dell'aula di Montecitorio. Poi si ritrovavano di sera, in un piccolo hotel alla periferia di Roma. La deputata missina gli confessò: «Vuoi sapere che cosa mi attrae in te? La durezza cattiva che metti in mostra con tutti. Non vorrei mai diventare una delle tue vittime. Però ti ammiro poiché questo Parlamento è zeppo di vigliacchi e opportunisti. Tutte le democrazie sono così».

Dopo un paio d'anni la loro storia si spense. La signora sposò un parlamentare del suo stesso partito che la corteggiava da sempre. Ma prima aveva spiegato a Guido il perché della sua scelta: «Non so dove ti condurrà il tuo pessimo carattere. Prima che peggiori e renda difficile il nostro rapporto, meglio finirla qui». E lui non tentò di farle cambiare idea.

Infine arrivò il grande scossone di Tangentopoli. Nel 1992 Guido aveva sessantadue anni, ma un fisico ancora tonico e integro. Accettò l'incarico di fare lo spazzino del partito. Ossia di obbligare alle dimissioni molti dei dirigenti che si erano occupati di finanziare con le mazzette la politica un tempo comunista e adesso riformista. In quell'incarico si dimostrò spietato come i peggiori stalinisti sovietici di un tempo. Ma gliela fecero pagare e infatti non venne più ricandidato.

Dopo essersi ritirato dalla politica attiva, arrivò il momento dei bilanci. Da parlamentare era stato un perdente, poiché non era mai riuscito a entrare nel governo. Come privato cittadino, il suo bilancio era altrettanto negativo. Le domande si accavallavano: «Alla fine della fiera sono un uomo solo, senza una donna al fianco, senza una famiglia, senza un figlio. Ho un carattere aspro, sono un duro, un cattivo. Nessuno è mai riuscito a mettermi i piedi in testa. Ma nella vita ho concluso ben poco».

Il suo pessimismo diventò una prigione. Si isolò da tutto e da tutti, rifiutandosi di incontrare anche qualcuno dei vecchi compagni. Poi a salvarlo si presentò una fata generosa. Una signora che lui aveva assunto per affidarle il governo della casa. Ines era una zitella sui quaranta, arrivata in Toscana da un paese della Bassa Modenese. Alta, robusta, esperta e soprattutto silenziosa.

Guido le rivolgeva la parola soltanto per lo stretto necessario. Poi un giorno la donna vinse la soggezione che provava nei suoi confronti e gli domandò: «Come mai, onorevole, la vedo sempre taciturno e scuro in volto?». Lui replicò: «Perché mi rendo conto di aver buttato la mia vita e non so farmene una ragione».

La governante non osò replicare. Aspettò qualche settimana e una sera decise di fargli una proposta: «Signor Guido, che cosa ne direbbe se questa notte io dormissi con lei nel suo letto?». Lui accolse l'invito della signora quasi con rassegnazione e rispose: «Che cosa speri di ricavarne? Sono un settantenne disperato e sempre più incattivito». Ines alzò le spalle: «Scommettiamo che sarò capace di cancellare i malumori che la affliggono?».

Ines ci sapeva fare. L'onorevole era soltanto un po' fuori esercizio, e la nottata fu soddisfacente per entrambi. Per la prima volta, dopo mesi e mesi, Guido si svegliò sentendosi in pace con se stesso. Non più incarognito, bensì come se fosse convalescente da una malattia dell'anima. Comprese che la sola presenza di Ines aveva fatto il miracolo già da tempo, ma lui non aveva voluto riconoscerlo. Iniziò così la loro vita di coppia, destinata a durare parecchi anni nella tranquillità più serena.

# 21
# Angeli o serve?

«Guido l'onorevole alla fine si dimostrò meno cattivo di quanto lui stesso non immaginasse. Era stata la politica a farlo diventare cinico, arrogante e pronto a eliminare chiunque si mettesse di traverso sulla sua strada» osservò Mario, nel concludere il racconto.

«Direi che la politica non è mai stata il paradiso dei buoni!» sospirò Elena. «Guarda la cattiveria arrogante del nostro presidente del Consiglio e gli atteggiamenti strafottenti di molti dei suoi. Guarda come si rivolgono agli avversari esterni, ma soprattutto a quelli interni al partito: "I padroni siamo noi, se non vi piace, quella è la porta!". E la cosiddetta minoranza incassa con qualche flebile lamento, ma non si muove. Nessuno ha il coraggio di reagire. Io avrei già sbattuto l'uscio da un pezzo. E chi se ne importa del posto in Parlamento!»

«Non mi pare il caso di fare paragoni. La cattiveria del nostro Guido ha una radice lontana, viene dall'adolescenza e in qualche modo lo giustifica. Lui non aveva mai superato la delusione per la sconfitta dei fascisti e della Repubblica sociale. E bisogna ammettere che nel Pci aveva trovato un degno sostituto quanto a metodi autoritari. Il guaio è che si è portato appresso la cattiveria fino alla vecchiaia» obiettò Mario.

«Sai quante persone sopportano per tutta la vita il fardello delle delusioni e delle frustrazioni?» aggiunse Elena. «Non intendo parlarne male senza distinguere caso per caso. Ma sono infiniti gli esempi di anziani che si trasformano. Fanno il percorso inverso al deputato che mi hai descritto. Diventano intrattabili, egoisti, a volte persino cattivi. A farne le spese di solito sono soprattutto le figlie. Oppure chi li assiste al posto loro.»

«Immagino tu stia parlando delle badanti. Un fenomeno che ha preso piede con un ritmo incalzante. E coinvolge soprattutto donne straniere» osservò Mario.

«Noi siamo fortunati» disse Elena, riflettendo ad alta voce. «Pur essendo anziani, siamo ancora autonomi e non abbiamo bisogno di metterci in casa qualcuno che ci assista. Conosco molte donne e uomini anche più giovani di noi che senza una badante non potrebbero tirare avanti! Di questi angeli, che qualcuno considera alla stregua delle serve, non si può parlare con sufficienza o irrisione, perché meritano soltanto riconoscenza.»

Elena proseguì: «Non si sa chi abbia inventato la brutta parola "badante". Sarebbe più giusto parlare di assistente famigliare. Avrebbe un suono meno spregiativo. Per lei, come per la persona che le viene affidata, non sempre c'è il rispetto dovuto. Dell'assistito si ragiona spesso come se fosse da compatire. Dal momento che è ridotto tanto male da aver bisogno di qualcuno che l'accudisca per l'intera giornata, compresa la notte. Mentre della badante si sente dire che tratta il suo anziano come una ciabatta frusta. Potrà anche essere vero che qualcuna si comporta male, ma le sentenze sbrigative nascondono spesso un atteggiamento razzista».

«Il fenomeno è davvero imponente. Forse il più importante degli ultimi decenni, per lo meno sotto il profilo sociale, del costume e degli stili di vita» sostenne Mario. «A partire dagli anni Settanta, una faccenda dapprima di élite, che riguardava pochi anziani, è diventata un fenomeno di massa. Le prime badanti erano filippine. Donne piccole di statura, in apparenza magre, ma robuste, tenaci e cortesi. Una parte di loro era emigrata in Italia per fare la cameriera o la cuoca nelle case dei ricchi. Oppure la colf, in pratica la domestica. Hanno preso il posto di una figura diffusa agli inizi del Novecento: la serva, come veniva chiamata allora in modo rozzo.»

Elena lo interruppe: «L'esempio più classico è cinematografico. Pensa alla serva della famiglia protagonista in *Amarcord*, il film di Federico Fellini. Lavava i panni, puliva la casa, serviva in tavola. Però consumava i suoi pasti da sola, in cucina».

Mario aggiunse: «Ma in questo 2016, le filippine a servizio nelle case sono quasi scomparse. Alcune sono ritornate in patria, altre sono rimaste in Italia con la doppia cittadinanza, portando qui la famiglia e cambiando professione. Parecchie sono diventate infermiere e si danno da fare nei nostri ospedali e nelle case di riposo per anziani. Continuano a svolgere lavori che gli italiani giovani rifiutano. Questi nostri ventenni ci offrono uno spettacolo sconsolante. Finché ci sono le famiglie a mantenerli, campano da pelandroni. Quando i genitori non ci saranno più, mi domando in quale modo riusciranno a mantenersi. Andranno a rubare nelle case o diventeranno spacciatori di droga?».

«Quanta differenza con le nostre generazioni!» esclamò Elena. «Anche se avevamo studiato, la regola era di adattarci a fare qualsiasi lavoro onesto e aspettare un'occasione migliore.»

«Conviene lasciar perdere il passato e ritornare ai giorni nostri» propose Mario. «Oggi in Italia arrivano molte meno filippine di un tempo. A parte qualche donna di colore, adesso le badanti le importiamo soprattutto dai paesi dell'Europa dell'Est. Dopo le prime albanesi, nelle nostre case sono entrate le polacche, le rumene, le ucraine, le moldave, le bulgare. Tutte donne. Oggi anche giovani, mentre all'inizio avevano in media tra i quaranta e i cinquant'anni. In prevalenza si trattava di donne sposate e con figli ancora piccoli oppure adolescenti. Il marito disoccupato, o con un salario insufficiente a far quadrare il bilancio famigliare, le obbligava a sacrificarsi. Sono venute a cercare lavoro all'Ovest, quasi fossimo l'America dei pionieri.»

«A mettere in moto questa vera e propria migrazione è stata la caduta dell'Unione Sovietica e degli altri regimi comunisti in tutte le nazioni dell'Est, dal 1989 in poi» spiegò Elena. «All'origine del grande esercito delle badanti di oggi c'è la scomparsa delle economie di Stato dei loro paesi. Quasi sempre protette dalla burocrazia onnipotente generata dal partito unico, e dunque deboli anche quando sembravano robuste. Non hanno retto l'urto dei sistemi liberali. E si sono sfasciate, provocando miseria e possibilità di vita lontanissime da quelle occidentali.»

«Ho letto da qualche parte che in Romania o in Ucraina, per citare soltanto due paesi, non sono pochi gli uomini che hanno la moglie qui in Italia a lavorare come badante. Sono rimasti in patria e accudiscono i figli e la casa. Ecco una specie di vedovi bianchi. Vivono con le rimesse delle loro donne che tornano ogni tanto in famiglia per concedersi quindici giorni di ferie» disse Mario.

«Avrai anche letto che molte badanti con i soldi che guadagnano da noi si costruiscono la casa nel loro paese d'origine» lo interruppe Elena. «Ho visto un servizio fotografico che mostrava abitazioni di un lusso pacchiano. Tutto questo è reso possibile dal costo della vita, ma soprattutto dal costo della manodopera edile, che nei paesi dell'Est rimangono molto bassi.»

«Un tempo le donne arrivate da noi sapevano fare soprattutto l'assistenza famigliare. Ne avevano esperienza dal momento che la praticavano già in casa propria. Perché non metterla a frutto offrendo i propri servizi in paesi e società più ricchi come il nostro?» continuò Elena. «Ecco come si è formato quel vero e proprio esercito di donne che incontriamo dovunque.

«Al mercato, nelle anticamere degli ambulatori, nelle corsie degli ospedali, sulle panchine, a passeggio. Sempre con un anziano o un'anziana più o meno in salute a braccetto o su una carrozzina. In Italia si è cominciato a ricorrere a loro nei primi anni Novanta, e sono cresciute nel tempo sino a diventare sempre più numerose. I motivi hanno a che fare con i mutamenti della nostra fisionomia sociale.»

«Forse dovresti ricordarli ai nostri futuri lettori e un po' anche a me» suggerì Mario alla moglie.

«Cercherò di mettere in ordine le idee. Al primo punto c'è l'allungamento della vita media. La popolazione italiana sta invecchiando anno dopo anno. La terza e la quarta età sono diventate treni sempre più affollati. I viaggiatori, per attenermi a questa immagine, sono donne e uomini che per continuare a vivere hanno la necessità di essere assistiti, curati, confortati. Dovrebbero pensarci i figli. Ma la famiglia larga e solidale sta sparendo. La maggior parte delle coppie mette al mondo uno, al massimo due bambini. E dal momento che sull'amore filiale è bene non contare più come accadeva in passato, dimmi tu quale futuro possono avere i vecchi del Duemila!»

«Purtroppo lo conosciamo» sospirò Mario. «Quello di finire in un ospizio, ossia in una casa di riposo, per usare un'etichetta ipocrita e spesso bugiarda...»

«Ma queste strutture sono insufficienti e spesso da evitare» ricordò Elena. «Quante volte i telegiornali raccontano di ricoveri lager dove gli ospiti sono denutriti o addirittura picchiati, insultati, abbandonati a se stessi e lasciati senza cure? Meglio, anzi molto meglio essere accuditi nelle proprie case. Invecchiare nelle stanze dove hai vissuto stagioni più felici, nel tuo ambiente, tra i tuoi ricordi, le fotografie dei tuoi cari che sono scomparsi, i libri che hai raccolto, i mobili che hai acquistato, i quadri che ti hanno sempre accompagnato, è la condizione migliore per vivere bene e più a lungo possibile. Chi può garantirtela? Soltanto le badanti.»

«Quanti sono questi angeli?» domandò Mario.

«Ho tentato qualche ricerca» rispose Elena. «E mi sono imbattuta in dati che non sempre coincidono. Per qualcuno sarebbero all'incirca due milioni. Sembrerebbe una cifra spropositata. Il dato dell'Istituto nazionale per la previdenza sociale, l'Inps, ci dice che risultano iscritte all'incirca 900 mila badanti. Ma in questo caso non sono conteggiati i contratti in nero, che nessuno è in grado di accertare.

«Secondo l'Irs, l'Istituto per la ricerca sociale, un'organizzazione non profit, le badanti presenti in Italia sarebbero 774 mila, delle quali 700 mila straniere e 74 mila italiane. Un'altra indagine pubblicata nel maggio 2016 sostiene che siano 830 mila, per il 90 per cento straniere. Tra queste 230 mila sono rumene. Qualunque sia il numero effettivo, è sempre molto alto, se consideriamo che i dipendenti del Servizio sanitario nazionale risultano all'incirca 650 mila.

«Molte di loro sono più orientate al lavoro a ore invece che alla coabitazione con gli anziani. Quelle arrivate dal 2005 in poi hanno in media 37 anni, contro i 42 delle donne precedenti. Soltanto il 60 per cento di loro ha lasciato in patria un marito. Il 62 per cento ha figli che in otto casi su dieci sono rimasti nei paesi di origine. Affidati al padre o ai nonni.

«La suddivisione per provenienza indica che il 60 per cento viene dall'Europa dell'Est. Innanzitutto dalla Romania, poi dall'Ucraina, dalla Polonia e da nazioni minori. Il 30 per cento arriva dall'America del Sud e da paesi del Nordafrica, come il Marocco. Soltanto il 10 per cento sono italiane. E, come dicevo prima, l'età sta diminuendo. Cresce il numero delle donne con meno di quarant'anni, dunque non lasciano in patria dei figli minorenni. E non sono oppresse dall'obbligo di sostenerli.»

«Le ricerche dicono quanto guadagnano?» domandò Mario.

«Una badante con un contratto regolare percepisce uno stipendio fra i 1200 e i 1300 euro al mese, più l'alloggio e il vitto. Le assistenti famigliari senza contratto, e dunque assunte in nero, hanno un salario inferiore, tra gli 800 e i 900 euro. Ma sono cifre da prendere con cautela» spiegò Elena. «Il mondo delle badanti è in gran parte inesplorato e può nascondere storie come quelle che racconteremo più avanti.

«L'unica certezza è che in Italia il loro numero è destinato a crescere sempre di più. Ce lo rivela un dato parziale che riguarda la provincia di Firenze. In questo territorio nel 2009 le badanti erano 4184» elencò Elena. «Ma quattro anni dopo, nel 2013, erano già 5435. Un'indagine nell'area fiorentina conferma che vengono in gran parte dall'Europa dell'Est, sono istruite, spesso anche laureate, hanno difficoltà a integrarsi, sognano di restare in Italia facendo un'altra professione.

«Tuttavia sulle badanti originarie dei paesi dell'ex blocco sovietico pesa un'incognita. Alcuni governi hanno intenzione di impedirne l'espatrio. È una decisione già presa dalla Repubblica Moldava, la piccola nazione di circa quattro milioni di abitanti che confina con l'Ucraina e la Romania. Da quella repubblica presto non ne arriveranno più.

«Anche l'Ucraina pensa di introdurre lo stesso divieto. Il governo e la Chiesa vogliono bloccare la partenza per l'estero delle assistenti famigliari. Il motivo? Lasciano da soli i figli e mandano all'aria molti matrimoni, con conseguenze pesanti sul piano sociale. Delle filippine che stanno sparendo abbiamo già parlato. Un tempo rappresentavano il 33 per cento delle straniere in Italia, oggi appena il 10.»

«Sei stata brava nel trovare tutte queste notizie» si congratulò Mario. «Adesso che ne dici se raccontiamo qualche storia che ci arriva dal loro mondo?»

# 22
# La padrona cattiva

«A proposito di badanti, hai presente la signora anziana che passava quasi tutti i giorni sotto le nostre finestre? Negli ultimi tempi stava sulla carrozzina spinta da una donna più giovane» domandò Elena al marito.

«Forse l'ho vista, ma non la ricordo. Di chi stai parlando?» rispose lui.

«Si chiama Pina. È rimasta vedova ancora giovane, a poco più di sessant'anni. Ha due figli maschi. Il secondo, il suo preferito, è scapolo. Dicono che sia sempre stato irrequieto, difficile da governare, come lo era la madre da ragazza. Deve essere vero, perché ha interrotto l'università e se n'è andato a Londra dove fa il barman in un pub» spiegò Elena. Poi aggiunse: «Il primo figlio invece è sposato, lavora in un'altra città. Lui e la moglie non vedono quasi mai Pina, si può dire che la incontrino soltanto a Natale.

«Dopo la morte del marito, lei non ha voluto lasciare la casa dove abitavano. Sento dire che volesse vivere da sola per non avere nessuno tra i piedi ed essere più libera. Ho l'impressione che dei figli le importi poco. Però ama molto stare in quella casa e nello stesso quartiere».

«Io la capisco» confessò Mario. «Per le persone anziane non è facile cambiare anche soltanto l'alloggio. Quando si è vissuto a lungo nello stesso luogo, si stabiliscono relazioni e abitudini che non è possibile cancellare senza sentirsi sradicati. È una pessima condizione, significa perdere una parte di sé. A una certa età, può accorciarti la vita. Di sicuro ti fa campare peggio. Guarda noi. Siamo venuti in questa casa e in questo paese da quasi vent'anni, eppure è come se fossimo nati qui. Io non saprei abitare in nessun altro posto. Sono sicuro che perderei la voglia di vivere.»

Elena riprese a raccontare: «Pina non ha mai avuto problemi economici. Il marito, quando l'edilizia tirava e il mercato immobiliare andava alla grande, con il suo studio di architetto ha guadagnato bene. Se aggiungi la consistente eredità di famiglia che lei ha diviso con l'unica sorella, è chiaro che in caso di necessità avrebbe potuto permettersi non una, ma tre badanti. Tempo fa si era sparsa la voce che avesse imbastito una relazione con un uomo che la frequentava con assiduità. Poi lui non si è più visto. Sembra che a provocare la rottura sia stato il cattivo carattere della signora.

«Pina era la minore delle due figlie di proprietari terrieri della zona. Poiché aveva una salute cagionevole, ha goduto fin da piccola di attenzioni particolari. Ben più affettuose di quelle riservate alla sorella più grande, obbligata a lavorare nell'azienda di famiglia, mentre Pina avrebbe dovuto frequentare ragioneria.

«Dico avrebbe» continuò, «perché arrivata a metà del terzo anno non ha più voluto saperne di studiare. Le liti con la madre e la sorella erano continue. Pina reagiva con cattiveria e ogni volta si rifugiava dal padre che la difendeva. E così è cresciuta facendo quel che le pareva, a dispetto di tutto e di tutti. Poi si è innamorata e ha sposato un architetto che aveva qualche anno più di lei».

«Perché ti dilunghi sulla storia di questa Pina? Stavamo parlando di badanti...» osservò Mario.

«Tra un istante ci arriveremo» replicò Elena. «Con il marito Pina è sempre stata remissiva. Qualcuno ne parla come di una donna tanto tranquilla da sembrare sottomessa. Mai una lite, né uno sgarbo. Come se, per non mostrare il lato cattivo del proprio carattere, le fosse bastato lasciare la famiglia d'origine. A quel che ho sentito, Pina ha mantenuto un rapporto affettuoso soltanto con il padre. E adesso rispondo alla tua domanda. Ti parlo di questa signora perché nell'arco di due anni è arrivata a cambiare un esercito di badanti. Tanto che da un certo momento in poi non ne ha più trovata una disposta a vivere con lei.»

«Come mai stava sulla carrozzina? L'avevo sempre vista camminare spedita sulle proprie gambe» chiese Mario.

«Nel dicembre di tre anni fa, lo ricorderai, c'è stata una grande nevicata. Per una banale caduta la Pina si è rotta il femore della gamba destra e la caviglia sinistra. Tra il ricovero in ospedale e quello nel centro di rieducazione sono passati quasi tre mesi. Ma qualcosa deve essere andato storto. Sta di fatto che si reggeva in piedi a malapena e riusciva a muovere qualche passo soltanto appoggiandosi al bastone» spiegò Elena.

«Lo dico sempre che bisogna stare attenti!» esclamò Mario. «Mi prende spesso la paura di cadere, ma soprattutto temo che capiti a te. Se ti fermi, qui non si va più avanti. Lo dico anche per egoismo!»

Elena gli sorrise. «Non divagare pensando a noi due, come fai di solito. Mi aspetto sempre che i tuoi timori arrivino a interrompere le nostre chiacchierate. Mettiti tranquillo, perché a me non succederà mai niente. E lasciami continuare. Al rientro a casa, la vecchia domestica a ore ha accettato di assisterla anche di notte per il tempo necessario ad assumere una badante fissa. Pina però si è rivelata una padrona insopportabile. Abituata a fare tutto da sola, ha cominciato a impartire ordini per qualunque cosa e guai se la donna osava ribatterle!

«Quando la domestica usciva a fare la spesa, al suo ritorno la signora Pina aveva sempre da ridire perché non acquistava i prodotti giusti. Oppure l'accusava di essere rimasta fuori per troppo tempo e soprattutto di aver speso ben più del previsto. Poi iniziò a rimproverarla di non pulire l'appartamento in modo perfetto. Quindi perché usava male la lavatrice e la lavastoviglie. Era sempre lì a protestare, spesso agitando il bastone da passeggio che impugnava anche in casa. Quel bastone era diventato il suo scettro e, insieme, la sua arma.»

«Quanto tempo ha resistito quella santa della domestica?» domandò Mario.

«Dapprima ha tentato di far finta di niente, più per compassione che per il salario che riceveva. Quando non c'è più riuscita, ha spalancato le finestre dell'alloggio per farsi ascoltare dai vicini e ha raccontato la sua via crucis. L'hanno sentita gridare a squarciagola.»

«Che cosa diceva la sventurata?» chiese Mario.

«Se lo rammentano come se tutto fosse accaduto stamane» spiegò Elena. «Diceva: "Ho sopportato la signora Pina finché c'è stato il suo povero marito. Sono rimasta sperando che, a poco a poco, avendo bisogno di me, sarebbe stata meno sgarbata. Ma adesso basta. Ne ho fin sopra i capelli di questa carogna. Signora padrona, si arrangi. Io me ne vado". Un'invettiva come se ne ascoltano poche.

«Tu credi che la signora Pina si sia ravveduta?» proseguì Elena. «Mentre la domestica la mandava a quel paese, alzò la voce per coprire la sua e iniziò ad accusarla di essere sempre stata pigra. Le rinfacciò i soldi che era costata per il suo mediocre servizio. L'accusò di aver rifiutato di lavorare in nero. Fece l'elenco dei regali che le aveva dato a Natale, a Pasqua e per il compleanno. Infine l'ha invitata ad andarsene subito. E nel caso si fossero incontrate, le ha raccomandato di girarle al largo.»

«È proprio vero che le persone non si conoscono mai abbastanza» sospirò Elena. «Nel caso della Pina è probabile che a far riemergere il carattere difficile della sua prima giovinezza siano state la mancanza del marito, un signore sempre calmo e cortese con tutti, insieme ai problemi di salute. Se poi consideri l'impazienza e l'insicurezza legate per tutti al passare degli anni, e ci aggiungi la paura di ritrovarsi da sola, immagina che bel fricandò, avrebbero detto le nostre madri. Da quel momento la signora Pina è diventata sempre più cattiva. E a farne le spese sono state le badanti.

«La prima era una giovane filippina rimasta all'improvviso senza lavoro e senza una casa dove vivere per la scomparsa del signore che assisteva: un medico quasi novantenne. La proposta di trasferirsi dalla Pina le sembrò un regalo del Padreterno. Nelle prime settimane tutto filò liscio, poi si aprirono le crepe.

«Iniziarono a fioccare le solite accuse, quelle già sparate contro la domestica. Di essere pigra. Di fare la cresta sulla spesa. Di non pulire a dovere. E soprattutto di non essere all'altezza dello stipendio richiesto per l'assistenza personale. Alla fine il commercialista di fiducia dovette cercare una sostituta della filippina. E qui viene il bello» sorrise Elena.

«Si è presentata una signora albanese, moglie di un muratore arrivato con un barcone al porto di Bari. Aveva trovato lavoro e si era fatto raggiungere dalla giovane sposa. La prima discussione con Pina riguardò il giorno di libertà al quale la donna non voleva rinunciare, poiché rimaneva lontana dal marito per il resto della settimana. Alla fine si accordarono per un rientro anticipato di qualche ora in cambio di un piccolo aumento del salario.

«La differenza di lingua creò subito qualche incomprensione che la padrona non tollerava. Per ogni parola sbagliata, Pina arrivò a obbligare la badante a ripetere quella giusta una decina di volte. Al rientro dopo il giorno di libertà, l'accoglieva accigliata e si lamentava di continuo. La volta che tornando si sentì accusare di avere sottratto dei soldi per darli al marito, la giovane albanese fece la valigia. Pretese di essere pagata per quanto le spettava. Aveva resistito tre mesi, ma adesso non ce la faceva più.»

«Eliminata anche l'albanese, chi le ha trovato il commercialista?» domandò Mario.

«È stato il turno di una quarantenne polacca, dolce, educata. Lei è riuscita a fare tutti i sei mesi concessi dal permesso di soggiorno, sopportando il giusto. Ricordo che l'assistente sociale del comune dove abitavano i miei genitori, ormai parecchi anni fa, mi disse che le polacche venivano in Italia utilizzando un permesso della durata di mezzo anno. Poi rientravano in patria e a sostituirle arrivava un nuovo gruppo.

«La polacca ha resistito anche perché la padrona è caduta di nuovo procurandosi un guaio alla schiena. Pina riusciva in qualche modo a tenere a bada l'irritazione e la cattiveria perché, in pratica, era diventata un'invalida. Stava sulla carrozzina e senza un'assistenza continua non avrebbe potuto fare niente.

«Partita la badante polacca ne sono seguite altre tre: una ucraina, di nuovo una polacca e per ultima una rumena. In media hanno resistito tre mesi ciascuna» proseguì Elena. «Il continuo ricambio aveva già sollevato qualche interrogativo, ma noi italiani siamo abituati a occuparci dei fatti nostri e non è successo niente. Poi è scoppiato il caso della rumena. Una signora ormai da anni in Italia, molto affidabile e con un lungo stato di servizio.»

«Un bel giorno se le sono date di santa ragione, una con il bastone e l'altra a suon di schiaffi. È così?» chiese Mario.

«Sì. Le accuse rivolte alla badante rumena hanno fatto venire a galla il peggio di Pina. Una cattiveria maligna e del tutto immotivata. Il buon senso avrebbe dovuto suggerirle un ragionamento banale: se ritieni che i rumeni, maschi e femmine, siano tutti dei poco di buono, perché mettersi in casa una di loro?

«Ma siccome nessun'altra voleva più lavorare per lei, la signora Pina non ha avuto alternative. È stata buona per qualche settimana, poi ha cominciato a dire che non trovava più un orologio prezioso e una parure di anello con orecchini. Naturalmente ha sospettato del furto la rumena.

«La situazione è degenerata e alla fine la badante si è rivolta al maresciallo dei carabinieri. Accompagnata dal figlio del marito, un pensionato italiano al di là degli ottanta sposato dopo averlo assistito per qualche anno, la donna si è cautelata contro l'eventuale accusa di furto. Ai carabinieri ha detto pressappoco così: "Io sono una persona onesta, ho lavorato in tante case e nessuno ha mai avuto di che lamentarsi. Signor maresciallo, la prego di parlare con la signora Pina. Se insiste nel darmi della ladra, io la denuncio".

«Vuoi sapere com'è andata a finire?» chiese Elena al marito. «Naturalmente Pina è rimasta di nuovo sola. E quando il giovane maresciallo del paese è andato da lei, si è scusata per tutto quel disturbo. Poi gli ha spiegato che quella stessa mattina, aprendo il comò, in fondo a un cassetto aveva trovato la parure e l'orologio. E ha aggiunto: "Ma le pare che io possa aver detto alla mia badante che è una ladra? Mi guardi, sono immobilizzata sulla carrozzina. Perché mai dovrei accusare una persona che non ha fatto niente e che mi è necessaria come l'aria che respiro?".

«Il maresciallo ha salutato ed è uscito. E Pina non ha avuto alternative a lasciare la propria casa. Lo stesso giorno della visita dei carabinieri, il commercialista, ormai pronto pure lui a darle il benservito, l'ha fatta ricoverare in una residenza per anziani ricchi. Con la retta che paga, il personale dovrà per amore o per forza sopportare le sue ire e la sua cattiveria» concluse Elena.

«In che modo sei riuscita a ricostruire tutta questa storia?» domandò Mario a Elena.

Lei gli sorrise e disse: «Vivendo da anni con un giornalista, ho imparato come si fa. Il segreto è cercare le notizie giuste. E se non le trovi, chiedi soccorso alla fantasia».

## 23
## Una badante da evitare

«Quello di Pina è un caso limite, ma chi sceglie di fare la badante deve essere dotata di molta pazienza» disse Mario. «La maggior parte di queste donne straniere non è in possesso di un'esperienza da infermiera. Si sono inventate una professione, conoscendo al massimo come si conduce una famiglia e una casa.

«Hanno abitudini diverse dalle nostre, per esempio nel preparare i cibi. Senza contare che molte di loro, pur essendo in Italia da parecchio tempo, continuano a parlare male la nostra lingua. E questo può portare a non poche incomprensioni. Poi succede che qualcuna si comporti bene in presenza dei familiari dell'assistito, ma non altrettanto quando rimane da sola con lui.

«Ti voglio parlare di Enrico, un mio vecchio amico che avevo perso di vista» continuò Mario. «Mi ha chiamato qualche mese fa dopo anni di silenzio per dirmi che era rimasto vedovo. L'ho sentito sconsolato. Non si capacitava della morte della moglie, avevano vissuto insieme una cinquantina d'anni. Ma lo angosciava anche un altro cruccio. Pur essendo in buona salute e autonomo, l'unico figlio gli aveva imposto di prendere in casa una badante. Voleva sentirsi tranquillo mentre era al lavoro o nei fine settimana, ma Enrico non la sopportava. Tra l'altro, il sabato e la domenica lei spariva.

«Una cosa mi ha colpito: da quando quella donna gli è entrata in casa, Enrico non è più stato padrone di cucinare come piaceva a lui il minestrone, il suo piatto base del pranzo e della cena. Cara Elena, ti sembrerà una stupidaggine prendersela per una minestra, ma per Enrico era un problema. La badante lo preparava a modo suo, mettendoci il peperone, il cetriolo e delle spezie. Lo ascoltavo al telefono e sentivo il mio amico con una voce sempre più concitata. Come noi, anche lui era stato educato a non lasciare niente nel piatto. E così aveva dovuto adattarsi a mangiare quella sbobba, come la chiamava con fastidio.

«Non ridere, Elena» la pregò Mario. «Ma questo del minestrone è proprio uno degli esempi ai quali mi riferivo parlando di abitudini differenti che possono incrinare la quiete di una persona anziana. Non riuscire più a prepararlo secondo i suoi gusti e doverlo consumare tutto era per il mio amico l'ennesimo problema che cambiava in peggio il suo stile di vita. In apparenza una goccia da niente dentro un vaso già colmo del dolore per la perdita della moglie e l'imposizione di mettersi in casa una badante. Nella realtà un fatto detestabile!»

Mario continuò a raccontare: «Dopo quella telefonata l'ho chiamato alcune volte e l'ho trovato sempre più arrabbiato. Arrivò a dirmi che quando spariva, il sabato e la domenica, quella donna andava a fare la battona in incognito sui viali di periferia. Non ne aveva le prove, ma Enrico la considerava una prostituta. Il fatto di doverla tenere in casa lo mandava in bestia. Si tormentava domandandosi: "Chissà che cosa diranno i vicini. Penseranno che i suoi servizi li faccia anche a me". Insomma, quella donna era una vera e propria croce».

«Ma il figlio non si è reso conto dello stato d'animo del padre?» domandò Elena.

«Non abitava con lui e probabilmente avrà pensato che il papà esagerava. Bisogna capirli i figli di persone anziane! A forza di sentirsi ripetere le stesse lamentele, finiscono con il non badarci più. Hanno mille fastidi per la testa, la famiglia, il lavoro, le donne o chissà cosa d'altro. Anche un vecchio padre può passare in second'ordine. Questo non vuol dire che l'affetto venga meno. Sta di fatto che una mattina, entrando nella camera da letto di Enrico, la badante ha trovato il mio amico in fin di vita. È morto in ospedale qualche ora dopo. Di sicuro era arrivata la sua ora, ma è altrettanto certo che gli ultimi mesi trascorsi su questa terra sono stati davvero tribolati. E non gli hanno giovato» concluse Mario.

«La badante come sempre accade avrà trovato un'altra persona da assistere. Di che nazionalità era quella del tuo amico?» domandò Elena.

Mario allargò le braccia sconsolato, come per dire: «Non lo so».

Allora lei continuò: «Adesso ti parlo io di una badante. Una signora ucraina, Polina, sui quarant'anni, alta, robusta ma non grassa, incarnato rosa, capelli castano scuri. Dall'aspetto avresti detto che era una donna emiliana, tanto era simile nella struttura fisica e nel volto.

«Polina veniva da un'importante città dell'Italia del Sud ed era la compagna di un signore che aveva raggiunto i figli residenti al Nord. L'uomo, un settantenne magro e silenzioso, era vedovo. Si erano conosciuti durante una gara di ballo organizzata dall'Arci per gli anziani. Sai che cosa è l'Arci, no? Un circolo ricreativo di sinistra che trovi quasi dovunque. Avevano cominciato a frequentarsi lì, tra un valzer e un tango. E poi si erano messi insieme.

«Non so se i figli dell'uomo fossero contenti di questa unione, sta di fatto che una volta trasferitosi nel paese dove abitavano i ragazzi, il padre affittò un appartamento per viverci con la compagna. Sistemati nella nuova casa, la signora ucraina si presentò all'assistente sociale del comune chiedendo se era possibile trovare un lavoro presso una famiglia del posto. Ricorderai che in quel periodo mia zia e mio zio cercavano proprio questo tipo di aiuto e dunque la accolsero a braccia aperte» raccontò Elena.

«Gli zii erano persone semplici, abituati a cavarsela da soli. Non avevano mai avuto donne di servizio neppure a ore. E, come tanti anziani gelosi delle loro cose, iniziarono a controllare Polina. Si accertavano con scrupolo in che modo facesse il letto o usasse la lavatrice, come stendeva e stirava i panni, come puliva il bagno e i pavimenti. Le vietarono di aprire l'armadio del soggiorno e i cassetti del comò, affinché non scoprisse dove nascondevano un po' di denaro. Nei primi tempi, la badante cercò di darsi da fare» continuò Elena, «poi cominciò a impegnarsi sempre di meno. Delle quattro ore che le pagavano, ne lavorava sì e no due.

«Quando sono andata a trovare gli zii, l'ho vista all'opera. Ho anche chiacchierato a lungo con lei. Polina parlava bene la nostra lingua. Mi disse di essere figlia di un militare di grado elevato rientrato in Ucraina nel 1989, dopo il crollo del muro di Berlino. Era cresciuta a Kiev dove aveva frequentato delle scuole che non mi precisò. In Ucraina aveva lasciato un figlio ingegnere, un fatto che mi sembrò improbabile vista la sua età» spiegò Elena a Mario.

«La zia era sempre stata una donna generosa. Sapendo che Polina e il suo uomo avevano appena messo su casa, quando si trattò di pagarle il primo salario settimanale aggiunse una somma come regalo. Peccato che quel regalo e gli altri che seguirono non fossero meritati! La verità è che Polina era una furbona e pensava soltanto al proprio tornaconto. Della famiglia che l'aveva assunta le importava meno di zero.»

«Mi hai incuriosito con questa storia» confessò Mario. «E mi piacerebbe sapere se quello di Polina per il vedovo napoletano era un affetto sincero. Non è che questa donna si fosse procurata l'uomo pronto a farsi spennare?»

«Avevo pregato una signora del paese, la vecchia infermiera dei miei genitori, di tenere d'occhio la situazione. E un bel giorno mi fece sapere che qualcosa non andava. Ricorderai che a volte mi recavo a trovare gli zii. E il mio arrivo senza preavviso mi tolse tutti i dubbi» raccontò Elena.

«A parte rifare il letto, pulire il bagno e apparecchiare la tavola per il pranzo, Polina non faceva nient'altro. Aspettava che suonasse il mezzogiorno e tagliava la corda. Non mi restava che rivolgermi all'assistente sociale del comune. E mi trovai di fronte una sorpresa che mi diede fiducia nei servizi municipali della mia vecchia città.

«L'assistente incaricata di occuparsi degli anziani mi disse: "Ha fatto bene a venire da me, stavo per chiamarla". Quindi senza perdersi in premesse inutili, mi spiegò: "Il nostro servizio è in contatto con il maresciallo dei carabinieri e, quando consigliamo a una famiglia una persona da mettersi in casa, la seguiamo con molta attenzione. Nel caso di Polina, abbiamo verificato che nella città da dove viene frequentava un giro di prostitute. Adesso i famigliari del suo compagno non la vogliono più vedere con il padre perché l'accusano di avergli sottratto parte dei risparmi. Ma qui siamo di fronte a una questione privata nella quale non vogliamo entrare. Invece, per quanto riguarda i suoi parenti, da domani la badante ucraina non si farà più vedere. Abbiamo deciso così perché riteniamo che il suo scopo fosse di derubarli".»

«La tua amica assistente sociale ha rimediato a un bel guaio. Pensa se Polina avesse ripulito i tuoi zii del poco o del tanto che avevano!» esclamò Mario. «Per loro sarebbe stata una tragedia.» Poi domandò: «Com'è andato a finire questo intrigo?».

«Polina e il suo uomo li hanno sentiti litigare di brutto più di una volta. Un giorno, mentre lui si trovava fuori casa, lei ne ha approfittato per raccattare tutto quello che ha potuto nell'appartamento che dividevano. E se n'è andata. L'hanno vista salire in macchina con un'altra donna. Di certo era l'amica della quale mi aveva parlato qualche tempo prima» rispose Elena.

«Si era già preparata la via di fuga?» chiese Mario.

«Questo non lo so. Ma durante le mie ultime visite, non si era risparmiata nel lamentarsi del compagno. Diceva di non andare più d'accordo con lui. La presenza dei suoi figli l'aveva trasformato e non era più l'uomo con il quale si era messa. Mi aveva chiesto se fosse possibile per lei trasferirsi a casa degli zii dove lo spazio non mancava. Prima di rifiutare, cercai di saperne di più. E venne fuori il resto» spiegò Elena.

«Infatti Polina mi domandò se, oltre a lei, avrebbe potuto trasferirsi anche un'amica badante di un anziano deceduto che abitava in un paese vicino, almeno per qualche tempo. Insomma, la badante ucraina era una poco di buono che per di più trescava con un'altra donna del suo stampo.»

«Quella dei tuoi zii è stata un'esperienza pessima» osservò Mario. «Ma se molti continuano a ricorrere a badanti straniere significa che le famiglie soddisfatte sono molto più numerose. Le ucraine sono tante e assai apprezzate. Per sincerarsene basta andare al mercato anche da queste parti» suggerì Mario.

Elena annuì. «Niente in confronto con altri posti. Durante alcuni dei nostri viaggi a Parma e Reggio Emilia, ho visitato il mercato. La sorpresa è stata grande. Si incontrano quasi tutte donne che vengono da altre nazioni europee. La mescolanza di lingue che si ascolta è impressionante, tanto che gli stranieri sembriamo proprio noi italiani. Anche i venditori ambulanti si sono adeguati. Sui banchi si trova di tutto, ma secondo il gusto ucraino, polacco, albanese, rumeno.

«A parte i pantaloni, che sono unisex e vanno bene per maschi e femmine, soltanto le pentole, le coperte e le borse si adattano anche alle italiane» concluse Elena con una bella risata squillante.

# 24
# Battibecco politico

«A volte l'incomprensione tra la badante e la persona assistita può derivare da ragioni storiche e politiche. Con l'aggiunta di pregiudizi radicati. Quando è così possono sorgere contrasti molto complicati, addirittura inconciliabili. Abbiamo parlato del mio vecchio amico Enrico. Ebbene, una cosa simile è accaduta a Luigi» disse Mario alla moglie. «La figlia, come sai, è un medico. È lei che l'ha costretto ad assumere una donna per assisterlo e rendergli meno difficile la vecchiaia.

«Per la verità, Luigi non è un anziano pieno di acciacchi. Pur con i suoi ottant'anni, tutto sommato mantiene una buona forma, sia fisica che mentale. Però è vedovo da qualche anno e la figlia Luciana, un dottore molto bravo e dal carattere autoritario, non ha voluto sentir ragioni. La badante scelta era una signora sui cinquant'anni, che lavorava da qualche tempo in Italia. Le era stata raccomandata da un altro collega.»

«Da dove veniva questa donna?» chiese Elena.

«È la stessa domanda che Luigi ha fatto alla figlia. E quando ha saputo che si trattava di una rumena, ha storto la bocca. Imprecando: "I rumeni non mi piacciono. Hanno tutti la fama dei delinquenti e dei ladri. Non vorrei che la badante che tu mi vuoi mettere in casa a tutti i costi fosse della stessa razza". Luciana tagliò corto e provò a rassicurarlo, garantendo che la signora era a posto» aggiunse Mario.

In realtà Luigi non sembrò molto convinto delle parole della figlia. Bisogna però precisare che era un tipo davvero speciale. Per molti anni aveva lavorato da tipografo al «Corriere della Sera». In via Solferino era stato un membro influente nel Consiglio di fabbrica. Aveva in tasca la tessera della Cgil e quella del Pci. Da iscritto al Partitone rosso, si era dimostrato un militante attivo e sempre molto informato. Aveva letto di tutto sulle vicende riguardanti il comunismo italiano e internazionale. E anche da pensionato la sua fede politica era rimasta intatta. Non aveva mai cambiato idea. A volte si sorprendeva a canticchiare un inno: l'*Internazionale*.

Sentiva molta nostalgia per l'Unione Sovietica. La caduta del muro di Berlino l'aveva vissuta come una tragedia anche personale. Dal momento che ne era seguito il disastro dell'unica nazione impegnata a creare una società progressista. Senza padroni, senza capitalisti e senza preti.

«Non come in Italia» diceva spesso, «dove comanda il Vaticano. Ha continuato a comandare persino quando il primo ministro era Massimo D'Alema! Credevo che fosse un vero comunista, invece ha eseguito gli ordini della Nato ed è andato a bombardare la Jugoslavia!»

A proposito della Romania, Luigi non riusciva a cancellare dalla memoria una sequenza di immagini vista alla tivù, verso la fine del dicembre 1989. Erano i cadaveri del dittatore Nicolae Ceauşescu e di sua moglie Elena. Quando era esplosa anche in quella nazione la ribellione armata contro il comunismo, avevano tentato di scappare in elicottero dal palazzo presidenziale. Ma la loro fuga era terminata prima di raggiungere il confine.

Il dittatore e la consorte, catturati dai rivoluzionari bianchi, vennero subito processati e uccisi, il giorno di Natale. Poi i due corpi furono abbandonati a terra. «Contro un muro, come animali abbattuti da un branco di cacciatori senza misericordia» precisava l'ex tipografo, disgustato.

Quando la badante rumena si presentò, Luigi la esaminò senza curarsi di nascondere la propria diffidenza. Invece lei si dimostrò molto cordiale. E disse di chiamarsi Adina. Poi spiegò: «Ho cinquantadue anni, sono vedova. Non ho figli e neppure un fidanzato o un compagno. Ho lavorato in tre famiglie italiane e queste sono le mie referenze» concluse porgendogli tre lettere piene di elogi.

Il tipografo la scrutò a lungo, rimanendo in silenzio. Adina era una donna alta, prosperosa, con uno sguardo al quale non sfuggiva nulla. Tuttavia la badante fu sorpresa dalla prima domanda del nuovo datore di lavoro: «Che cosa pensi del comunismo?». «In che senso?» chiese lei. Luigi replicò: «Volevo sapere se la ritieni una dottrina buona o cattiva».

Adina non conosceva nulla delle idee politiche del principale. In proposito la figlia dell'ex tipografo non l'aveva messa sull'avviso. Quindi prese tempo, cercando di barcamenarsi. E replicò: «Non sono in grado di risponderle. Mi considero una donna ignorante e di queste faccende non mi sono mai interessata». Come risposta, Luigi bofonchiò: «Bene, avremo modo di parlarne con più calma».

Andò esattamente così. Il tipografo era convinto di conoscere a fondo la storia della Romania dopo la Prima guerra mondiale. E pretese di spiegarla alla badante. Cominciò dalla Guardia di Ferro, un corpo paramilitare di stampo fascista e razzista, fondato nel 1930 e diventato sempre più potente. Fu proprio grazie all'appoggio della Guardia che nel 1940 andò al potere il dittatore Ion Antonescu.

«Fu costui a portare la Romania ad allearsi con la Germania di Hitler e a darsi da fare nella caccia agli ebrei» raccontò Luigi alla badante che lo ascoltava un po' annoiata, ma tanto furba da fingere interesse per quella sommaria lezione su vicende vecchie come il cucco.

L'ex tipografo continuò: «Qualche divisione rumena fu inviata sul fronte russo e subì la stessa sorte delle unità naziste e fasciste. Antonescu venne destituito da re Michele nel 1944 e morì fucilato nel 1946. E alla fine della guerra, la Romania divenne un paese amico dell'Unione Sovietica, un alleato tra i più fedeli».

Adina seguitava ad ascoltare in silenzio, con una noia ormai impossibile da nascondere. E quando Luigi le chiese per l'ennesima volta che cosa pensasse della Romania comunista, non riuscì a trattenersi. Gli rispose con franchezza: «Al contrario di lei, ne penso tutto il male possibile!».

«Perché mai?» domandò lui meravigliato.

«Perché era un paese più povero di oggi» gli ribatté la donna, che subito aggiunse: «Stava agli ordini dell'Unione Sovietica e lei non può neppure immaginare cosa significava per noi rumeni non essere padroni in casa propria! Lei dice che in Italia comandano i preti e il Vaticano, ma avrebbe dovuto provare i sovietici. Gente volgare, prepotente, pronta a perseguitare chi non la pensava come loro».

Lì per lì il vecchio tipografo non replicò. Ma qualche giorno dopo ritornò alla carica e riprese a interrogare Adina: «Ma tu che cosa sai della Romania comunista?».

«Quello che ho visto da ragazzina e quello che mi raccontava mio padre.»

«Tuo padre era un anticomunista?»

«Certo che sì. Lavorava da muratore poiché non era andato al di là delle scuole elementari, ma era un uomo libero che non sopportava le angherie.»

«Le angherie di chi?» domandò Luigi.

Adina fu esplicita e si dimostrò capace di una sua

personale lezione di storia: «Del Partito comunista rumeno. E della dittatura del compagno Ceauşescu. Appena eletto segretario del partito, cominciò subito a costruire il proprio potere assoluto. Divenne capo dello Stato nel 1974 ed è rimasto il padrone della Romania per la bellezza di quindici anni. Sino al dicembre del 1989, quando è stato fucilato dai rivoluzionari dopo la caduta del muro di Berlino».

Il signor Luigi rimase in silenzio. Passata una settimana, volle interrogare di nuovo la badante. E le chiese: «Secondo te, questi che tu chiami rivoluzionari hanno fatto bene o male a fucilare il compagno Ceauşescu, per di più insieme alla moglie e senza processarlo?».

La badante sospirò e, mostrando un leggero fastidio, rispose: «Io non sono nessuno e non tocca a me giudicare il prossimo. Ma penso che la fine di Ceauşescu sia stata la conseguenza inevitabile della dittatura che aveva imposto al mio paese. In fin dei conti che cosa ci trova di strano? Anche voi italiani avete ammazzato senza processo Mussolini insieme alla sua amante. E non vi siete vergognati di appenderli per i piedi in una piazza di Milano. Non c'è molta differenza con quello che è accaduto da noi».

Il tipografo ebbe uno stranguglione, poi replicò, sdegnato: «Non accetto che paragoni il compagno Ceauşescu a quel maiale del Duce! Ti sbagli. Mussolini era un fascista, Ceauşescu un comunista. Può avere commesso qualche sbaglio, ma cercava di fare il bene del popolo rumeno!».

Adina scosse la testa: «Signor Luigi, io rispetto le sue opinioni. Ma lei non ha idea dell'inferno che è stato il mio paese sotto la dittatura comunista. Le carceri erano piene di oppositori. E lo stesso i cimiteri. La nomenclatura rossa godeva di un tenore di vita da nababbi. Mentre i poveri morivano di fame. Anche mio padre ha passato dei brutti momenti. Qualcuno lo ha denunciato come oppositore del regime. La polizia politica l'ha arrestato, interrogato per una notte intera, picchiato con le verghe di ferro. Un incubo per lui e per noi. E lei pretende che consideri quel dittatore un politico che faceva il nostro bene?».

La badante rumena si rivelò una donna davvero speciale. Impeccabile e sempre disponibile nel lavoro, ma irriducibile nelle proprie opinioni. Era anche una furbona e cercò di attirare l'attenzione del signor Luigi, facendogli intuire di essere disposta ad assisterlo nel letto. Ma l'ex tipografo finse di non accorgersene. Disse tra sé: «Abbandonarmi alle lusinghe di un'anticomunista come lei? Mai!».

Dopo qualche mese, l'Adina si stancò delle discussioni con il signor Luigi. Si dimise senza problemi, poiché aveva già trovato un altro posto, nella stessa città. Il vecchio tipografo ci rimase male, perché quei loro dibattiti lo riportavano indietro nel tempo e lo facevano sentire giovane. Però non osò confessarlo a nessuno. Tantomeno alla figlia. A Luciana spiegò che Adina aveva deciso di ritornare in Romania e lei finse di crederci.

Conosceva bene le convinzioni politiche del papà e la sua cocciutaggine nel sostenerle. E così, quando la badante l'avvisò che stava per lasciare il posto di lavoro, le erano bastati i suoi silenzi per capire che il padre l'aveva asfissiata con le proprie idee sul comunismo. A confermarglielo fu la sua richiesta di trovargli un'altra badante. Però le precisò che non la voleva europea, doveva essere di una nazione ben più lontana.

Luciana scovò una filippina sui quarant'anni. Una donna minuta e silenziosa. Il signor Luigi, prima di assumerla, volle sapere se per caso si fosse occupata di politica. Sbalordita, lei replicò: «Mai. Non so neppure che cosa sia la politica».

Il tipografo sorrise soddisfatto: «Bene. Andremo d'accordo, noi due. Sei proprio la persona che va bene per me!».

# 25
# Un sindaco speciale

«Oggi ti voglio interrogare» annunciò allegro Mario una mattina.

Lei sorrise. «Non mi spaventa. Anche se ho lavorato per anni da insegnante e sono più abituata di te a fare domande.»

«Ottimo!» esclamò Mario. «Allora mi devi parlare della Moldavia. Ti confesso che ho un'idea molto vaga di dove stia questo paese. Però mi piace molto il nome. Mi fa pensare a un luogo da favola o a un languido motivo musicale, da ballare avvinghiati l'uno all'altra!»

Elena lo guardò con affetto. «Sei rimasto il ragazzo sentimentale di un tempo. E devo ammettere che continui a piacermi anche per questo. Comunque la Moldavia è una piccola nazione che oggi dovrebbe avere all'incirca quattro milioni di abitanti. Prima della caduta dei regimi comunisti dell'Est, era una delle tante repubbliche federate all'Unione Sovietica. È diventata una repubblica parlamentare indipendente un quarto di secolo fa, nell'estate del 1991.

«Confina con l'Ucraina e la Romania. Occupa il settore sudoccidentale del Bassopiano Sarmatico. La capitale è Chişinău, una città di seicentomila abitanti. Non è un paese ricco, ha un prodotto interno lordo, il famoso Pil, tra i più bassi in Europa. Ma perché ti interessa tanto la Moldavia?» domandò la moglie.

«Perché un amico, al quale ho spiegato che libro stiamo scrivendo, mi ha raccontato la storia di una badante arrivata in Italia dalla Moldavia. E, se hai pazienza, ti leggerò gli appunti che ho preso ascoltandolo.»

La donna si chiama Olga. È nata nel 1947 in un villaggio vicino alla città di Cahul. Il padre faceva il fabbro, un mestiere necessario sotto tutti i regimi politici. Riusciva a mantenere una famiglia numerosa: la moglie, la suocera e quattro figli. Olga era l'unica femmina e il padre decise che almeno lei doveva studiare.

La ragazza conquistò un ottimo diploma magistrale e si preparò a insegnare nella scuola elementare di Cahul. Pensava che il diploma l'avrebbe aiutata a trovare presto una cattedra. Ma scoprì subito di dover fare i conti con la cattiveria boriosa della nomenclatura comunista della città, fedele a Mosca.

Tutto accadde nel 1967. Olga aveva appena compiuto vent'anni. Era una bella ragazza: bruna, il volto attraente, un corpo slanciato e niente male. Andò a parlare con il dirigente comunista che si occupava delle scuole cittadine e si sentì fare un discorso brutale.

Il gerarca rosso le parlò senza tanti fronzoli e con la prepotenza tipica del boss politico: «Mia cara Olga, per te il posto da maestra c'è. Ma se vuoi ottenerlo hai solo una strada davanti: devi prima soddisfare me. Se ti rifiuti, la cattedra andrà a un'altra ragazza più disponibile».

Olga era vergine, non aveva nessun moroso e del sesso conosceva ben poco. D'istinto pensò di mandare al diavolo quel porco, ma si disse che in tal caso avrebbe dovuto rinunciare per sempre all'insegnamento. Si guardò bene dal farne parola con il padre e i fratelli. Decise di arrendersi. Accettò un paio di incontri, ebbe la cattedra e cominciò a lavorare da maestra nella scuola comunale della città.

Ma Olga era una ragazza orgogliosa e non riusciva a cancellare lo schifo della violenza subita. Ogni mattina, all'entrare in classe, si rivedeva nel letto del gerarca e veniva invasa dalla rabbia. Si rese conto che il sogno di insegnare si stava incrinando. Perciò, quando l'Unione Sovietica si sgretolò, e la Moldavia diventò una repubblica indipendente, progettò di andarsene all'estero. Per trovarsi un lavoro lontano da un paese dove chi comandava aveva obbligato una ragazza per bene ad accettare un ricatto tanto vergognoso.

Si domandò in quale lavoro potesse impegnarsi, visto che sapeva fare soltanto la maestra elementare. Fu questo il primo rebus da risolvere. Cominciò a riflettere, ma senza trovare risposta. Intanto il tempo passava. E lei stava diventando una zitella sempre più triste. C'era ancora chi la corteggiava, però non sapeva decidersi a scegliere un compagno o un marito. Il suo aspetto era sempre attraente, ma il carattere si stava inacidendo.

Poi la soluzione dei suoi problemi si presentò da sola, all'inizio degli anni Novanta. Dalla Moldavia cominciarono a partire per l'Italia molte donne che emigravano per dedicarsi a un mestiere nuovo: prendersi cura di persone anziane. Olga scoprì che nella sua città esisteva un ufficio quasi clandestino che procurava buoni contratti da assistente famigliare. Andò a presentarsi, ma si sentì dire: «Tu sembri ancora molto giovane, hai poco più di quarant'anni. Pensi di farcela ad assistere un vecchio?». Lei rispose di sì, ottenne il contratto e partì per l'Italia. E nel nostro paese scoprì di essere, tutto sommato, una donna fortunata.

Aveva trovato lavoro come badante presso una ricca signora novantenne che viveva in una grande villa, in un centro poco distante da una località turistica sul lago di Garda. La signora era vedova di un riccone, scomparso da tempo. Soffriva di tutti gli acciacchi della vecchiaia, ma godeva ancora di buona salute. Olga le piacque subito. E la vedova cominciò ad apprezzarla di più quando seppe che, nei giorni di libertà dal servizio, invece di accettare la corte di qualche sfaccendato, andava a lezione di italiano.

Favorita da una predisposizione naturale, Olga imparò presto a parlare la nostra lingua. E questo la rese sempre più indispensabile alla vecchia signora. Al punto che divennero grandi amiche. La fiducia reciproca fece sì che un giorno la vedova confessò alla badante un cruccio. Riguardava Roberto, l'unico nipote, un perdigiorno buono a nulla, rimasto senza genitori. Scapolo, con pochi soldi in tasca, viveva a Milano e aveva una sola occupazione: dare la caccia alle donne.

«Quando morirò, i miei averi andranno tutti a lui» confidò la signora a Olga. «È il mio solo erede, ma non ha spina dorsale, è un indolente come pochi. E prevedo che dissiperà un patrimonio importante. Gli servirebbe una moglie come te. Sarebbe una vera benedizione per lui e per me.»

Accadde così che la signora invitò il nipote e lo presentò a Olga. Roberto aveva trentacinque anni e l'aspetto dell'ex ragazzo, davvero bello, ma viziato e sempre senza voglia di trovarsi un lavoro. Cominciò subito a tampinare Olga, però lei non era una sprovveduta e lo tenne a distanza.

Poi la signora morì. Come previsto, il bel Roberto ereditò tutte le sostanze della zia. E quando Olga lo informò che se ne andava per fare la badante presso un'altra famiglia, lui le rivelò la promessa fatta alla zia in punto di morte.

«Nel testamento, la mia amata ziona ha voluto una clausola che ha sorpreso il notaio e mi ha fatto arrabbiare non poco. Tu non puoi immaginare quanto! Comunque le cose stanno così: potrò ottenere l'eredità alla condizione tassativa di sposarti e vivere con te. Penso lo abbia fatto perché tu possa controllarmi e impedirmi di gettare al vento la ricchezza che mi ha lasciato. Se rifiuti, io sono rovinato!»

Olga rimase di sasso: «Non ho mai sospettato che la signora avesse preso questa decisione. Comunque io non posso sposarti. Tra noi ci sono dieci anni di differenza, tu nei hai trentotto e io quarantotto. Tutti penseranno che ho raggirato tua zia per diventare tua moglie e mettere le mani sull'eredità. Il nostro matrimonio non potrebbe stare in piedi, finirà prima di cominciare. Inoltre di te non so niente. A letto potresti non piacermi oppure io non piacere a te. E la nostra unione diventerebbe un inferno. La mia risposta è no».

Roberto non era un principiante in fatto di donne. Replicò a Olga senza incertezze: «Se temi che tra noi possa non esserci intesa, possiamo fare subito una prova. Poi toccherà a te decidere». Dopo lo stupro subìto dal gerarca rosso, Olga era vissuta in castità assoluta. Accettò la prova per la sera successiva. Sorprese persino se stessa, scatenandosi come se avesse dovuto rifarsi di tanti anni di astinenza. Il futuro marito ne uscì stremato. Balbettò: «A letto sei un vero demonio. Non avevo mai incontrato una donna con tanta fantasia».

Il matrimonio fu celebrato due mesi dopo, senza far caso alle prevedibili chiacchiere della gente. Olga rivelò subito un carattere autoritario. Quando il marito le propose un viaggio di nozze in una località del turismo super ricco, lei replicò: «Cosa c'è di meglio che questa villa? A me piace vivere qui, dunque niente viaggio di nozze. Non ci muoveremo dal nostro paese. E ti prego di non insistere!».

Con il passare del tempo, a poco a poco, lo sposo si rese conto di essere sottomesso a una moglie che gli era superiore in tutto. Olga gli spiegò: «Se non ti va di lavorare, puoi anche non fare niente. Ma non pensare di lasciare questa villa. A tutto il resto provvederò io».

L'ex badante moldava, diventata padrona, era inflessibile. Il marito si ritrovò alla mercé di un regime che non ammetteva nessun dissenso. Poteva contare su una specie di appannaggio mensile, mentre l'amministrazione del patrimonio stava saldamente nelle mani di Olga.

Roberto arrivò a dirle: «Se in Moldavia ci fossero state tante donne come te, scommetto che Stalin avrebbe rinunciato a comandare sulla tua repubblica».

Già, la Moldavia! Olga era rimasta molto legata al proprio paese. Aiutò tante donne a trasferirsi in Italia con ottimi contratti. Lei stessa ne assunse due. Erano ragazze sui trent'anni, pronte a obbedirle senza discutere. A una affidò la cura della casa. L'altra divenne il suo braccio destro nella tenuta dei conti. La domenica mattina, quando andavano insieme alla messa grande, marciavano sul corso principale come tre valchirie. Incuranti dei fischi di ammirazione dei giovanotti.

Olga non trascurò di occuparsi del paese sul Garda che l'aveva accolta. Uno dei suoi primi interventi fu di rimettere a nuovo la scuola elementare e ottenne che venisse dedicata alla vecchia signora che con lei era stata tanto generosa. Poi finanziò la sistemazione del cimitero e del circolo degli anziani. Infine decise l'apertura del servizio medico di primo intervento, indispensabile prima di tutto per i molti che avevano più di ottant'anni e non solo.

Nessuno aveva mai fatto quanto lei per la comunità. Il giorno che vennero indette le elezioni amministrative, i partiti di maggioranza e di minoranza le proposero di fare il sindaco. Con l'aiuto di un paio di deputati della zona, ottenne con facilità la cittadinanza italiana e accettò la candidatura. Venne eletta con il settanta per cento dei voti. E si rivelò un primo cittadino imbattibile.

«Che cosa ti suggerisce questa storia?» domandò Mario alla moglie.

Elena non rispose subito. Rimase pensierosa e riflessiva, poi disse: «Penso che Olga sia un esempio straordinario di integrazione. E da ammirare. Eppure non riesco ad accettare il rifiuto del lavoro che c'è da parte dei nostri disoccupati, soprattutto dei giovani. Considera quanta ricchezza mandiamo all'estero mentre potrebbe essere un reddito importante da spendere in casa nostra. Basterebbe che gli italiani accettassero di svolgere queste occupazioni».

Mario sospirò. «Una delle tue qualità è di passare da un problema a un altro sempre più difficile da risolvere. Io cammino terra terra. Per questo ti ammiro, mi piaci e mi fai sentire al sicuro. Mi verrebbe da dire che sei la mia Super Badante. Però mi guardo bene dal considerarti così. Non so in che modo reagiresti.»

Elena annuì: «Bravo, non dirlo. Accontentati di pensarlo».

# 26
# Travestirsi per lavorare

«Continuando a parlare di badanti» disse Elena al marito, «non ricordo dove ho letto che una delle prime rumene arrivate in Italia si spacciava per essere una femmina. È una storia incredibile perché era un maschio travestito che a tutti sembrava una donna perfetta.»

«Vorrei proprio sapere dove trovi queste storie strane. Anch'io leggo i quotidiani e i settimanali, ma di questo caso non ho mai saputo nulla. Secondo me l'hai scovato su una delle riviste che trovi dal parrucchiere» esclamò Mario, divertito.

Elena sorrise. «Hai ragione a prendermi in giro per quelle riviste, ma non si può essere sempre seri. Che male c'è a conoscere quel che fa Madonna o Cameron Diaz oppure se Charlize Theron si separa da Sean Penn? Almeno sono letture di evasione, mentre i giornali sono spesso tetri, zeppi di notizie che ti danno ansia. Il servizio sul badante travestito era accompagnato da parecchie fotografie dove appariva al naturale e in abiti femminili. Dunque» concluse Elena, «se il giornalismo che l'ha messa in pagina non è spazzatura, la storia di questo signore dovrebbe proprio essere vera.»

Damian Horia, uno scapolo di trentasette anni, per molto tempo aveva fatto il muratore. La Romania post comunista era una nazione povera e lui aveva perso più volte il lavoro. Un giorno scoprì che in Italia l'assistenza famigliare agli anziani era diventata la professione di molte sue connazionali. E si rese conto che si trattava quasi sempre di donne in età matura, sui cinquant'anni, ma anche più giovani.

Horia si domandò se, pur essendo un maschio, poteva dedicarsi alla stessa professione. E gli fu subito chiaro che l'handicap di non essere femmina era quasi insuperabile. Dunque per ottenere un lavoro come badante si convinse di non avere alternative: doveva sembrare una donna.

La zia con la quale si confidò, sulle prime, lo prese per matto, poi si adattò ad aiutarlo a camuffarsi. Gli preparò un seno posticcio che sembrava vero, da portare sotto il reggipetto. Poi gli depilò le gambe, le braccia e il torace. Gli insegnò a muoversi, parlare e truccarsi come una donna. Lo abituò a indossare abiti femminili e a camminare con scarpe dal tacco alto. Gli suggerì di lasciarsi crescere i capelli. E quando furono della lunghezza giusta, lo accompagnò da un'amica parrucchiera che gli sistemò il taglio.

Nel ritornare a casa, la zia domandò a Damian: «Come ti senti nei panni di una femmina?».

Lui rispose: «Meglio di quanto pensassi. La sera, quando sono solo, mi travesto. E ammetto che qualche volta mi eccito».

«Non sarai mica un gay?» gli chiese la zia, preoccupata.

«Quello no. Ma se mi vedo tra le braccia di un maschio, provo dei brividi che non immaginavo.»

«Vorresti farti prendere da un uomo?»

Damian scosse la testa: «No, però comincio a pensare che non sarebbe un'esperienza da rifiutare».

Sempre la zia gli acquistò due cambi di biancheria. «Devi abituarti a indossare anche indumenti intimi di buona qualità» disse. «Mutandine da signorina, reggicalze e sottovesti. Sono indispensabili anche per una badante. Se un poliziotto dovesse perquisirti, si fermerà quando vedrà i tuoi intimi da signora. E gli impedirai di scoprire il fagottino che nascondi tra le gambe.

«Devi dimenticare di chiamarti Damian e anche Horia. Prendi un nuovo nome: Dina Lucescu, una donna sui quarant'anni, di corporatura robusta, con le braccia muscolose e mani capaci di reggere pesi importanti, che va in Italia per fare la badante a un anziano. Essere forte è indispensabile per sollevare una persona dal letto o dalla poltrona. Le rumene sono così e nessuno si accorgerà della differenza. I tuoi documenti falsi dimostrano che sei una donna. Per non essere scoperta devi soltanto comportarti nel modo giusto.»

«E come farò se incontro una donna che mi piace?» domandò la nuova Dina Lucescu alla zia.

«Quando dicevo che dovrai comportarti come si deve, intendevo per prima cosa questo: non potrai permetterti di guardare le donne con l'occhio del maschio interessato. Ti conosco da molto tempo e so che sei sempre stato un fortunato cacciatore di femmine. Ma se vuoi davvero fare la badante, e guadagnarti quanto basta per vivere, da adesso in poi le donne devi scordartele» lo redarguì la zia. Che subito aggiunse: «E tutto questo è ancora niente, perché devi abituarti a fingere che ti interessino i maschi. Poi chissà!, magari può accadere che un giorno un uomo ti piaccia per davvero. Anche se, conoscendoti, mi sembra impossibile!».

Ormai entrato nella parte di Dina, lui rise. E confessò: «Vuoi sapere la verità? Sembrare una donna comincia a divertirmi. Non sono certo Miss Romania. Ma se un maschio dovesse corteggiarmi, non lo respingerò subito. Vorrò vedere che cosa succede. A me e a lui».

La zia lo rimproverò: «Che cosa vuoi che succeda? Se al signore che incontri piacciono i travestiti, perderà la testa per te. Il consiglio che ti do è di accettare la sua corte, ma di farti pagare in anticipo. Quello che verrà dopo, lo deciderai tu. Hai una grande esperienza di donne. Comportati come si comporterebbero loro».

Con la sua nuova identità, Dina Lucescu lasciò la Romania ed entrò in Italia senza problemi. Era partita all'alba su un pullman giornaliero pieno di badanti, tutte donne vere. Nella borsetta aveva l'indirizzo della famiglia di Milano presso la quale avrebbe preso servizio per assistere un signore al di là degli ottant'anni.

L'anziano non si rivelò malmesso come sostenevano i figli. Comunque si mostrò subito contento di avere in casa quella badante rumena che mostrava di sapere il fatto suo. Ancora più soddisfatta di lui fu Dina. L'alloggio non era grande, ma comodo. Anche la sua sistemazione era buona, infatti aveva una camera tutta per sé. E poteva contare su uno stipendio discreto versato ogni mese, con regolarità.

Il principale non sospettò mai che Dina fosse un maschio. Neppure quando lo sorprese in bagno mentre si stava truccando. Il vecchio signore aveva ancora dei grilli per la testa e gli palpò le natiche. Damian si accorse di eccitarsi e strillò: «Sono la sua badante, non mi tocchi in quel posto!». Poi, per metterlo tranquillo, si azzardò ad accarezzarlo sull'inguine, ma il vecchio era sfibrato e non reagì.

Le badanti provenienti dall'Est che lavoravano a Milano avevano l'abitudine di ritrovarsi ogni domenica nel giardinetto che fronteggia la Stazione Centrale. Sulle prime, Dina esitò a mescolarsi con loro perché aveva constatato che si trattava soltanto di donne. Poi si rese conto che avevano molto in comune con lui: ben messe, con un seno prosperoso, truccate all'eccesso e con indosso abiti di poco prezzo, ma sempre vistosi.

Si fece delle amiche che presto iniziarono a confidarsi con lui, pensando di trovarsi di fronte a una madre di famiglia, angustiata come loro per la lontananza dai figli rimasti in Romania. Ma c'erano anche quelle che in Italia stavano bene. Qualcuna aveva scovato un fidanzato milanese. E attendeva con impazienza la domenica pomeriggio per seguirlo nel suo alloggio e recuperare la settimana di astinenza.

Fu proprio una di loro che un giorno domandò a Dina se avesse un moroso italiano. Lui rispose: «Non ci penso neppure. Mio marito è rimasto a Bucarest e non voglio tradirlo. Sono cattolica e non posso cadere nel peccato della lussuria». L'amica replicò: «Siamo tutte sole e lavoriamo come matte per spedire a casa un po' di soldi. Il Padreterno ci perdonerà se cerchiamo qualche consolazione!». Ma Dina chiuse l'argomento, nessuno le avrebbe fatto cambiare idea.

Molto meno facile fu liberarsi del corteggiamento di un'altra badante, non una rumena, ma una polacca sui quarant'anni. Dina comprese subito che lei preferiva le femmine. Lo capì dalle occhiate, poi dalle confidenze che le riservava, infine dalla ricerca della sua compagnia e dal piacere che mostrava nello starle vicino. Un pomeriggio verso le sei, quando faceva già buio, si sentì chiedere: «Posso darti un bacio?». Dina non seppe resistere. E nel baciarsi venne assalita da una voglia che non riuscì a controllare.

Si appartarono in un angolo nascosto del giardinetto e la Polacca cominciò ad accarezzarla. Quando sollevò la gonna per frugare Dina tra le cosce, scoprì la verità. Superata la sorpresa, mormorò: «Hai un arnese molto forte e già eccitato! Spiegami chi sei...».

Dina non fu capace di negare l'evidenza e le raccontò la sua storia. La Polacca, una donna pratica, concluse: «Pensavo ad altro, però mi vai bene pure tu». L'ex muratore non sfiorava una donna da mesi e non si fece pregare. La Polacca, dopo essere stata servita a dovere, farfugliò: «Ho goduto più che con qualsiasi donna. Dobbiamo rivederci. E ho una proposta: io manterrò il tuo segreto con la mia morosa provvisoria e con le altre badanti che vediamo la domenica in questo giardinetto. Ma tu mi devi garantire che lo rifaremo tante altre volte!».

Dina cominciò a passare le sue domeniche di libertà in un alloggio povero affittato a Porta Ticinese insieme alla Polacca. Due stanze che guardavano su un cortile che tanti anni prima era stato l'aia di una cascina. Lui era una specie di amante doppio: faceva ora il maschio e ora la femmina. Mentre nella Polacca a prevalere era l'istinto maschile.

Damian-Dina lo comprese incontro dopo incontro. La più forte tra loro due era la donna venuta da Varsavia. La sua natura maschile era prorompente. Non accettava esitazioni e tantomeno disobbedienze. Un giorno arrivò a minacciare: «Mio caro Horia, non pensare di rompere la nostra relazione. Se lo fai, informerò la polizia che sei arrivato in Italia con documenti falsi. E verrai rispedito in Romania dove finirai in carcere. E se non le conosci, ti garantisco che le galere dei nostri paesi non sono come quelle italiane che, al confronto, sembrano hotel a cinque stelle».

Damian continuava a vestire i panni di Dina e a fare da badante in casa del signore ottantenne. Lavorava e pensava. Soprattutto rifletteva sulla sua relazione con la Polacca. Lei lo assillava con il proposito di farlo diventare sempre più simile a una femmina. Non gli dava tregua, perché sosteneva che soltanto così il loro amore sarebbe diventato completo, simile a quello che avvince una coppia perfetta di lesbiche. Dina cercò di opporsi in tutti i modi, ma il suo rifiuto non servì a niente. E finì con il cedere quando si sentì dire: «Se questa è la tua decisione, non ci vedremo più, perché io mi ucciderò».

La Polacca non perse tempo. Per prima cosa, condusse Damian-Dina da un medico e gli chiese di prescrivere al suo amico una cura ormonale potente. In un tempo abbastanza breve Dina si ritrovò ad avere un sedere sferico, le cosce belle sode e un seno di taglia forte. L'imbottitura preparata dalla zia prima della sua partenza dalla Romania non le servì più. Sul suo corpo non c'era nessuna traccia di peli e di barba. Era già abituato a indossare abiti e biancheria intima femminile, però la Polacca lo obbligò ad accettare in regalo alcuni capi davvero sexy. E anche un cofanetto per il trucco.

Dina era sempre stata una persona curiosa e un bel giorno chiese all'amica dove trovava il denaro per quei regali. E si sentì rispondere: «Lo rubo ai miei padroni. Sono una coppia molto anziana e molto ricca. Hanno una casa strapiena di oggetti di valore che non ricordano più di possedere, a cominciare dall'argenteria. Ne prendo un pezzo alla volta, per non metterli in allarme. Anche quando vado a fare la spesa trattengo una parte del denaro che mi consegnano. Non ho rimorsi, dal momento che io sono povera e, per trovare un lavoro, ho dovuto lasciare la Polonia e la mia famiglia. Il Dio nel quale credo non vorrà punirmi per questo».

Mentre s'inoltrava nel territorio sconosciuto del maschio che cambia sesso, Damian si accorse che quella trasformazione gli piaceva sempre di più. E lo aiutava a stare bene, perché poteva smettere di fingere. Quando poi accadde che gli ormoni femminili gli impedirono di possedere l'amante, si abbandonò ai giochi erotici escogitati dalla fantasia stralunata della Polacca. E cominciò a considerarla il proprio amante e a comportarsi da donna sottomessa.

Un giorno, guardandosi attentamente nel grande specchio che troneggiava nella stanza da bagno del suo assistito, Dina non vide più un travestito, ma una donna vera. Lo specchio le rimandava l'immagine di una signora di mezza età, ma ancora attraente. E si scoprì felice, anche perché il suo membro era ridotto a un miserabile salsicciotto di carne.

Poi, all'improvviso, tutto cambiò. L'anziano che assisteva aveva un nipote che andava spesso a trovarlo. Il signor Antonio era un uomo sui quarant'anni che non si era mai curato della badante. Dina però si accorse che aveva cominciato a osservarla con attenzione. Le sue occhiate non erano affatto innocenti. E fu presto evidente l'interesse che il nipote del vecchio provava per lei. Ne fu lusingata e insieme spaventata. Non le era mai successo di eccitare il desiderio di un uomo.

Un giorno Antonio la prese in disparte e disse: «Io l'ho capito che lei non è una donna! Non lo neghi, lei è un maschio che si fa passare per una femmina. Mio zio non se n'è accorto, ma io sì. Vorrei parlarle a tu per tu, però non qui. Nel centro di Milano ho un piccolo appartamento molto discreto e senza vicini impiccioni. Se ho capito bene, la domenica è il suo giorno di libertà. Questo è l'indirizzo. L'aspetto».

La domenica Dina raccontò alla Polacca la prima bugia. Non potevano vedersi, perché doveva accompagnare il suo assistito a visitare la tomba della moglie. Invece andò a incontrare il nipote. Immaginando quello che gli avrebbe chiesto di fare, perse parecchio tempo nel prepararsi. Dopo la doccia indossò gli intimi migliori. Si truccò con molta cura e infine scelse l'abito più elegante. Preferì le scarpe con il tacco alto che le permettevano una camminata ancheggiante.

Non ci furono preamboli. E neppure parole inutili. Il loro amplesso ripetuto fu senza freni. Poi andarono a cenare in un ristorante di lusso e si parlarono a lungo. Da quel momento iniziò una storia d'amore che nessuno dei due aveva previsto. Quando il vecchio zio morì, Dina si trasferì a casa di Antonio.

Passò qualche tempo e la storia venne a galla. Perché la Polacca, fuori dai gangheri per essere stata abbandonata, riuscì a scoprire l'indirizzo dell'amante rumena. Si presentò alla sua porta e fece una scenata tanto violenta da essere sentita da mezzo quartiere. Un giornalista locale ne venne a conoscenza e, garantendo l'anonimato ad Antonio e Dina, scrisse la storia del travestito rumeno venuto in Italia per fare la badante.

Mario domandò a Elena: «Allora i nomi veri dei protagonisti di questa avventura non sono Damian, Dina, Antonio, la Polacca?».

«Anche la città non è Milano. Così scrive il giornalista che ha firmato le pagine della rivista che ho letto dal parrucchiere. Chissà, forse anche le foto sono fasulle» concluse lei ridendo.

# 27
# La sposa giovane

«Ho ripensato agli anziani protagonisti delle nostre storie» confessò Mario, «e mi sono detto che comprendo quando rifiutano di avere qualcuno che li assista.»

«E per quale motivo? Se non ce la fanno più da soli, devono arrendersi.»

«Appunto, è proprio l'idea di doversi arrendere. È una verità che non ti garba per niente. E allora la prima paura che ti assale è di ammalarti e di non farcela a riprenderti.»

«È accaduto anche a te?» domandò lei. «Noi ci siamo conosciuti che eri ancora molto in forma. Non ti sfiorava neppure da lontano la terza età. Ti è capitato già allora di sentire il brivido della vecchiaia in arrivo?»

«Ecco, hai usato la parola giusta: brivido!» esclamò Mario. «Succede nello stesso modo quando sei aggredito dal freddo. Il tuo corpo avverte che la temperatura esterna sta scendendo, ti accorgi di un primo tremore e ti ritrovi addosso una sensazione di disagio. È quel che ho provato: una strana difficoltà, psicologica prima che fisica, perché in questo caso da un giorno all'altro non cambia nulla.»

Poi aggiunse: «Prima ancora del timore di non guarire e infine di morire, sono stato colto dal fastidio di non essere più in grado di fare la vita di sempre. Tu sai che la mia esistenza è stata molto semplice. Il lavoro al giornale, un libro da scrivere, qualche distrazione da uomo maturo. Un tran tran che mi piaceva e dava senso alle mie giornate. Poi un giorno, all'improvviso, ho captato che qualcosa dentro il mio corpo non andava come al solito. Non mi sono sentito bene e il medico mi ha fatto ricoverare in clinica per stabilire quale accidente mi fosse capitato. Ho intravisto un pericolo in agguato. E nella mia testa si agitava una domanda: guarirò oppure soffro di una malattia misteriosa che mi porterà alla tomba?».

«Ti ho sempre considerato un uomo tranquillo, appena un po' ansioso, ma nulla di più. Invece ti scopro apprensivo, anzi portato al pessimismo» sorrise Elena. «Per fortuna, hai capito presto che non avevi niente di grave e potevi continuare la vita di sempre. Infine sono arrivata io a spazzare via buona parte dei tuoi timori...»

«È andata proprio così e non basterà il resto del mio tempo per ripagarti del regalo che mi hai fatto. Come è accaduto a un lontano parente di mia madre che è rimasto a vivere nella nostra città, ho scoperto anch'io che una moglie più giovane ti allunga la vita. Il motivo è che la rende felice. E la felicità fa bene anche alle coronarie» scherzò Mario, cominciando subito a raccontare.

Giulio, il lontano parente della madre di Mario, si era iscritto alla facoltà di Economia con l'obiettivo di intraprendere una professione redditizia: il commercialista. Si applicò con una tenacia ammirevole e, dopo un'ottima laurea, cominciò a fare pratica nello studio più importante della città. Dopo esservi rimasto per alcuni anni, si mise per proprio conto e non tardò ad avere successo.

La vita privata passò in second'ordine, nel senso che non gli interessava farsi una famiglia. Preferì restare scapolo e si limitò a concedersi qualche distrazione ogni tanto. Nessuna amante fissa, ma soltanto qualche amore di passaggio e per nulla impegnativo.

A iniziarlo al sesso fu una signora sui quarant'anni che gli ricordava sua madre da giovane. A offrirsi fu lei, spinta dal desiderio di avere un amante più focoso del marito, un avvocato sui sessanta che sembrava avviato al disarmo. Si conobbero per caso, a una cena del Rotary Club, e due sere dopo la signora se lo portò a letto nell'alloggio che le aveva prestato un'amica. Trascorsero insieme più di un pomeriggio infuocato. La signora voleva essere presa con violenza e Giulio l'accontentò.

Poi quella passione si spense, come accade spesso. Ma lui mantenne del loro incontro un ricordo particolare. Per aver goduto della dedizione che una tata ha per i bambini da crescere. Dopo di lei Giulio frequentò una squillo trentenne, molto sensuale e sgenata. Costava cara, ma gli offrì momenti indimenticabili. Poi la signorina accettò di sposare un vecchio fidanzato benestante e se ne andò a vivere in un'altra città.

Prima di accasarsi, la squillo gli aveva segnalato una collega che sarebbe stata felice di occuparsi di un buon cliente. Il commercialista la incontrò un paio di volte, ma si rese conto di non essere attratto da lei. Decise di non vederla più. E piano piano si accorse di avere perso interesse per le donne, o almeno per quelle che si vendevano.

Le sue notti divennero solitarie. E dentro di lui si insinuò il sospetto di essere attratto dai maschi. Il timore divenne una specie di ossessione, tanto insistente da spingerlo ad acquistare una rivista di soli nudi maschili. Ma sfogliandola ebbe la certezza che quelle immagini non solo non lo eccitavano, ma lo disturbavano. Sollevato, gettò i fogli nella spazzatura e si tranquillizzò.

Non sapeva che l'esistenza stava per fargli un regalo inatteso. Infatti per Giulio tutto cambiò all'improvviso. Per compiacere un cliente, accettò di andare al ballo annuale della Filarmonica, un circolo molto attivo in città. Durante la serata, ad attirare la sua attenzione fu la figura insolita di una ragazza che indossava uno smoking maschile. Era alta, magra, con i capelli biondi tagliati quasi a zero, soltanto un filo di trucco sul viso. Giulio vinse la propria noia e la invitò a ballare. E fu così che conobbe la futura moglie.

Laura lavorava da impiegata nella biblioteca comunale. Conosceva alla lontana il commercialista ma sapeva ben poco di lui. Era una ragazza spontanea e le venne naturale una domanda: «Quanti anni ha, signor Giulio?».

«Quaranta, compiuti il mese scorso.»

«Così tanti?» esclamò lei, con un sorriso da monella.

«Le sembrano davvero tanti?» fu la risposta un tantino permalosa.

Laura si scusò: «Sono bravissima nel fare gaffe. Comunque io ne ho ventidue, poco più della metà dei suoi. Ma non potrei essere né sua figlia né sua nipote».

Giulio non trattenne il sarcasmo: «Sì, diciotto anni fanno una bella differenza! Ma ha ragione: non può essere né mia figlia né mia nipote, perché vestita come stasera di anni ne dimostra trenta». Laura era anche spiritosa e scoppiò in una gran risata. Quindi gli spiegò: «Ho indossato uno smoking da maschio soltanto per destare un piccolo scandalo. Ma non credo di esserci riuscita».

Dopo quel primo incontro, lei e il commercialista cominciarono a frequentarsi con regolarità. Giulio scoprì di nuovo l'interesse per le donne, anzi comprese di essere attratto soltanto da quella ragazza. Si incontravano sempre più spesso, si conobbero meglio e capirono di amarsi. Tanto che dopo appena sei mesi decisero di sposarsi.

Non fu semplice arrivare alle nozze. I genitori di Laura le tentarono tutte per dissuadere la figlia dal diventare la moglie di quel signore ben più anziano di lei. Ma la ragazza restò ferma sulla sua decisione: «Giulio diventerà mio marito, che voi lo vogliate o no».

Il loro risultò un matrimonio felice, nonostante la

mancanza di un figlio. I caratteri degli sposi stavano all'opposto: riservato e talvolta un po' triste lui, espansiva e allegra lei. La differenza di età non fu mai di ostacolo. Addirittura la sintonia si accentuò con l'aumentare degli anni del commercialista.

Quando lui ne compì settanta, la moglie ne aveva cinquantadue, ma appariva più giovane. La loro intesa sessuale si appannò, senza scomparire. Laura non smise di dedicarsi a Giulio come un'amante appassionata. E si rivelò la migliore delle badanti, quando il commercialista si trovò alle prese con i primi seri acciacchi.

La moglie lo costrinse a dimagrire e a seguire una dieta ferrea. Lo affidò alle cure di un massaggiatore e pranoterapeuta per ammorbidire i fastidi dovuti a un principio di artrosi alle ginocchia. Lo spronò a farsi la barba ogni mattina e ad andare tutte le settimane dal parrucchiere. Gli spiegò: «Chi non ha più la freschezza della gioventù ha il dovere di presentarsi sempre in ordine. Non soltanto in ufficio, ma pure in casa». Infine, lo convinse a prendersi una lunga vacanza a metà di ogni estate e subito dopo il Capodanno, quando gli hotel erano mezzi vuoti e si poteva godere del massimo di tranquillità.

La sera dell'ottantesimo compleanno del marito, Laura invitò a cena i loro amici. Tutti ammirarono soprattutto lei, per l'aspetto di una sessantenne ancora molto attraente. Il presidente dell'Ordine dei commercialisti, più o meno dell'età di Giulio, le fece una corte spietata. Ma Laura respinse le attenzioni dell'invitato e, sotto lo sguardo allarmato del marito, lo gelò: «Si cerchi un'amante giovane. Io sono troppo anziana e non avrei le energie per soddisfare le sue voglie!».

Le energie, invece, le trovava per Giulio. Voleva vederlo felice e scoprì che nel sesso potevano esserci novità capaci di portarlo al piacere. Si consultò con il medico di famiglia e lui la tranquillizzò dicendole che un tantino di viagra non avrebbe recato al marito nessun danno. Le insegnò come dosarlo e Giulio, con le lacrime agli occhi, le confessò: «Tu mi allunghi la vita».

Gli anni passavano e Laura si accorse di comportarsi con il marito come se lui fosse un bambino. E disse a se stessa: «Non mi riconosco più. Ho sempre creduto di non desiderare un figlio. Forse dovevo avviarmi alla vecchiaia per scoprire che non era vero. Purtroppo ho sessantasette anni, è un po' tardi per pensarci. Indietro non si torna».

Elena ascoltava il racconto di Mario senza intervenire. Ma arrivata a quel punto non riuscì a trattenersi e lo interruppe, sorridendo: «Anno più, anno meno, tra lei e me non c'è una gran differenza».

«La descrizione di Laura ti si addice» replicò Mario. «Proprio come sei tu adesso, lei era ancora una donna infaticabile, guidava l'automobile con la perizia di una trentenne e rifiutava l'aiuto di una domestica.» Poi aggiunse, con una carezza: «A Laura bastava una colf giovane per i lavori più pesanti. E pazienza se la riteneva un po' distratta. Scommetto che questa descrizione non ti è estranea...».

«Prendimi pure in giro! Ma dimmi: quel commercialista è vissuto a lungo?» domandò Elena.

«Giulio diceva a tutti che Laura era stata la sua fortuna. Non si riferiva al fatto che lo curava e lo assisteva, questo avrebbe potuto farlo anche una brava assistente famigliare. No, il motivo era che lei lo aveva reso felice con i suoi sorrisi, la sua gentilezza, le sue attenzioni, i gesti sempre affettuosi e misurati. Era quella la felicità che gli aveva allungato la vita. E non avrebbe mai smesso di esserle grato» rispose Mario.

«Poi arrivò l'inevitabile. Mancava poco ai novant'anni, quando una notte svegliò la moglie afferrandole un braccio. Con un leggero affanno e la poca voce che gli restava, le sussurrò: "Sento che sto per andarmene. Grazie a Dio, parto per un mondo che non conosco stando accanto a te. Sarò lì ad aspettarti, ma non avere fretta di raggiungermi". Quindi spirò stringendole la mano.

«Laura ha continuato a vivere da sola nella casa che aveva visto i tanti momenti d'amore tra lei e Giulio» raccontò Mario. «La sua salute è rimasta tutto sommato buona e soltanto dopo aver compiuto gli ottant'anni la giovane colf è andata a vivere con lei. Ha lasciato questo mondo a quasi novant'anni. Però non di notte. Si è assopita sul divano dopo un pranzo leggero.»

«Insomma, la felicità che ha rallegrato la vita di Giulio e della sua sposa giovane ha finito con allungare la vita a entrambi» mormorò Elena. «Mi sembra una bella favola vera. Speriamo di viverla anche noi.»

## 28
## Paura di ammalarsi

«Stamane, quando mi sono alzato, c'era un nebbione tanto fitto da impedire di vedere la strada. Con questa umidità le mie ginocchia scricchiolano più del solito» confessò Mario a Elena. «Comincio a pensare che sarebbe opportuno farmi vedere da un ortopedico. Però mi disturba dover fare prima una lastra, poi prendere appuntamento e, a dirla proprio tutta, l'idea di sottopormi a una visita mi fa venire l'orticaria.»

«Devi solo decidere quello che è meglio per te. Sai che io ti accompagnerò dovunque vuoi. E non ti lascerò solo neppure per un istante. Però ti faccio notare che, a quasi ottant'anni, lo scricchiolio delle ginocchia è una specie di male di stagione» lo rincuorò lei.

«Guarda che non sono un vecchio bacucco che si lascia prendere dalla paura e si inventa malattie immaginarie!» finse di offendersi Mario. «A differenza dei maschi più giovani, io non mi lamento mai. Anche se non ti nascondo che il timore di beccarmi qualche guaio a volte mi assale.»

«Tu non vai mai in farmacia» gli replicò Elena. «Quindi non puoi sapere quante siano le persone con malattie serie. E quanti siano anche i malati immaginari. Comunque sia, ormai la farmacia è diventata un supermercato dove incontri sempre la fila dei clienti in attesa di essere serviti. Il consumo di farmaci e di prodotti naturali è fortissimo. E non a caso si parla, sempre di più a proposito, di uno spreco impressionante di medicinali.»

Poi aggiunse: «Quella di ammalarsi è forse la paura

più diffusa. E non soltanto tra gli anziani o i vecchi. Accade anche ai giovani, però è naturale che a essere più esposte a questo timore siano le persone di una certa età. A proposito, non ti capita mai di pensare che qualcosa non va se non ricordi il titolo di un film o di un libro? Oppure il nome di un attore famoso o del vicino di casa?».

«Non me ne parlare!» esclamò Mario. «Se devo fare un elenco delle malattie che mi spaventano, il coccolone che ti lascia rincitrullito e la progressiva perdita di memoria sono i primi della lista. L'ictus non mi fa paura se mi manda al creatore, però mi terrorizza se penso che può trasformarmi in una specie di vegetale. Tu sai che cosa voglio se mi capita questo tipo di accidente» mormorò Mario, con la voce un po' incrinata. «E toccherà a te aiutarmi, cara Elena, anche se mi ami molto.»

Lei non disse nulla, ma le vennero i lucciconi agli occhi. Mario finse di non vederli e proseguì: «L'Alzheimer è persino più terribile. Deve essere un tormento senza fine rendersi conto, giorno dopo giorno, che la memoria se ne va. E sapere che arriverà il momento in cui non riconoscerai più le cose e le persone che da sempre appartengono alla tua vita. Come un marito, una moglie, dei figli, persino te stesso. Tanto che ti domanderai: chi sono io?».

«È una malattia così straziante che non siamo riusciti a vedere sino alla fine il film con Julianne Moore che raccontava la storia di una donna giovane distrutta da quella malattia» mormorò Elena.

«Tu mi conosci da molti anni e sai che sono sempre stato un uomo tranquillo, senza patemi d'animo, in qualche caso persino spavaldo. Ma invecchiando vengo assalito da timori che prima non conoscevo» confessò Mario. «E a volte non riguardano né te né me.»

«Fammi capire meglio» lo pregò Elena.

«Quando sento la sirena di un'ambulanza, mi prende

una specie di ansia. Non conosco dove sia diretta e in quale cortile si fermerà, ma il pensiero va all'uomo o alla donna che porterà lontano da casa. Non sono abituato a pregare, però mi viene spontaneo chiedere al buon Dio di guardare con occhio misericordioso a quel malato. Allo stesso modo tutte le sere, prima di dormire, ringrazio il Padreterno per la giornata trascorsa senza problemi. E gli raccomando di proteggere te e me durante la notte e nel giorno che verrà.»

«È un'illusione» osservò Elena, «ma ti aiuta a dormire meglio. Per fortuna soltanto una volta ti ho sentito respirare male nel sonno. Quella volta il tuo cuore faceva un po' le bizze e ci siamo alzati. Seduti sul divano, abbiamo atteso che il battito rallentasse. Poi abbiamo buttato giù dal letto la nostra meravigliosa dottoressa. È rimasta ad assisterti qualche ora nel pieno della notte e se n'è andata soltanto quando tutto è ritornato a posto. Ho pensato che le tue preghiere non erano state recitate invano» ricordò Elena.

«Ma la mia preoccupazione maggiore riguarda te. E la paura più grande è che ad ammalarsi sia tu» sospirò Mario. «Che cosa farei io senza di te? Non so neppure come si paga la bolletta della luce. Comunque non sarebbe un problema: morirei il giorno dopo, perché non potrei vivere senza il tuo sorriso e le tue attenzioni. Neppure senza certe bruscaggini del tuo carattere!»

Mario venne afferrato da un altro ricordo: «Non posso dimenticare quella volta che ti hanno trasportato in elicottero al più vicino ospedale per un'epistassi inarrestabile. Ti usciva molto sangue dal naso e nessuno pareva in grado di fermarlo. Mi capita di rivedere te su un'ambulanza insieme a un medico e due infermieri che non riescono a chiudere quel rubinetto. I secondi sembravano ore, i minuti secoli.

«Mi sentivo prigioniero di un incubo. Ti hanno caricata sull'elicottero del 118 e portata via, mentre io non sapevo che cosa fare. Per fortuna, con una lunga corsa in auto, ti ho raggiunto nell'ospedale dove ti avevano ricoverata. Alla fine è andato tutto bene. Ma vederti distesa su una barella è un'immagine che non riesco a cancellare e mi angoscia ancora adesso».

«Magari le malattie si potessero risolvere come quell'epistassi. Ci metterei la firma!» esclamò Elena. «Adesso però basta con le tristezze. Scommetto che nel tuo zaino di storie ce n'è una che può tirarci su il morale» disse Elena, interrompendo il marito. E lui non si fece pregare.

Osvaldo era stato un dirigente industriale molto stimato che nel poco tempo libero dal lavoro coltivava con accanimento uno sport: andare a caccia di donne. Non aveva moglie e neppure amori fissi e si era goduto la vita. Decise di darsi una calmata al momento di andare in pensione, a settantacinque anni. E si stabilì in un piccolo comune delle Langhe cuneesi, dove aveva comprato per tempo un podere con una grande villa padronale.

Nel prevedere di trasferirsi in quel paradiso, prima di firmare l'atto di acquisto, aveva verificato di persona che la località fosse dotata dei servizi necessari a viverci senza problemi. Oltre ai negozi ben forniti, al centro commerciale, all'ufficio postale, esisteva un attrezzato centro medico con la presenza di alcuni specialisti.

Per rendersi conto della situazione, l'ex manager aveva visitato il paese in più riprese ed era sempre rimasto soddisfatto. Poi, dopo il trasferimento nella sua nuova residenza, si recò in municipio con lo scopo di presentarsi al sindaco. Come gesto di ingresso nella comunità, gli consegnò un assegno importante che il primo cittadino avrebbe potuto utilizzare a seconda delle necessità. In primo luogo per sostenere l'associazione assistenziale composta da ragazzi e ragazze che da volontari guidavano le ambulanze. Un servizio indispensabile soprattutto quando diventava necessario il trasporto dei residenti all'ospedale regionale, abbastanza lontano.

Dopo essere stato dal sindaco, Osvaldo si presentò anche al medico di base del paese. E qui incontrò la prima sorpresa: non era un dottore, bensì una dottoressa. Il suo nome era Piera, ma lei gli disse che tutti la chiamavano Pierina. Anche lui era autorizzato al diminutivo.

Pierina era una donna all'apparenza sui quarant'anni. Bella e dall'aria severa, elegante anche nella tenuta sportiva che indossava sotto il camice bianco: una tuta completa e scarpe da ginnastica con la suola alta. Da esperto intenditore di donne, Osvaldo notò che la tuta non nascondeva le grazie della dottoressa. Seno prosperoso con un bel lato B. E non un filo di ciccia.

Con la tenacia del manager alle prese con un competitore mai incontrato prima, cercò di conoscere qualcosa di più sul conto della dottoressa. Usando il massimo di discrezione, venne a sapere che aveva cinquant'anni giusti ed era di origine meridionale. Viveva da sola, non era sposata né separata, ma soltanto una nubile che tutti giudicavano di ferro. Nessuno in paese era al corrente di amori stabili o di compagni di vita anche saltuari.

Nel lavoro era molto scrupolosa e un tantino rigida, anche con i pazienti. Non si concedeva distrazioni. Ed era sempre pronta a intervenire, sia di giorno che durante la notte. Il farmacista del paese confidò al manager: «Non abbiamo mai conosciuto un medico come lei. Si auguri di non averne mai bisogno. Ma se dovesse accadere, potrà contare sul suo aiuto in qualsiasi circostanza».

Dopo un paio di mesi, quell'occasione arrivò. Un pomeriggio Osvaldo si accorse di avere l'affanno. Provò un disagio mai conosciuto prima. Superato il panico, telefonò alla dottoressa. Le chiese se poteva raggiungerla in ambulatorio per una visita. E si sentì rispondere con gentilezza: «Verrò io da lei. Finisco di occuparmi di due pazienti, poi sarò a casa sua. Nel frattempo si metta tranquillo: non le succederà niente di grave».

La visita fu molto accurata e la diagnosi rassicurante: «Non vedo nulla di pericoloso. Comunque le misurerò la pressione, poi le farò un elettrocardiogramma, ho con me l'apparecchio che serve». Gli chiese di sdraiarsi sul letto e lei si sedette sul bordo, intenta a districare i fili e i cavetti del marchingegno.

A quel punto Osvaldo non seppe resistere alla tentazione. Quando vide che la gonna della dottoressa era un tantino sollevata, finse la sbadataggine di appoggiare una mano sul suo ginocchio scoperto. E siccome lei non obiettava, divenne più ardito e tentò di spingersi un tantino più su.

La dottoressa allontanò la mano con un gesto deciso, quindi ringhiò a bassa voce: «Ma che cosa sta facendo, signor Osvaldo? Stia tranquillo se non vuole che le salga la pressione». Lui arrossì, però rispose: «In questo caso il mio battito accelera, ma non perché il cuore è malato. È per la sua vicinanza, cara dottoressa».

Pierina sorrise divertita: «Mi avevano raccontato della sua fama di dongiovanni. Adesso ho constatato di persona che non si trattava di voci infondate». Poi ritornò al solito tono severo e lo ammonì: «Comportarsi così non le conviene. Né con me né con altre donne. Lei è un signore anziano con qualche acciacco che può essere pericoloso. Non è un giovane ganimede sempre all'assalto. Per ora prenda queste pillole e cerchi di non agitarsi. Tra qualche giorno ritornerò a visitarla».

Il sabato successivo, mentre faceva la spesa dal verduraio, la dottoressa incontrò la domestica rumena del manager. La prese in disparte e cominciò a interrogarla.

Seppe che il signor Osvaldo non aveva mogli in carica e nemmeno decadute. Era scapolo e senza figli.

La colf stava al suo servizio da quasi tre anni e non si era mai imbattuta in visite femminili. L'unica donna che frequentava la villa era lei, che però abitava nell'appartamento ricavato da un annesso. Qualche fine settimana arrivava uno degli amici o un vecchio collaboratore. Tutto sommato, il principale le sembrava davvero solo al mondo.

Infine la dottoressa domandò alla domestica: «Per caso il signor Osvaldo le ha parlato di me?». Dopo un momento di incertezza, la colf le rivelò: «Con me direttamente no, ma l'ho sentito che parlava di lei al telefono. Diceva che è un gran pezzo di donna. E che se fosse meno anziano saprebbe bene cosa fare con lei. A costo di essere respinto con le cattive e persino malmenato, se fosse la condizione per qualche serata rovente».

«Ha detto davvero questo l'ingegner Osvaldo? È sicura di aver sentito bene?» «Non mi sbaglio, vivo in Italia da un po' di tempo e conosco la vostra lingua.»

La dottoressa rimase sconcertata dalle rivelazioni della colf. A colpirla era soprattutto una delle parole che la rumena si era lasciata scappare: «malmenato». Pensò: "Nella mia vita ho sempre curato le persone e non ho mai trattato nessuno in modo brusco. Tanto che in paese mi considerano l'esatto contrario della donna manesca e mi giudicano persino troppo gentile. Mi rimproverano di pensare agli altri e non a me stessa. È arrivato il momento di cambiare registro".

Telefonò all'anziano manager e gli annunciò che sarebbe andata da lui la sera successiva, per dare una controllata al suo cuore. Poi, cercando di mantenere un tono severo, gli disse di prepararsi. «A che cosa?» domandò lui. «A farsi malmenare da me.»

La mattina, arrivando in ambulatorio, Pierina apprese dalle persone in attesa che il signor Osvaldo, quello della villa, aveva licenziato in tronco la domestica rumena. Era ritenuto un uomo tranquillo, sempre rispettoso di tutti. Per di più diceva un gran bene della donna di servizio. Ma forse l'aveva scoperta a rubare.

Poi i pazienti furono costretti a cambiare argomento. Affisso al muro c'era un cartello con un avviso imprevisto: quella era l'ultima mattina che la dottoressa prestava servizio lì. A sostituirla sarebbe arrivato un medico poco più anziano di lei.

Dopo la solita giornata intensa, alla sera le restava da fare un'ultima visita: a casa del signor Osvaldo. Pierina arrivò poco prima dell'ora di cena. Era elegantissima: indossava un tailleur nero con gonna attillata e uno spacco vertiginoso. Camicetta trasparente dalla scollatura profonda che metteva in evidenza il seno rigoglioso. Scarpe con il tacco dodici e tra le mani la solita borsa con gli strumenti del medico.

Osvaldo quasi non la riconobbe. «È lei, dottoressa? Si lasci dire che è fantastica. Vestita così, sembra una top model. L'ho sempre considerata una gran bella donna, ma stasera guardarla procura una specie di sballo.»

Pierina aveva deciso di prendersi gioco dell'ex manager. E, riuscendo a rimanere seria, gli spiegò: «Prima di tutto voglio essere certa che il piccolo disturbo dell'altro giorno sia scomparso. Se non le dispiace, vorrei visitarla. Le faccio un elettrocardiogramma e, se verifico che sta bene, lei e io proveremo a divertirci».

Il signor Osvaldo strabuzzò gli occhi e deglutì. Il respiro e il battito accelerarono pregustando una possibile serata di sesso come ai bei tempi. Si distese sul letto e fece il possibile per restare tranquillo. Questa volta tenne le mani a posto.

«È tutto in regola» gli comunicò la dottoressa dopo aver esaminato il tracciato. «Lei è sano come un pesce. E adesso tocca a me. Devo prepararmi. Se mi aspetta in soggiorno, sarò da lei in un minuto.»

Pierina si presentò poco dopo con indosso la divisa bianca da judo, stretta in vita da una cintura nera. E mentre al vecchio sciupafemmine stava per venire un coccolone, questa volta sul serio, prese posizione per il combattimento. Ridendo di gusto per la sorpresa del signor Osvaldo, propose: «Adesso sono pronta. Se vuole posso malmenarla».

In realtà non ci fu nessun combattimento. La dottoressa si spogliò subito della divisa da lottatore giapponese. E rimase in guêpière e calze nere. Al manager sembrò di essere sul punto di svenire, ma lei lo tenne sveglio. Poi diede inizio a un tu per tu che avrebbe fatto gola a un regista di film porno.

Quella sera nacque tra i due una grande amicizia che rese felici gli ultimi anni di Osvaldo. Il vecchio manager comprese di non aver mai avuto una morosa così: cure mediche e manovre brusche. Non poteva sperare di meglio.

# 29
# Maledetta banca

«Quando parliamo di anziani e delle loro angosce, non saprei dire se viene prima la paura di ammalarsi oppure quella della povertà. Tu che cosa pensi?» chiese Mario alla moglie.

«È una bella domanda. È vero che se non sei in buona salute ma hai un po' di risparmi, puoi permetterti qualche cura in più. Invece, se la salute è a posto, però non hai un euro da parte, non te la passi bene e devi stare attento ai centesimi» rispose Elena.

Quindi aggiunse: «Prendi un esempio a caso: il servizio sanitario nazionale. Tutti dicono che il nostro è il migliore in Europa. Poi scopri che, se devi fare una risonanza magnetica o un intervento alla cataratta, le liste d'attesa sono molto lunghe. Rivolgersi ai centri privati costa e chi appena può lo fa, anche mettendo sul conto dei sacrifici economici. Chi non ha mezzi deve attendere il proprio turno e nel frattempo la sua salute peggiora. Vuoi un altro caso? Si legge di continuo che in tempi di crisi si risparmia soprattutto sulle cure del dentista. Bisogna ammetterlo: tra soldi e salute c'è un legame più stretto di quanto non si pensi.

«Dimenticavo un'altra faccia della medaglia» continuò Elena. «Il servizio sanitario italiano sarà pure il migliore, ma non è un sistema corretto. Prendi la marea di ticket sempre più alti introdotti anno dopo anno dalle Regioni. Sembrano giusti, ma lo sono soltanto in apparenza. Si dichiara che così i pazienti vengono differenziati per classi di reddito. Però con l'altissima evasione fiscale che tormenta l'Italia, e che nessuno prova a sconfiggere sul serio, qualunque gabella legata al reddito è fasulla. Visto che si fonda su una catena di bugie.»

«Perché ti accalori tanto su questo argomento? È così per tutto: chi è onesto paga per i disonesti. E paga fino allo sfinimento» la interruppe Mario.

«Caro marito, io m'infurio tutte le volte che vado in farmacia o allo sportello della Asl per pagare un esame. In questi due posti tocchi con mano il dilagare dell'evasione fiscale. Non parlo di quella miliardaria, ma delle evasioni minori, le più diffuse. C'è una percentuale altissima di esenti dal ticket, perché le loro dichiarazioni dei redditi sono false. E, dal momento che i bugiardi sono milioni, il sistema andrà a gambe all'aria senza che nessuno provi davvero a metterci rimedio.»

«La tua sacrosanta requisitoria mi fa pensare agli Stati Uniti» intervenne Mario. «Lì gli evasori fiscali vengono spediti in prigione. E lo sai che cosa dice il direttore del carcere quando un visitatore gli chiede che reato hanno commesso questi detenuti? Si limita a rispondere: hanno mentito al popolo americano!»

«I veri poveri li vedi a occhio nudo» continuò Elena. «Sono i più dignitosi. Se stai in fila dietro uno di loro, ti capita di sbirciare il contenuto del suo portafoglio. Dal gesto rassegnato con il quale prendono la banconota da dieci o da venti euro, comprendi quanto sia faticoso separarsene e provi l'istinto di aiutarli. Poi lo sguardo ti cade su un giovanotto con le scarpe che costano tre stipendi. O su una signora tutta in tiro, con le unghie laccate, i capelli tinti e l'abito alla moda. E stai a vedere se come te pagheranno il giusto obolo al servizio sanitario nazionale. Non succede quasi mai. Quando arriva il loro turno, li senti informare l'impiegato di essere esenti. Sai che cosa penso io in quel momento?»

«Sono proprio curioso di saperlo. Immagino che fatichi a trattenere una parolaccia» sorrise Mario.

«Non solo. Penso che quel giovanotto e quella signora abbiano introiti inconfessabili. Oppure lei sia provvista di un amico che la foraggia, in cambio di servizi facili da immaginare. In realtà, ho di fronte persone come ce ne sono tante: due volte ladre. Perché sono moltissimi gli italiani che non soltanto non pagano le tasse, e magari lavorano in nero, ma rubano una seconda volta godendo di servizi gratuiti. Dimmi se non sarebbe sacrosanta ben di più di una parolaccia!» fu la considerazione amara di Elena.

«Quando la televisione trasmette qualche servizio su come si vive nelle grandi città, resto impressionato dalle lunghe file agli ingressi della Caritas o di altre associazioni di beneficenza. Si vedono in maggioranza anziani» intervenne Mario. «Questi servizi li faceva Santoro ai tempi di Rai3, adesso li fanno soltanto Floris o Formigli sulla Sette. Ricordo un filmato alla fine del mercato in una piazza torinese. Anche qui erano soprattutto donne e uomini anziani a cercare se, tra la frutta e la verdura di scarto abbandonate sulla strada, si trovava ancora qualcosa di commestibile.

«Le poche volte che andiamo a Roma, entrando in città non smette mai di colpirmi la gente in attesa dell'arrivo dell'autobus. Tanti anziani, soprattutto donne. E stranieri, maschi e femmine. Mi domando che razza di vita sia passare la metà del proprio tempo ad aspettare un mezzo pubblico quasi sempre in ritardo, respirando i gas di scarico delle auto e delle motorette. Provo una gran pena, perché lì appare con evidenza che essere anziani e poveri è una specie di maledizione che pochi riescono a evitare.

«Tu e io abbiamo lavorato tanto e continuiamo a farlo» osservò ancora Mario. «Ci siamo presi delle soddisfazioni, ma senza dimenticarci di risparmiare, proprio per non trovarci in difficoltà nella vecchiaia, il tempo della fragilità. In fondo siamo stati fortunati. Molte altre persone non hanno avuto le stesse opportunità.»

«La domanda che mi rivolgo sempre più spesso» disse Elena, «è se abbiamo fatto bene a risparmiare o se non sarebbe stato meglio spendere un po' di più. Anche adesso, invece di scrivere articoli e libri, per poi passare le giornate a correggere bozze, non sarebbe più salutare godercela? Andare a spasso, in vacanza. Oppure lasciare questo paese e trasferirci a vivere in un'isola delle Baleari come fanno tanti.»

«Mia cara Elena, se avessimo vent'anni di meno ti avrei già chiesto di preparare le valigie. Ma a parte l'età, io non riesco a immaginare un posto dove vivere che non sia questo. Non riuscirei ad abbandonare la cuccia che ci siamo preparati e nella quale viviamo bene. Non c'è sfarzo, non ci sono arredi costosi, ma è comoda e grande. Qui ci sono le migliaia di libri che tu e io abbiamo accumulato nel tempo e che ci fanno l'occhiolino dagli scaffali. Io non chiedo di più» mormorò Mario.

«A proposito di vecchiaia e di soldi» lo interruppe la moglie, «sarà pur vero, come dice qualcuno, che da vecchi si diventa avari. Può essere, ma è un atteggiamento indotto da una condizione che spaventa molti. I soldi si consumano giorno dopo giorno e lo stipendio non esiste più. Rimane soltanto la pensione, però non è quasi mai da nababbi. Aggiungi che se hai versato onestamente i contributi e hai diritto a un assegno migliore di altri, lo vedi taglieggiato dai contributi di solidarietà, come se fossi tu quello che ruba a chi possiede di meno.»

«Senza dimenticare il timore di perdere i propri risparmi!» esclamò Mario. «Ti domandi che cosa accadrebbe se la tua banca fallisse e il tuo conto corrente venisse azzerato dall'oggi al domani. Un tempo le banche venivano considerate un rifugio sicuro, ma oggi non è più così. Anche un istituto di credito del quale ti fidavi può rivelarsi un covo di farabutti, pronti a svuotarti le tasche.

«È proprio quel che è accaduto tra l'autunno dello scorso anno e l'inizio di questo in alcune banche italiane che hanno messo sul lastrico tanti piccoli risparmiatori. Se capitasse a noi, avremmo soltanto due strade davanti: chiudere con questo mondo oppure vendicarci. Ecco la storia di un signore che ha scelto la vendetta. Lo chiamerò Guido» concluse sconsolato Mario.

Guido aveva lavorato tutta la vita come operaio specializzato in un impianto petrolifero. Era uno scapolo settantenne, che aveva scelto di non sposarsi a causa del lavoro che lo teneva lontano da casa per mesi. Ma le donne non gli mancavano. L'ultima era stata una ragazza più giovane di lui, una parrucchiera per signora. Grazie alla sua generosità, aveva potuto aprire il negozio sempre sognato.

Era stato capace di condurre una vita senza sprechi. Questo gli aveva consentito di risparmiare e di irrobustire il conto corrente aperto molti anni addietro in una banca della sua città. Un istituto di credito di media grandezza, però molto importante per quella provincia.

Guido conosceva tutti anche perché era uno dei correntisti di più vecchia data. E si fidava del direttore e dei funzionari. Per questo accettò senza esaminarne i pro e i contro una proposta che gli presentò il capo dell'agenzia. Consigliava di sottoscrivere un certo numero di obbligazioni subordinate, più convenienti di altri investimenti, perché offrivano un interesse superiore. Decise di comprarle, spendendo i due terzi della liquidità che aveva sul conto corrente: una cifra attorno ai centomila euro.

Una mattina, aprendo il giornale, scoprì che la sua banca non gli avrebbe più restituito l'importo di quelle obbligazioni. E capì di avere perduto gran parte dei suoi risparmi. Non era sul lastrico, dal momento che qualcosa sul conto corrente gli restava. Poteva ancora contare sulla pensione e sulla restituzione del prestito fatto alla parrucchiera. Però Guido si sentiva ferito nell'onore, per di più da persone delle quali si fidava, ma che non avevano esitato a imbrogliarlo.

Si trovò in compagnia di tanti altri risparmiatori messi addirittura peggio. Poi accadde che uno di costoro, imbottito di quelle maledette obbligazioni, si impiccò nella cantina di casa. Lasciando alla moglie una lettera che era un atto d'accusa contro l'istituto, i dirigenti e gli impiegati.

Guido divenne furioso nei confronti del mondo bancario. Si guardava attorno e vedeva soltanto gente truffata come lui. Persone miti e tranquille che adesso si radunavano in piazza, organizzavano cortei di protesta, sfilavano innalzando cartelli che testimoniavano la loro rabbia.

Pensò di unirsi a loro, ma lasciò perdere quasi subito. Tanti anni di lavoro negli impianti petroliferi, quasi sempre al centro del nulla, una piattaforma sul mare o un tratto di deserto, lo avevano abituato ad arrangiarsi e a contare soltanto su se stesso. Di carattere collerico, facile a incendiarsi, decise di fare finta di niente in attesa del momento giusto per attuare la propria vendetta.

Il primo nel mirino fu un giornale della città che si mormorava venisse foraggiato dalla banca. Di notte, stando ben attento a non farsi scoprire, Guido penetrò nella tipografia del quotidiano. Si era preparato da solo tre bottiglie incendiarie e le scagliò contro la rotativa. Le fiamme si propagarono subito, provocando un incendio di grandi proporzioni. Tanto che i pompieri non poterono salvare più nulla. Il fuoco si era esteso anche al resto dei locali del giornale, mettendo in pericolo la stabilità dell'edificio.

Il fatto destò molto rumore e in città si disse che il disastro doveva essere opera di qualcuno gabbato dalla banca. La polizia indagò, ma senza venire a capo di nulla. E in molti quel sospetto non si dissolse.

Guido era rimasto tranquillo, senza abbandonarsi a commenti sull'incendio. Ma nel frattempo aveva preparato il secondo assalto. Ripensò alle prime azioni delle Brigate Rosse tra gli anni Settanta e Ottanta. Non aveva mai parteggiato per quelle bande di terroristi, però ricordava bene come si erano mosse poco dopo essere apparse sulla scena.

Compilò l'elenco dei dipendenti dell'istituto con in testa i nomi del presidente e dei dirigenti. Lo firmò con una sigla inventata lì per lì: Sri, Squadre di risparmiatori incazzati. Ne fece una trentina di copie e, sempre al riparo del buio notturno, le affisse all'ingresso dei locali più frequentati della città. Un paio di ristoranti, qualche caffè, alcuni negozi e infine sul portone della banca.

L'elenco portava un titolo minaccioso: *Farabutti da punire*. E suscitò un clamore senza precedenti. A impressionare molti fu la firma: Sri. Tanti la tradussero in Squadre rivoluzionarie italiane. Andò a finire che entrò in allarme persino il ministero dell'Interno. Il Viminale inviò nella città un team di super esperti in lotta al terrorismo. Qualcuno arrivò a sostenere che la «i» della sigla stava per islamici e ci fu chi pensò, sgomento: "Il Califfato nero ha una base persino in questa piccola provincia!".

Guido osservò soddisfatto il caos che stava provocando. E scelse di rendere più spettacolare la vendetta. Conosceva bene le abitudini dei funzionari della banca. In particolare sapeva che uno dei vicedirettori, il farabutto che lo aveva convinto ad acquistare le tante obbligazioni subordinate, frequentava una ragazza allegra. Andava a trovarla due volte la settimana: il lunedì e il venerdì, sempre alla stessa ora. Di solito ritornava a casa verso mezzanotte, attraversando a piedi il centro della città.

Il vendicatore notturno indossò una tuta nera e un passamontagna. Si era armato di una mazza da baseball e, all'altezza di un incrocio deserto, scaricò la sua rabbia sul vicedirettore. Come si usa dire, lo conciò per le feste. Poi, preso dal rimorso, avvertì la Misericordia che si precipitò a soccorrere il dirigente aggredito. I volontari dell'ambulanza gli trovarono accanto un biglietto che diceva: «Colpirne uno per educarne cento». Lo slogan risaliva all'epoca brigatista, ma la firma risultava sempre la stessa: Sri, Squadre di risparmiatori incazzati.

L'unica che conosceva il nome del vendicatore era la parrucchiera. E mentre in città dilagava il panico, cercò di far ragionare Guido. Ma lui sembrava impazzito. Minacciava azioni sempre più pesanti. Tanto che la ragazza interruppe ogni rapporto. Non prima di avergli restituito per intero la somma che ancora gli doveva, implorandolo invano di fermarsi.

Arrivò così il giorno dell'azzardo più grande. Una mattina Guido si presentò in banca con il volto coperto, e impugnando una rivoltella. Ordinò agli impiegati e ai commessi impietriti dalla paura di chiamare il direttore. E appena lo ebbe davanti gli sparò a bruciapelo quattro colpi di rivoltella. Poi fuggì sotto gli occhi spaventati di un paio di guardie giurate che, invece di proteggere il personale e far scattare l'allarme, si erano rifugiate nel bagno.

Qualche impiegato pensò di aver riconosciuto nel killer un vecchio cliente dell'istituto: il signor Guido. Ma si guardò bene dal segnalare il suo nome alla polizia, nel timore di fare la stessa fine del direttore. Le indagini di nuovo non portarono a nulla e anche quell'omicidio venne messo sul conto del gruppo sconosciuto che si firmava con la sigla Sri. Tuttavia risultò impossibile decifrarne la struttura e dare un volto al vendicatore.

Il direttore venne sepolto nel cimitero della città. Alla cerimonia funebre non partecipò quasi nessuno. A riprova del fatto che la sua morte non aveva suscitato neppure un minimo di cordoglio. Troppo numerosi erano i risparmiatori truffati per sentire quella morte come un'offesa alla comunità. Il pensionato assassino osservò il funerale da lontano. E non seppe darsi una risposta alla domanda: «Ho fatto bene o male a vendicarmi?».

Elena domandò a Mario: «Quella che mi hai raccontato è una storia vera o è soltanto frutto della tua fantasia?».

Lui rispose: «Il signor Guido non esiste. Nessuno ha vendicato con il sangue i molti risparmiatori truffati davvero dalle loro banche. Di sicuro più di uno avrà pensato che doveva provarci. Ma nessuno, almeno finora, è andato oltre il desiderio rabbioso di farla pagare ai dirigenti che li hanno rovinati».

# 30
# Scuola di ballo

«Nei primi mesi di questo 2016, si è fatto un gran parlare di togliere o ridurre le pensioni di reversibilità, quelle che spettano ai famigliari, per prime alle vedove» ricordò Mario. «Come se quell'assegno fosse un regalo che gli italiani, ma in prevalenza le italiane, ricevono dallo Stato.

«In realtà, questa pensione, che è all'incirca il sessanta per cento di quella originaria, è stata pagata dai contributi a carico di chi ha lavorato per parecchio tempo, anzi per molti anni. Dunque tagliarla o addirittura annullarla sarebbe un furto bello e buono. Compiuto da una casta di politicanti che, invece di toccare le spese inutili, non si vergogna di fare cassa sulle spalle di chi è più in difficoltà.»

«Ma tu, che per decenni, da giornalista, hai frequentato la politica e ne capisci più di me, mi sai spiegare dove ci stanno portando questi partiti da strapazzo?» domandò Elena, fuori dai gangheri per aver letto anche lei le indiscrezioni sui tagli alle pensioni.

«Come faranno molte delle donne rimaste sole, se viene a mancare la reversibilità del marito?» ruggì Elena. «Se non hanno figli è un vero disastro, anche se spesso i figli prendono e non danno. Io non ci capisco più niente di tutti questi ex democristiani ed ex comunisti che si accaniscono soltanto con i deboli!»

«È vero: ho frequentato la politica per anni, ma, come sai anche tu, non ho mai frequentato i politici. E per venire alla tua domanda, ammetto che pure io non mi ci raccapezzo con i partiti di oggi. Forse non sarò abbastanza moderno!» esclamò Mario. «Ma cerca di spiegarmi bene questa faccenda che ti fa tanto infuriare.»

Con pazienza, Elena gli disse: «Facciamo due conti, tenendo presente che la famosa pensione di reversibilità, quando va bene, corrisponde al sessanta per cento di quella originaria. Immagina che la prima arrivasse a 1200, 1400 euro al mese. Sai che cosa entrerebbe nelle tasche di una vedova? Dai 720 agli 840 euro. E i politici che vogliono ridurla si sono mai chiesti come si possa vivere con un assegno tanto striminzito? Se penso a tutte le donne che conosco, mi sento male!

«Tu sai che quando vado a fare la spesa non resisto a un cappuccino preso al bar. In piena campagna contro la reversibilità, mi è capitato di ascoltare i discorsi di un gruppo di signore sedute a un tavolo. L'età media direi che fosse tra i sessanta e i settant'anni. Due di loro erano addirittura furiose. Hanno perso il marito da qualche anno, dopo una vita passata a fare le casalinghe. Un lavoro l'hanno cercato, ma senza trovarlo. E così si sono sacrificate badando alla casa, al marito e una di loro anche a una figlia malata. Le chiamerò Alba e Paola. Ascolta quello che dicevano».

«Vorrei capire come pensano che possiamo campare se ci tagliano la reversibilità.» Era Alba a parlare. «Mio marito Ermete ha fatto l'impiegato in un'azienda privata per tutta la vita, non l'amministratore delegato! Per fortuna non abbiamo avuto figli e lui non ha mai perso il lavoro. Grazie al suo stipendio non ci è mai mancato il necessario. Ma certi piccoli desideri non siamo riusciti a realizzarli. Ad esempio, quello di fare una settimana di vacanza in Sardegna, invece che a Gatteo Mare, un anno sì e l'altro no. Ogni mese abbiamo messo da parte qualche soldo, pensando alla vecchiaia o per riuscire ad affrontare una malattia.

«Quando ha lasciato il lavoro, la sua pensione e il gruzzoletto in banca ci consentivano di guardare al futuro con serenità. Avevamo anche una piccola entrata extra grazie a qualche lavoretto che lui faceva in nero. Poi gli è arrivato addosso un brutto male e sono rimasta sola in meno di sei mesi. Ci mancava proprio questa bella pensata! Se mi tolgono la reversibilità o me la riducono, come farò a cavarmela non lo so.»

«Rispetto a te sono più fortunata» raccontò Paola. «Io e Giuseppe siamo riusciti ad acquistare un appartamento. Non è grande, però dopo che nostra figlia si è sposata, per noi due era perfetto. Ma quanti sacrifici siamo stati costretti a fare! Lui era un operaio dalle mani d'oro e si è sfiancato con gli straordinari. Io invece mi sono spaccata la schiena nelle case dei ricconi di questa città. Sempre in nero, a parte una santa donna che per due ore al giorno mi ha pagato i contributi. Oggi mi rendono sì e no mille euro all'anno di pensione. Mi bastano appena a pagare la tassa sulla spazzatura.

«Giuseppe è mancato due anni fa. Se davvero mi tolgono, o soltanto mi tagliano la pensione di reversibilità, non saprei in che modo tirare avanti. Non ho niente da parte. E verrò costretta a vendere il nostro piccolo appartamento» concluse scuotendo la testa, quasi disperata.

A questo punto, una delle signore sedute al caffè con le due donne domandò a Paola se la figlia non potesse aiutarla. La signora rispose: «Vive lontano da qui. Il marito è in cassa integrazione, hanno un bambino piccolo e lei fa il part time in una cooperativa di pulizie. Finora sono stata io ad aiutarli, però non so se potrò continuare ancora. Sempre più spesso mi domando se non devo cercare qualcuno che venga a vivere da me per spartire le spese e anche per avere un po' di compagnia. Stare da soli, quando ci si avvia alla vecchiaia, favorisce i cattivi pensieri. L'ho proposto ad Alba, ma non si decide. Eppure potrebbe risparmiare l'affitto e riusciremmo a stare meglio entrambe».

Elena si rivolse a Mario: «Non ho ascoltato la risposta di Alba perché me ne sono andata. Di sicuro, però, la convivenza tra donne anziane che si ritrovano da sole è in aumento. Proprio per i motivi che indicava Paola. E il problema è ancora maggiore per gli uomini rimasti soli. Coabitare con un altro uomo non risolve la loro situazione. Non sono né abituati a badare a se stessi né a occuparsi della casa.

«E sarai d'accordo con me» continuò, «sul fatto che, al contrario, una donna da sola se la cava senz'altro meglio. Sempre che abbia di che vivere in modo dignitoso. C'è un altro fenomeno che sta prendendo piede, sempre per far fronte alle difficoltà economiche: accogliere in casa uno studente fuori sede. Lo dicono le agenzie che cercano appartamenti per gli universitari. Un pomeriggio, su una tivù che non ricordo, sono incappata in una storia proprio tra uno studente e la sua padrona di casa. Ti va di ascoltarla?» domandò Elena al marito che annuì.

All'età di cinquantotto anni, Fausta si ritrovò senza lavoro e senza avere raggiunto l'età della pensione. I pochi risparmi e la liquidazione ricevuta non sarebbero bastati a tirare avanti per molto tempo, quindi si mise in cerca di una nuova occupazione. Bussò a tante porte, ogni giorno controllava sui giornali gli annunci di chi offriva lavoro, ma non trovò nulla che fosse adatto a lei. Poi, sfogliando i quotidiani, lesse alcuni annunci pubblicati da agenzie specializzate nella ricerca di sistemazioni per studenti.

Una lontana zia le aveva lasciato in eredità il grande appartamento dove viveva. Si trovava in una zona un po' periferica della città, ma era completo di doppi servizi. E le venne l'idea di prendersi in casa uno studente. Si presentò a tutte le agenzie e compilò il modulo previsto. Per prima cosa era richiesto di scegliere tra una ragazza e un ragazzo.

La preferenza di Fausta fu per un maschio. Disse all'impiegata: «Di donne, basto io. Non voglio averne tra i piedi un'altra». Offriva una camera grande più uno studio, il bagno riservato e l'uso della cucina per circa mille euro al mese. Quindi rimase in attesa.

Il ragazzo che prese in affitto la porzione di casa della signora Fausta era di Altamura, in Puglia, figlio di una famiglia benestante. Il padre lo accompagnò per conoscere la padrona di casa. E concordò con lei che all'inizio di ogni mese le avrebbe versato in banca la cifra pattuita. Cominciò così la convivenza tra la signora e lo studente.

Fausta era ancora una donna piacente. Su di lei gli anni non avevano lasciato molte tracce. Ma dopo il licenziamento, e alle prese con le preoccupazioni per il futuro, la sua naturale cordialità stava mutandosi in tristezza. E si era lasciata un po' andare. Però con quel ragazzo non voleva apparire una vecchia tardona. E questo la obbligò a prendersi cura del proprio aspetto.

Lo studente, lo chiameremo Mirko, era al terzo anno di Medicina. Bello, alto, magro, capelli castano scuro, all'inizio stava sempre chiuso nella sua stanza a preparare gli esami. Ma con il passare delle settimane prese confidenza con la padrona di casa. Tanto che al primo litigio con la ragazza rimasta ad Altamura, entrò in cucina e chiese se poteva prepararsi due spaghetti. Disse a Fausta che l'arrabbiarsi gli faceva venire fame e il solito panino non gli bastava. Da quella sera Fausta, quando lui rimaneva a casa, prese l'abitudine di preparare la pasta per entrambi.

A quel punto del racconto, Mario interruppe la moglie: «A cinquantotto anni una donna è ancora giovane. E avere in casa un giovanotto che ne ha venti o ventuno ha senza dubbio l'effetto di ringalluzzire la femminilità spenta».

«Che brutta parola hai usato!» lo rimproverò Elena. «Però "ringalluzzire" rende bene l'idea» ammise sorridendo. «In effetti Fausta si rese conto che era felice di ospitare un ragazzo così giovane e a modo. Si faceva descrivere la vita dell'università, il rapporto con i professori, chiedeva a Mirko se avesse conosciuto qualche ragazza interessante e come passava le serate quando usciva con gli amici. E dal momento che studiava medicina, lo interrogava sulla malattia di un conoscente o del vicino di casa.»

Settimana dopo settimana, Fausta si accorse che la presenza di Mirko le stava suscitando pensieri proibiti. Una sera, nell'uscire dal bagno in sottoveste, si trovò di fronte il ragazzo. «Vedo che ha un corpo ancora attraente» osò lui. «In che senso?» gli domandò lei, arrossendo. Mirko le sorrise: «Nell'unico senso possibile. Con un seno da urlo e dei fianchi che si fanno notare».

Senza riflettere, Fausta gli chiese: «Mi stai dicendo che ti piaccio? Potrei essere tua nonna». Invece di risponderle, lo studente la baciò sulle labbra. Poi con una mossa improvvisa la liberò dalle spalline della sottoveste e mise allo scoperto il seno. Stava per accarezzarlo, quando Fausta, balbettando, lo pregò: «Fermati, per cortesia. Se non lo fai, sarò costretta a inoltrarmi lungo una strada pericolosa». E per fortuna lo studente le obbedì.

Quell'incidente spinse Fausta a sentire il bisogno di passare del tempo con persone della sua età. E dopo aver fatto bene i conti e visto che ora poteva permetterselo, decise di andare in palestra e di iscriversi a una scuola di ballo, frequentate da anziani.

Fausta si immerse in un mondo a lei sconosciuto. Vide donne ben più mature di lei felici di mostrarsi ballerine provette. E anche molto disposte a fare nuove conoscenze. Una signora di settant'anni, ancora molto in forma e dall'eleganza un tantino sfacciata, le disse: «Guai a chi ci chiama anziane o vecchie. O peggio ancora carampane. È una parola offensiva. E quando la sento pronunciare, mi verrebbe voglia di prendere a schiaffi chi la usa. Noi siamo diversamente giovani!».

«La nostra Fausta non frequentava da anni una sala da ballo» raccontò Elena. «E nei primi tempi fu obbligata a ricorrere a tutta la sua tenacia per non arrendersi e lasciare la scuola. Imparò a ballare come avrebbe fatto una signorina di altri tempi. Riscoprì il piacere di abbandonarsi al valzer, al tango, al cha cha cha, alla mazurca. Ritornava al proprio appartamento con le gambe che le dolevano, però si sentiva felice.

«Non pensava più al futuro, ma soltanto al giorno dopo giorno. Per il resto, il padre dello studente pagava con puntualità l'affitto. Inoltre Mirko non accennava mai a quanto era accaduto. E questo le attenuava le ansie.»

Poi una sera Fausta si rese conto di una novità destinata a cambiare la sua vita. Nella sala da ballo aveva iniziato a fare coppia fissa con un ballerino poco più giovane di lei. Un cinquantenne di bell'aspetto, timido e di poche parole. Soltanto l'insistenza di Fausta lo spinse a raccontare qualcosa della propria esistenza.

Era un professore di lettere nella scuola media della città, Claudio. E aveva sempre vissuto con la madre invalida e bisognosa di cure, mancata da un anno. Si era iscritto alla scuola di ballo per non essere sopraffatto dalla solitudine. E confessò a Fausta di essere attratto da lei. Quasi per scusarsi, aggiunse: «Succede sempre agli scapoli maturi. Se non la disturba, mi piacerebbe incontrarla anche fuori di qui». E lei accettò.

Alla fine di quell'anno accademico, Mirko lo studente informò la sua ospite che lasciava la casa. Il papà gli aveva acquistato un piccolo appartamento, ma se lei era d'accordo ogni tanto sarebbe venuto volentieri a farsi una spaghettata. Infine le disse, strizzando l'occhio: «Cara Fausta, so che ha trovato il mio sostituto. È l'uomo che le telefona un paio di volte al giorno. E non vorrei importunarla».

«Scommetto di sapere come è finita la storia di Fausta e Claudio» disse Mario.

«È troppo facile» gli replicò Elena. «Il professore andò a vivere con lei. Frequentavano ancora la scuola di ballo, sempre a braccetto come due morosi ventenni. E tutti ammirarono quella coppia felice anche nella vita.»

# 31
# La carampana

«Tu conosci Venezia come un turista qualsiasi. Invece io ci ho vissuto per alcuni anni, prima di incontrarti» disse Elena. «Ne ero innamorata e nei momenti liberi mi piaceva andare alla sua scoperta. Ad affascinarmi era la bellezza di certi quartieri un po' fané, ma anche le sue stranezze.

«Una sera, tornando dal teatro La Fenice, prima che fosse distrutto da un incendio, mentre camminavo verso piazzale Roma, ho sentito un canto in lontananza. Seguendo la voce, ho visto un uomo fermo al centro di uno dei tanti ponti che uniscono le calli. Era un ubriaco, ma cantava una romanza in modo meraviglioso, rivolto alla luna.»

«Non capisco dove stai andando a parare» osservò Mario, sorpreso.

«Allora ti propongo un quiz: lo sai chi è una carampana e da dove viene questa parola?» chiese Elena.

«Ho sentito appiccicare l'etichetta di carampana a una signora anziana che non accetta il passare degli anni, continua a indossare abiti vistosi e si trucca all'eccesso. Hai già detto una volta che la parola non ti piace e che non dovremmo mai usarla. Da dove nasca non lo so. Ma di certo non è un modo gentile per indicare una donna. Qualunque siano l'età, lo stato civile e il modo di vestirsi.»

Elena fece un cenno di assenso. Era soddisfatta e disse a Mario: «Bene, continua a fare il bravo bambino che obbedisce alla sua tata!». Poi raccontò: «A Venezia, nel Sestriere di San Polo, nella vecchia zona un tempo abitata dalle prostitute di basso rango, esiste un ponte che conserva un nome particolare: Ponte delle Tette. È stato chiamato così per ricordare l'abitudine delle donne di vita che abitavano nei pressi di affacciarsi alle finestre ed esibire alla luce del sole le loro grazie. Qualcuno sostiene che lo spogliarello delle signore fosse addirittura un obbligo imposto dalla Repubblica serenissima».

«Per quale motivo?» domandò Mario. «Sono molto curioso.»

Elena sorrise. «Ti racconto quello che ho appreso dalla piccola ricerca che ho fatto. La Repubblica intendeva combattere in quel modo l'omosessualità molto diffusa in città. Ne sono rimasta stupita anch'io, perché non pensavo che i ragazzi veneziani dell'epoca fossero gay sfacciati.

«Poco distante da quel ponte, sorgevano le case di proprietà di un certo signor Rampani» proseguì Elena. «Quelle case, ca' in dialetto veneziano, fungevano da ospizio per le prostitute non più in attività, vecchie e indigenti. Ecco da dove nasce la parola "carampana", termine usato ancora oggi. E a proposito delle singolarità di Venezia devi sapere un'altra cosa. Poco lontano da quel ponte, al pianoterra di un vecchio bordello, si trova uno dei ristoranti più frequentati in città. Ha per insegna Antiche carampane.»

«È proprio come dici tu: Venezia è piena di sorprese» sospirò Mario. «Nella mia ignoranza ero convinto che le prostitute, le famose cortigiane, fossero tutte di alto rango. Molto belle, elegantissime e dalle frequentazioni importanti. Adesso capisco che non era sempre così. Però continuo a non comprendere lo scopo di questi tuoi riferimenti storici.»

«Adesso ti spiego perché l'ho presa così alla lontana» replicò Elena. «Da oltre un anno, a poca distanza da casa nostra, hanno aperto un grande centro benessere.

Con un'area massaggi, una piscina coperta e una palestra molto frequentata.»

«Guarda che, se intendi propormi di andare in palestra, hai sbagliato indirizzo» la redarguì il marito. E aggiunse ridendo: «Per farti capire il mio stato d'animo, prendo in prestito una battuta di Woody Allen a proposito del fumo: "Ho smesso di fumare. Vivrò una settimana in più e in quella settimana pioverà a dirotto". Ecco, io voglio godermi la vecchiaia in pace, senza l'assillo di dover fare ginnastica o di camminare. Comunque, se vuoi, tu puoi andarci. Quando ritorni a casa mi troverai sempre qui».

«Figurati se penso di iscrivermi a una palestra!» esclamò Elena. «E lasciami continuare. Anche tu sai che i negozi delle parrucchiere sono porti di mare, dove se ne ascoltano di tutti i colori. Ebbene, una delle ultime volte che ci sono andata, ho sentito una cliente raccontare la storia di una signora quasi settantenne assidua di quella palestra. L'ha definita una carampana. Ed è nata allora la curiosità di scoprire il significato della parola e il motivo per cui viene usata ancora oggi.»

Silvana era alta, ben tenuta e in buona salute. Rimasta sola per la morte del marito quando aveva cinquant'anni, era senza figli e benestante. Abitava in un bell'alloggio del centro vicino alla palestra. La frequentava tre volte alla settimana per mantenersi in forma e anche per incontrare qualche persona, visto che veniva da una città del Nord e non conosceva quasi nessuno.

Non aveva mai spiegato perché si fosse trasferita tanto lontano dal luogo dove era nata e aveva sempre vissuto. Era quindi normale che ci fosse parecchia curiosità su di lei. Dal canto suo, Silvana soffriva la solitudine, però sapeva che per ambientarsi occorreva avere pazienza.

Era cordiale con tutti, ma una volta finita la seduta in palestra se ne tornava a casa da sola. Se fosse stata giovane, avrebbe avuto più facilità nello stringere amicizie.

Poi la sua vita cambiò di colpo. Una sera, mentre usciva dalle docce e si preparava a rivestirsi, si trovò di fronte Gino, un giovanotto, piccolo di statura, muscoloso, con un bel viso ancora da adolescente. Era l'inserviente addetto a tenere in ordine la palestra. Sempre silenzioso e pronto a soddisfare le esigenze dei clienti, con Silvana si era dimostrato subito molto gentile. Nulla però faceva prevedere quanto accadde in quell'occasione.

Dopo essersi accertato che intorno a loro non ci fosse nessuno, con una mossa rapida afferrò Silvana per le spalle e la baciò sul collo. Poi le aprì l'accappatoio e cominciò ad accarezzarle il seno. Quindi passò a frugarla tra le cosce, dove nessuno l'aveva più toccata da tanto tempo.

Bloccata dalla paura, Silvana non fu capace di urlare e il suo silenzio incoraggiò Gino. Si abbassò i pantaloni della tuta, estrasse il membro già eretto e lo insinuò tra le cosce di Silvana. Non riuscì a spingersi oltre perché ebbe un orgasmo.

Silvana si accasciò su una panca e il giovanotto sedette accanto a lei. Ansimavano entrambi. Poi il primo a parlare fu lui: «Mi perdoni se sono stato violento. Ma non ho avuto la forza di trattenermi. La osservo fin dalle prime volte che è venuta in palestra. Lei mi piace molto. Non so quello che mi succede, ma non c'è altra donna che mi attragga quanto lei. Volevo averla a qualunque costo. E la voglio di nuovo».

Sbalordita, Silvana balbettò: «Ma io sono una vecchia signora. Ho tanti anni più di te. Potrei essere tua nonna. Una relazione tra noi sarebbe assurda, innaturale e sconveniente. Devi scacciare dalla testa certi desideri. Stai alla larga da me. E ringrazia se non ti denuncio alla direzione».

Silvana si ripromise di non frequentare più il centro. E per un paio di settimane riuscì a mantenere l'impegno assunto con se stessa. Poi prese corpo piano piano una verità che non voleva ammettere: desiderava rivedere il giovanotto che l'aveva assalita.

Provò a rimproverarsi: «Non renderti ridicola. Sai bene che potresti essere sua nonna. Sei anziana, anzi, una carampana, per usare una parola crudele. Osserva bene il tuo corpo. Non è sfasciato, però mostra parecchi segni della vecchiaia che sta avanzando. Le tette rinsecchite. Il sedere floscio. La pelle opaca. Soltanto il viso si salva un po'. Non hai mai fatto colpi di testa. Vuoi cominciare adesso con un ragazzo che ha mezzo secolo meno di te?». Però in cuor suo aveva già deciso che sarebbe ritornata in palestra.

Ritrovò Gino sempre sorridente e gentile, ma adesso silenzioso, come se tra loro non fosse accaduto nulla. Allora Silvana decise di mettere da parte la prudenza e gli domandò: «Ti va di incontrarci fuori di qua? Se vuoi, possiamo vederci a casa mia». Poi gli spiegò come raggiungere la propria villetta. E con il cuore che batteva forte, concluse: «Ti aspetto stasera. Alle nove».

Per riceverlo, aveva indossato indumenti intimi di lusso e parecchio arditi. Più adatti a una squillo dalla parcella molto alta che a una signora sui settanta. Tanto che la commessa del negozio che l'aveva servita non riuscì a evitare di mostrarsi sbalordita. Poi, con un'occhiata complice, le disse sorridendo: «Immagino che la signora abbia trovato un amico. Sono contenta per lei e le auguro tanta felicità. La vedevo troppo sola».

Quando Gino arrivò, Silvana si accorse di tremare. Ma riuscì a chiedergli se avesse cenato. «No» rispose lui con un cenno del capo. E quando si sentì proporre uno spuntino, spiegò con decisione: «Non ne ho bisogno.

Aspetto da settimane questo momento. Non voglio perdere altro tempo».

A quel punto, Silvana si decise a condurlo in camera da letto. Il cuore le batteva forte. Si spogliò con difficoltà e non poco imbarazzo. Tanto che fu lui a liberarla degli indumenti intimi. Poi lo pregò di fare il primo passo. E aggiunse: «Io non ricordo neppure com'è stata l'ultima volta con mio marito».

Gino la prese con una forza delicata, facendola urlare per il piacere. La penetrò di nuovo, questa volta di spalle e senza troppi riguardi. Lei ebbe un altro orgasmo. Cominciò così una lunga notte durante la quale Silvana non riuscì a mettere a fuoco nient'altro che il membro del giovane. Sempre eccitato e pronto a possederla.

Da allora incontrarsi diventò un'abitudine. Ogni volta a casa della signora, come continuava a chiamarla lui. Non pronunciava mai il suo nome, ma nella foga dell'amplesso la trattava anche male: «Sei la mia carampana, la mia vecchia puttana». Però lei non mostrò mai di offendersi. In fin dei conti, era un prezzo che in cuor suo sapeva di dover pagare.

Guardandosi allo specchio, Silvana non tardò a notare quanto stesse cambiando il suo aspetto. Il viso più disteso, l'incarnato meno opaco, ma soprattutto lo sguardo luminoso. La riscoperta del piacere alla sua età era una specie di balsamo che le faceva dimenticare anche i piccoli acciacchi. Ma soprattutto si riaffacciò l'insofferenza per dei rapporti sempre uguali, una condizione le aveva procurato tante discussioni con il marito, un donnaiolo impenitente. E andò a finire che si stancò di Gino.

Tuttavia Silvana non intendeva rinunciare ai piaceri del sesso e si cercò un nuovo amante. Non ci mise molto a scovarlo. Il dottore che aveva scelto, iniziando a vivere nel suo nuovo paese, era un bell'uomo sui quaranta, sempre cordiale e rassicurante. Lei si recava nel suo studio con regolarità e da un certo punto in poi si accorse di essere scrutata con un'attenzione diversa dal solito.

Finché un bel giorno, accogliendola con un gran sorriso, il medico la stupì: «Cara signora, sto notando che la palestra e la cura che le ho prescritto le fanno davvero bene. Sembra ringiovanita di vent'anni. A costo di apparirle sconveniente, le confesso che lei mi suscita pensieri insoliti!».

«Non la considero per nulla sconveniente» decise di provocarlo Silvana. E aggiunse: «Lei è il mio medico e se le confido un segreto è tenuto a mantenerlo: ho incontrato un giovanotto che si prende cura di me. Dice che mi preferisce alle ragazzotte e io ne approfitto».

«Le andrebbe di provare anche con me?» domandò il medico. E quella stessa sera, Silvana gli chiese, passando al tu: «Non ti infastidisce che io abbia settant'anni e tu poco più della metà dei miei?».

Lui alzò le spalle: «Per niente. Le signore anziane mi sono sempre piaciute. Forse è perché la mia prima donna è stata Ivana, la badante di mia nonna. Una signora ucraina di sessant'anni e con un diavolo in corpo. Andavo a trovare la nonna più del dovuto proprio perché c'era lei. Mi portava in camera e si lasciava prendere. Anzi, per raccontarla giusta, ero io a essere preso».

Il medico si rivelò un amante affettuoso, ma troppo tranquillo per i nuovi gusti di Silvana. E venne presto rimpiazzato dal suo elettricista abituale. Anche lui sui quarant'anni, sposato e con figli. Alto, robusto, era un gran pezzo d'uomo, non bello, ma dai modi esperti. Spasimava per il corpo della settantenne, segnato dal tempo nonostante fosse curato e ben tenuto. Amava soffermarsi su ogni ruga e nei punti flosci, a cominciare dal seno non più florido. Infine la penetrava con la forza di un toro.

Fu lui a spiegare a Silvana che non era l'unico a preferire le signore anziane, che molti chiamavano carampane. Il motivo? «Le donne giovani fanno paura a molti maschi. Vogliono sempre comandare e hanno pretese eccessive. Invece quelle come te non chiedono molto: gli basta essere scopate. Tu sei la più anziana che mi sia capitata. Con il mio mestiere, mi succede spesso di avere a che fare con donne in là negli anni. Quando arriva l'elettricista, ma so che è lo stesso con gli idraulici, il marito se ne va. E non è difficile capire se la signora ha delle voglie che vorrebbe soddisfare. Così, senza averlo previsto, accade che si finisca uno sopra l'altra. Se poi sono donne belle come te, perché non farlo?»

Silvana non aveva alcun obbligo nei confronti di nessuno. Per di più non era neppure cattolica e la nozione di peccato le era estranea. Non rifiutò nessuna delle occasioni che le si presentavano e si rese conto di non avere mai pensato di poter essere predisposta a quella vita da libertina. Tanto che un giorno si chiese: "Che effetto mi farebbe finire a letto con un'altra donna?". E si rispose: "Prima di diventare una vecchia ciabatta, buona soltanto da buttare, è un'esperienza che voglio fare".

Aveva già in mente il soggetto: la badante della signora che abitava nella villetta accanto alla sua. Una russa che più volte si era offerta di andare a servizio da lei. Era un donnone sui quarant'anni, con un seno spropositato, occhi allegri, un sorriso malizioso e un nome dolce, Naina.

Un pomeriggio Silvana la invitò in casa e le offrì una cioccolata in tazza. Poi senza tanti giri di parole, le fece capire che cosa desiderava da lei. Temeva di essere respinta, invece Naina, pur mostrandosi sorpresa, accettò la proposta rivolgendole uno sguardo pieno di malizia. Invece reagì con durezza alla domanda se voleva essere pagata: «Non sono una puttana. Gli uomini non mi piacciono. Preferisco le donne e anche se lei è anziana non m'importa. A me piace perché è magra, si veste bene ed è profumata».

Cominciò così una relazione destinata a durare a lungo. Naina lasciò il lavoro presso la vicina e si trasferì dalla «sua signora», come la chiamò sempre sia in pubblico che in privato. Mentre Silvana la presentava a tutti come la dama di compagnia.

Vissero insieme per parecchi anni. A poco a poco, nel loro rapporto fu Silvana a diventare la comandante. Un giorno disse a Naina: «Tra noi due, il maschio sono io. E in casa mi vestirò da uomo. Se esistono le carampane, esisteranno pure i carampani. Toccherà a me sfatare una leggenda maschilista». Ci riuscì perché visse a lungo. E morì il giorno dopo aver festeggiato i novant'anni.

# 32
# La ragazza ladra

«Sento parlare sempre più spesso di scippi, di rapine, di furti in casa. Molti finiscono male. E aumenta il numero degli italiani che si armano» disse Elena, mentre leggeva le cronache dell'ultima rapina in villa con i proprietari in ostaggio dei delinquenti.

«Se guardi non ad altezza d'uomo, ma ad altezza di tetto, scopri che ormai sono più numerose le abitazioni con la sirena dell'allarme sulla facciata che quelle senza. Per non parlare delle telecamere sugli edifici pubblici, le banche, gli esercizi commerciali, agli incroci delle strade e su lunghi tratti delle vie cittadine. Non ce ne siamo accorti, ma ovunque è cambiato il panorama» osservò Mario.

«A proposito di sirene, tu non ti svegli mai, ma di notte capita spesso che qualcuno dimentichi di avere inserito l'allarme e rientrando lo fa scattare, per la soddisfazione dei vicini» raccontò Elena. «Un tempo anche nei piccoli centri si usciva senza neppure chiudere a chiave la porta di casa. Quell'epoca è finita per sempre. Oggi inserisci il codice e tieni d'occhio il cellulare, sperando che non segnali un tentativo di intrusione. Viviamo nell'insicurezza, mio caro ragazzo!»

«È proprio così. Come è accaduto da un pezzo nelle grandi città, anche da noi, in zone considerate ancora tranquille, si cominciano a vedere le inferriate alle finestre dei primi e dei secondi piani e ai portoni di entrata. Ma le sbarre contano poco. Se un ladro ti ha messo nel mirino, non lo fermi. È capitato anche a noi, quando vivevamo a Roma, ricordi?» domandò Mario.

«Come potrei scordarmelo!» esclamò Elena. «Abitavamo al primo piano di una palazzina e al pianterreno viveva una coppia con due figli. I ragazzini passavano interi pomeriggi a calciare un pallone contro il muro sotto le nostre finestre. Li avrei ammazzati! Si erano protetti con le inferriate alle finestre e a tutte le porte esterne, noi invece non le abbiamo mai volute. Eppure avevamo due balconi con altrettante portefinestra. Il venerdì sera, quando ce ne andavamo da Roma per il fine settimana, io abbassavo del tutto la tapparella della camera da letto e lasciavo in fessura i vetri» disse Elena, sorridendo al ricordo di quella dabbenaggine.

«Sorridi, sorridi che la mamma ha fatto i gnocchi» la interruppe Mario. «Di sicuro non sorridevi quella domenica sera che, nel rientrare in casa, abbiamo trovato la tapparella alzata. Il contenuto dei cassetti rovesciati sul letto. Gli armadi aperti. I libri alle spalle del mio tavolo da lavoro spostati in malo modo alla ricerca di una cassaforte che non esisteva. I ladri avevano smontato persino gli specchi dei due bagni, incassati nel muro. Anche lì cercavano una cassaforte fantasma. Hanno trovato un paio di orologi e qualche gioiello senza grande valore. Il danno economico è stato poca cosa, ma quello psicologico non fu lieve.»

«Certe domeniche, io restavo da sola» continuò Elena. «Non te l'ho mai detto, ma riuscivo a dormire soltanto ben oltre la mezzanotte. Mi appisolavo sul divano del soggiorno. Poi mi trascinavo sul letto senza mai spegnere le luci. I nostri vicini ci avevano consigliato di mettere le inferriate, per vivere più tranquilli. Ma neppure a loro è andata bene. Mentre erano fuori Roma per la settimana bianca, con un piede di porco i ladri gli hanno divelto le sbarre e svuotato la casa.

«Questi vicini erano molto cortesi e a loro modo simpatici, però un tantino minchioni. Dopo un furto nella palazzina di fronte e al piano di sopra, avevano lasciato in casa del denaro in contanti, due computer portatili, ma soprattutto i gioielli della signora ereditati dalla madre. La sofferenza sentimentale è stata molto superiore alla perdita economica. Ricordo la signora intristita per mesi. Dopo il furto da noi, il marito ci aveva trattato in modo supponente e ammetto che, quando toccò a loro, non provammo grande solidarietà. Rammento come fosse adesso il messaggio in segreteria che trovammo rientrando la domenica sera. Diceva: "Siamo circondati! Vorremmo parlarvi per decidere il da farsi". Da cinici, pensammo: "Ben vi sta!"».

«Dimentichiamolo, è acqua passata» sbuffò Mario. «Ma devo confessare che quando sento di rapine in villa o negli appartamenti vengo colto dalla rabbia. Immagino persone che se ne stanno tranquille in casa propria e, all'improvviso, si trovano di fronte dei malintenzionati che vogliono derubarli. Di solito con le cattive. Le vittime sono fortunate se non vengono riempite di botte. Ecco, invecchiando, questa è una paura che riesco a respingere con fatica.»

Mario proseguì, riflettendo ad alta voce: «A dire la verità le botte sono all'ordine del giorno e qualcuno ci lascia pure la pelle. Con tanta delinquenza, l'Italia sta iniziando ad assomigliare agli Stati Uniti. Molti si armano e se gli entra in casa un ladro non si fanno scrupoli: sparano per primi. Poi succede l'opposto di quello che sarebbe giusto: a pagarne le conseguenze è chi si difende. Ecco una legge che non riesco ad accettare».

«È l'esclamazione che sentivo sempre da mio padre quando sapeva di un vicino al quale avevano svuotato il pollaio» rammentò Elena. «Se tornasse al mondo, sono sicura che terrebbe vicino al letto il fucile da caccia, carico e pronto a sparare. A proposito di armarsi, ti racconterò una storia.

«Una conoscente mi ha parlato di un'amica che ha preso una decisione drastica. È una bella donna sui quarant'anni, un tipo deciso che non le manda a dire. Vive da sola nell'attico di una palazzina di quattro piani. Siccome non si sentiva sicura, ha chiesto il porto d'armi e ha frequentato un poligono di tiro, come prevedono le norme in vigore. Se le domandi che cosa farebbe se vedesse qualcuno sul terrazzo o dentro la casa, senti come risponde: "L'ho detto ai carabinieri. Non aspetto un secondo, io sparo". Se persino una donna pacifica arriva al punto di armarsi, vuole proprio dire che l'insicurezza non è più una sensazione, ma un guaio concreto e diffuso.»

Elena proseguì: «Purtroppo nessuno ci difende. Nei paesi le stazioni della Benemerita sono chiuse o sguarnite, per ragioni di bilancio. E noi, poveri cittadini, dobbiamo arrangiarci. Tanto di giorno quanto di sera, usciamo inserendo allarmi e protezioni. Io mi scopro a scrutare chi passa lungo la strada, per accertarmi che non si fermi a osservare la nostra casa. Non abbiamo messo il nome sul campanello e quando un tizio preme il pulsante mi guardo bene dall'aprire, se non conosco la persona che ha suonato. E non apro mai la porta a nessuno che non sia un amico o un vicino che frequentiamo».

«Eppure l'abitudine a fidarsi del prossimo, compresi gli sconosciuti, non tutti l'hanno perduta», mormorò Mario. «Sono soprattutto gli anziani e i vecchi a cadere nella trappola dei malintenzionati. Forse la penso così perché sono cresciuto in un mondo con meno pericoli e pochi farabutti in circolazione. Non voglio essere frainteso. Ma penso che tutti questi stranieri che vivono tra noi non abbiamo migliorato il nostro sistema di vita...»

Elena gli obiettò: «Le cronache, però, raccontano che quanti si presentano alle porte degli appartamenti fingendosi un operatore della luce o del gas o un impiegato dell'Inps non sono stranieri. Sono italiani, magari di un'altra regione, persone come noi. Del resto chi aprirebbe la porta a uomo di colore o a uno slavo che parla la nostra lingua in modo incerto? Per tutti sono vu' cumprà e, se si presentano sul pianerottolo o davanti al portone, vengono cacciati in malo modo.

«Prendi il caso della ragazza che ha suonato qualche sera fa alla porta di una signora anziana del paese. Vive da sola e, poverina, non ci vede bene. Ha guardato dallo spioncino e ha scoperto una giovane donna ben vestita. Non la conosceva, ma con molta gentilezza e mostrando una busta, la ragazza le ha spiegato di avere una raccomandata per lei» raccontò Elena.

«Non era la solita portalettere e l'ora abituale di consegna della posta era passata da un pezzo. Ma l'anziana padrona di casa non ci ha riflettuto e si è fidata. Ha aperto la porta, la ragazza è entrata e si è fatta subito aggressiva. Conclusione: le ha preso il portafoglio con l'intera pensione ritirata il giorno prima. E ha rovistato nei cassetti in cerca di altro bottino.»

«I ladri le pensano tutte. Basta conoscere i giorni di consegna delle pensioni e diventa un gioco da ragazzi scippare gli anziani che vanno a ritirarla all'ufficio postale. Nelle grandi città è molto più semplice che nei piccoli centri, perché i ladri si mimetizzano meglio dove c'è confusione. Sono episodi che ormai non fanno più notizia» disse Mario.

E subito si concesse una riflessione: «I pensionati più vecchi, e magari quelli con l'assegno al minimo, hanno il bisogno fisico di ricevere la pensione in contanti. Le banconote devono toccarle. Capisco che a una certa età sia difficile abituarsi alle carte di credito. Il problema è che non riescono a considerare il bonifico elettronico come denaro vero. E così si espongono al rischio».

Mario ricordò una storia letta sul settimanale della sua vecchia città. Il protagonista era un ex carabiniere sessantenne, vedovo e senza figli. Antonio era un uomo in forma, con un'ottima salute e poco incline ad aver paura dei ladri. Viveva in una villetta circondata da un piccolo giardino e si occupava della casa e di se stesso, con la disciplina imparata nella Benemerita.

Nella sua zona i furti erano all'ordine del giorno, ma lui rifiutava di installare allarmi, telecamere e persino le inferriate a porte e finestre. Lo infastidivano, ai suoi occhi trasformavano ogni alloggio in una prigione. Guardava i vicini che le mettevano e scuoteva la testa. Pensava: "Il mondo è impazzito. Pure chi non ha mai commesso un reato o ha dato fastidio al prossimo decide di vivere in casa propria come fosse un delinquente in carcere".

Antonio si riteneva al sicuro per due motivi. Soffriva di insonnia e fin da giovane si era abituato a dormire poco. Adesso, da anziano, riposava due o tre ore per notte. Andava a letto molto tardi, ma invece di addormentarsi leggeva. Di solito romanzi sulla vita militare. Senza però disdegnare i saggi sulla Prima e la Seconda guerra mondiale. Quando un conoscente gli domandava se non avesse paura dei ladri, l'ex carabiniere sorrideva: «No, dal momento che possiedo una buona rivoltella e sono pronto a usarla». Era questo il secondo motivo che lo faceva sentire al sicuro.

Poi una notte, mentre era a letto e leggeva, avvertì un rumore insolito e comprese che qualcuno stava cercando di forzare la portafinestra della cucina. Antonio prese la rivoltella da sotto il cuscino e attese il ladro sulla porta della camera da letto. Poi si avvicinò con cautela all'ombra che si aggirava nel salotto e le puntò contro la luce di una torcia. Quindi intimò: «Se non vuoi che ti spari, fermati e tieni le mani in alto!».

Il ladro si bloccò e obbedì. Poi si inginocchiò con le mani dietro la testa, come gli era stato ordinato. Antonio accese le luci del soggiorno e si trovò di fronte un tipo smilzo, con il volto coperto da un passamontagna.

«Togliti quello straccio dal viso» gli ringhiò. E quando il ladro si affrettò a farlo, ecco la sorpresa.

L'intruso era una ladra dai lunghi capelli biondi. Indossava una tuta nera che le lasciava scoperto soltanto il viso. Rimasero entrambi a scrutarsi in silenzio, poi la sconosciuta si gettò ai piedi di Antonio e lo implorò: «Non mi spari. In fondo ho soltanto forzato una finestra. Giuro che le ripagherò il danno».

L'ex carabiniere ritrovò il buonumore: «Adesso siediti su quella poltrona e non muoverti, altrimenti ti concio per le feste. Voglio sapere chi sei e non raccontarmi balle».

La ragazza disse di chiamarsi Celeste, un'italiana di venticinque anni. E aggiunse con un filo di voce: «Mia madre è anziana e malata e non abbiamo più un soldo. Se avessi trovato un lavoro, non mi sarei messa a rubare. Ho ripulito qualche casa, ma senza fare del male a nessuno. La supplico, non mi denunci. Non voglio andare in galera. Signore, qualunque cosa mi chieda io la farò. Poi mi lasci tornare a casa!».

«Se tutti quelli che non trovano lavoro si mettessero a rubare, mi dici che vita diventerebbe la nostra?» domandò Antonio, guardando la ladra con cattiveria. Poi decise di stare al gioco e le domandò: «Vediamo un po': che cosa saresti disposta a fare? Ti andrebbe di essere gentile con me? Non sono più un giovanotto, però mi presento ancora bene. Sono pulito e in buona salute. E se fossi più brava a farmi divertire che a rubare, potresti pure guadagnarti qualche soldo».

La ladra iniziò a singhiozzare, ma non riuscì ad aprire bocca. Allora l'ex carabiniere decise di infierire: «Adesso è troppo tardi e ho sonno. Rimandiamo tutto a domani, ti aspetto qui nel pomeriggio. Lascia sul tavolo della cucina la patente e anche la tuta con il passamontagna. E non fare la furba: se non ritornerai, porterò tutto ai carabinieri. Loro ti arresteranno».

Antonio aveva soltanto l'intenzione di prendersi gioco della ragazza. E l'indomani, quando lei si ripresentò, lo trovò che stava tentando di riparare la finestra danneggiata.

L'ex carabiniere la trattò in malo modo, rinfacciandole il guaio che gli aveva procurato. Le disse di andarsene e di ritornare il pomeriggio del giorno successivo. E quando si sentì richiedere la patente che aveva sequestrato, andò su tutte le furie: «Non m'importa se ne hai bisogno. Vieni domani. Non sono stato io a dirti di entrare qui per derubarmi. Se non ti vedo, sai quello che ti aspetta».

A quel punto accadde l'imprevisto. Celeste si diresse verso la camera da letto e si tolse il maglione. Poi, di fronte a un Antonio ammutolito, iniziò uno spogliarello in piena regola. In tutto e per tutto simile a quelli che l'ex carabiniere guardava su certe tivù locali nel pieno della notte, quando non riusciva a prendere sonno. Anzi con qualcosa in più. Rimasta nuda, la ragazza si coricò sul letto, assumendo posizioni sempre più hard e cominciando a toccarsi.

Nell'osservare tutto quel ben di Dio, il povero Antonio non ebbe neppure la forza di balbettare. Guardò Celeste mentre si rivestiva, si vide porgere la mano e, senza aprire bocca, le restituì la patente. Lei si avvicinò alla porta e, prima di andarsene, mormorò: «Signor Antonio per oggi siamo pari. Se vuole vedermi ancora, la prossima volta dovrà pagare!».

L'ex carabiniere non riusciva a stare in piedi per l'emozione. E gli ci volle tutto il pomeriggio per riprendersi. Quella sera si addormentò presto. E per sempre. A ucciderlo era stato un infarto.

Di fronte alla sua villetta abitava una coppia di giovani sposi. Entrambi erano infermieri. Quello stesso pomeriggio, la signora aveva il turno di riposo. Quando aveva visto quella ragazza giovane entrare in casa del vicino si era incuriosita, perché il signor Antonio era sempre solo.

In un primo tempo aveva pensato che si trattasse di una nipote. Poi aveva notato che discutevano. E infine, attraverso le finestre aperte nella camera da letto dell'ex carabiniere, aveva assistito allo spogliarello.

Dopo due giorni, preoccupata di non vedere il vicino, andò a bussare alla porta della villetta. Non ricevendo risposta, avvisò la stazione della Benemerita. I carabinieri trovarono il povero Antonio disteso sul letto con il pigiama addosso. Sul volto il sorriso di chi si addormenta con pensieri allegri.

Era spirato, senza poter provare il piacere di una serata d'amore. La ragazza venne cercata, ma inutilmente perché da ladra era alle prime armi. E non risultava schedata come delinquente abituale.

# 33
# Una giovane ottantenne

«Per scacciare le paure e le tristezze, potremmo raccontarci una storia allegra. Protagonista una signora ottantenne che ha conservato anche da anziana la sfrontatezza degli anni giovanili. Che te ne pare?» propose Elena.

«Che cosa ha di speciale questa signora?» domandò Mario.

«Lo lascio valutare a te. Però a me sembra il ritratto perfetto di una donna che ha saputo decidere da sola la propria vita, nel bene e nel male. E, ormai anziana, ha resistito alle pretese dei famigliari di metterle il guinzaglio. Ha rifiutato di comportarsi "come si deve", infischiandosene delle regole e dei canoni imposti dal comune senso del pudore» precisò Elena.

Poi aggiunse: «Il fatto non secondario è che Agata, così si chiama la signora, ha adottato tutte le contromisure necessarie a evitare che figli e nipoti possano allungare le mani sulla piccola fortuna messa insieme nel tempo. Vuole essere lei a godersela. Poi, quando non sarà più di questo mondo, i parenti prenderanno quel che sarà rimasto».

«Mi sembra una donna davvero tosta. E la vedo complicata metterle il guinzaglio, per usare le tue parole» convenne Mario.

«Ho saputo di lei per caso, dall'estetista» raccontò Elena. «Mentre una ragazza mi faceva un trattamento al viso, in un altro box una sua collega si stava prendendo cura di lei. E ho sentito che la signora Agata si sfogava con la massaggiatrice dicendo il peggio dei figli e dei nipoti. A un certo punto è sbottata: "Vogliono comandare in casa mia, ma io ho fatto sempre come mi pareva e piaceva. Non smetterò certo adesso! A ottant'anni deve ancora nascere chi mi metterà i piedi in testa. Chiaro?".»

Agata era sempre stata una donna libera anche nei rapporti con i maschi. E dall'alto della sua età si permetteva di spiattellare confidenze sulle passate follie amorose. Era stata a letto con parecchi uomini e si vantava di averli sempre scelti lei. E sempre lei aveva deciso se frequentarli o respingerli, perché non sopportava di dipendere da qualcuno. E quando un uomo diventava appiccicoso oppure si stancava di lui, non aspettava di essere lasciata: lo mandava via.

«L'ho ascoltata mentre criticava le donne di oggi che si vantano di avere raggiunto la parità dei sessi e la libertà. Ti riporto le sue parole: "Le donne saranno davvero libere solo quando potranno comportarsi come gli uomini nelle questioni più delicate, per esempio quelle legate al sesso, senza essere etichettate come tante puttane".»

«Poi aggiunse: "Cosa c'è di male se una signora paga un ragazzo per farla godere? Come mai non esistono bordelli per sole donne dove andare a divertirsi con giovani prostituti? Perché anche un'anziana come me non può presentarsi in pubblico a braccetto di un bel maschiotto, senza suscitare scandalo? Fino a quando tutto questo non sarà possibile, è inutile cianciare sulle presunte conquiste femminili".

«Come vedi, questa signora ottantenne si guarda bene dal solo pensare di cedere le armi» concluse Elena divertita.

«Capisco i figli che vorrebbero si comportasse come una nonna normale. Magari dedita ai nipoti e sempre pronta ad accudirli. A portarli al mare durante le vacanze mentre i genitori se ne vanno a fare un viaggio» rise Mario.

«Ovviamente pagando lei le vacanze dei nipoti e il viaggio dei figli» precisò Elena.

Agata era nata nel 1935, prima di quattro figli, gli altri tre venuti dopo di lei erano maschi. I genitori appartenevano alla piccola borghesia. Il papà impiegato statale, la mamma commessa in una famosa rivendita di caffè, biscotti e cioccolato.

Entrambi stravedevano per Agata, molto bella sin da bambina. Anche dopo aver superato gli ottanta, era solita dire: «Sono rimasta bella pure da signora anziana. Ho mantenuto il carattere ribelle, grazie al quale mi imponevo ai miei fratelli. Per loro sono sempre stata la Comandante».

Agata ebbe un primo fidanzatino a tredici anni. Era il figlio del proprietario del negozio dove la madre lavorava da commessa. Un quindicenne molto educato e cortese. Lei ne parlava così: «È stato lui a prendersi una cotta per me, io mi sono limitata ad accontentarlo. Ci vedevamo di sera, quando iniziava a scendere il buio. La prima volta mi ha preso per mano e mi ha portato in quello che è diventato subito il nostro nascondiglio: lo stanzone di un seminterrato che durante la guerra serviva da rifugio antiaereo.

«Non facevamo quasi niente. Pochi baci e un po' di carezze. Ma è stato con lui che per la prima volta ho toccato il pisello di un maschio. Non avevo esitato, rendendomi conto che diventava duro. Quasi subito mi sentii bagnare da un liquido caldo e senza colore. Rimasi sorpresa e lui scoppiò a ridere, poi mi spiegò che quello era il sangue dei maschi.

«Ho avuto il secondo moroso a quindici anni. Lui ne aveva diciassette e faceva il garzone della panetteria che serviva molte famiglie del nostro caseggiato. Una mattina mi ha trovata sola in casa e non ha perso tempo: “Agata, sei la ragazza più bella che ho mai incontrato. Ti prego, fammi vedere il boschetto che tieni tra le gambe”. Me lo disse in un modo così gentile che decisi di accontentarlo. Mi sfilai le mutandine e lo avvisai: “Si guarda, ma non si tocca”. Lui si abbassò i pantaloni, si massaggiò davanti a me e rividi il sangue dei maschi».

Quelli di Agata con i due ragazzi erano giochi quasi infantili. Ma con il maschio successivo la musica cambiò. Lei aveva diciannove anni e lui all'incirca venticinque. L'età esatta del moroso non la ricordava più. Però rammentava bene che era un meccanico, bravo, bello e pieno di attenzioni. La domenica, mentre i genitori la credevano da un'amica, sulla sua motocicletta andavano a spasso lungo i sentieri delle colline attorno alla città. Poi un pomeriggio accadde l'inevitabile.

«Il mio bel motociclista stese sul prato la solita coperta e non accettò scuse: aveva aspettato anche troppo e dovevo essere sua. Con dolcezza, mi fece coricare e iniziò a slacciarmi la camicetta. Poi insinuò la sua mano tra le mie gambe e non volle saperne di stare fermo. Avevo letto da qualche parte che perdere l'illibatezza comporta un po' di dolore e un tantino di sangue. A me non capitò né l'una né l'altra cosa. E mi piacque davvero tanto.

«Dopo quel giorno ci rivedemmo molte volte e continuammo a fare sesso. La nostra storia durò due anni e il mio bel meccanico m'insegnò quasi tutto quel che c'era da sapere. Poi ci lasciammo da buoni amici quando ci accorgemmo che fare l'amore era diventata un'abitudine con poche soddisfazioni.»

Nel frattempo Agata aveva trovato lavoro come dipendente tuttofare in un grande negozio di alimentari. E lì conobbe un geometra di trentacinque anni, figlio di un cliente importante. Lei era nel fiore della bellezza e il geometra perse la testa. Cominciarono a incontrarsi di nascosto in un piccolo hotel di una città vicina. Se la intendevano a meraviglia perché entrambi non erano mai stanchi di fare l'amore. E andò a finire che un giorno lui le chiese di sposarlo e lei accettò, mettendo in regola quel rapporto clandestino.

A chi in seguito le domandò del suo matrimonio, Agata rispondeva sempre: «Ho ripensato tante volte alla decisione presa allora. Qualcuno si può essere fatto l'idea che me ne sia pentita. Ma non è così. Nell'Italia del mio tempo, una donna doveva sposarsi se non voleva l'etichetta di zitella, vale a dire una femmina di serie B. E aggiungo che una donna sposata attira i maschi più di una nubile. Nelle faccende di sesso, gli uomini si eccitano molto se lei è maritata, perché portarsela a letto ha il sapore del proibito. Bisogna ammettere che sono stupidi: se hanno fatto becco il marito di un'altra, si convincono di essere seduttori irresistibili».

All'inizio, il matrimonio con il geometra si rivelò felice. Ne nacquero due figli, un bambino e una bambina. Alla famiglia non mancava niente, perché lo studio del marito lavorava molto e progettava tante case. Poi cominciarono i dissapori. Lui dedicava alla professione gran parte del tempo e Agata si sentiva trascurata anche a letto. Per lei il sesso era molto importante, le dava vitalità, energia, buonumore. E di fronte al disinteresse del marito, finì con il decidere di tradirlo.

Non fu difficile trovare qualcuno disponibile. Il primo amante, un avvocato quarantenne, sposato e senza figli, lo conobbe per caso. Si occupava di una causa intentata dal suo principale a un grossista di caffè. Toccava a lei portargli le carte e, come si sa, l'occasione fa anche la donna ladra. Un giorno che in studio si ritrovarono da soli, mentre se ne stava andando, l'avvocato la afferrò per un braccio e le confessò di impazzire per lei.

Le disse: «Agata, la sera, quando vado a dormire,

non riesco a pensare che a te». Lei fu pronta a replicare: «Io sono sposata, tu pure, ma niente ci vieta di dormire insieme. Abbiamo soltanto l'obbligo di essere discreti».

Durante i cinque anni della loro storia non trapelò mai nulla. In compenso, Agata ricevette molti regali in denaro. Non era lei a chiedere, ma l'avvocato le metteva una busta nella borsetta e diceva: «È per le tue spese voluttuarie. Consideralo il regalo di un uomo che hai salvato dall'esaurimento nervoso!».

Dopo cinque anni, quando si lasciarono, lui pianse. Però fu riconoscente alla sua maniera. Le consegnò una somma importante per averlo fatto felice. E giurò che non l'avrebbe mai dimenticata.

Agata vedeva all'orizzonte l'età matura e cominciò a riflettere sul futuro. E arrivò a concludere: «Non mi sembra che accettare del denaro da chi spasima per me sia immorale. In fin dei conti, in un rapporto a due si realizza una forma di baratto: soldi in cambio di piacere. Però non mi sento una prostituta, perché scelgo io con chi accompagnarmi, non il contrario».

Da quel momento decise di applicare la regola del baratto. Il primo con il quale fece lo scambio fu un medico. Si era recata nel suo studio per una visita di controllo. A quarant'anni era ancora uno splendore e il dottore, un cinquantenne davvero affascinante, dopo averla rassicurata sulla sua salute, le propose di tornare da lui a fine orario.

Il medico era un amante vigoroso e spericolato. Gli piaceva accoppiarsi sul lettino delle visite. Al contrario lei temeva di cadere, però si lasciava travolgere dal piacere e non le importava più di niente.

Il marito venne a sapere della tresca e ottenne la separazione. Nel frattempo il medico si era ammalato e interruppe i rapporti con lei. Però Agata trovò presto il sostituto: un proprietario terriero di settant'anni che le faceva la corte da tempo. Non aveva più molte cartucce da sparare, ma in compenso era sempre molto generoso. Le firmava un assegno dopo ogni incontro.

Eppure Agata non ne usciva soddisfatta, perché le gustava molto fare del sesso vero. La fortuna volle che l'agrario avesse un fattore che se la mangiava con gli occhi e ci pensò lui a corrispondere alle sue voglie. Poco dopo il padrone morì e fu il fattore quarantenne a prendersi cura di lei a tempo pieno. Questo amante, oltre a rivelarsi molto generoso, le suggerì di non trascurare i figli. Raccomandazione inutile, perché Agata era sempre stata molto vicina a loro anche quando non erano più piccoli.

I due figli messi al mondo con il geometra erano stati presto consapevoli della natura libertina della madre, ma avevano lasciato correre per non perdere anche lei dopo che il padre se n'era andato di casa. Sposati entrambi, avevano dei bambini. E crescendo, non appena furono in grado di capire certe situazioni, anche loro si resero conto di avere una nonna diversa dalle altre. Ma non si scandalizzarono.

Dal canto suo, la nonna era ormai anziana ma ancora molto ben tenuta. Ormai più vicina ai settanta che ai sessanta, un'età nella quale anche le donne più ardenti si mettono tranquille, Agata intendeva sfruttare fino all'ultimo la bellezza rimasta. E cominciò a farsi accompagnare da uomini più giovani. Si rese conto di avere con loro un successo inaspettato. Cercò di capire il perché e la risposta gliela diede il più intelligente e sincero dei suoi ganzi: «Ci ricordi la nostra mamma. E tutte le volte che riusciamo a entrare nel tuo letto, realizziamo un desiderio profondo che pochi di noi vogliono ammettere».

Agata però aveva un'altra teoria. Un giorno la spiegò così a un'amica più giovane: «Di solito le signore su d'età non suscitano più nessun desiderio. Tranne che a una categoria speciale di maschi: quelli che si eccitano nel fare l'amore con le donne anziane. Più sono vecchie, più spasimano per loro.

«Il motivo non lo conosco. Ma ho imparato che si rivelano gli amanti più fedeli. Non è facile scovare una settantenne che non abbia il timore di spogliarsi e di fare qualsiasi porcheria. Per questa ragione, quando ne pescano una la trattano come una regina. L'ho verificato di persona. Mi bastava liberarmi delle mutandine e allargare le gambe per vederli andare in estasi».

Agata decise di mettersi calma, quando i settanta erano superati da un pezzo. Il suo futuro era garantito dai tanti risparmi, accumulati passando da un amante all'altro. Ma su di lei incombeva un pericolo: le pretese dei figli e dei nipoti.

Ecco che cosa confidava a qualche amica disinvolta quanto lei: «Ho capito che non gli importa un fico secco di come ho messo insieme il mio gruzzolo. Sono soltanto vogliosi di saccheggiarlo. Quel che gli interessa è mettere le mani sui miei soldi. Ma io sono nata prima di loro e non riusciranno a portarmi via nulla».

Poi aggiungeva, con un sorriso astuto: «Mi sono fatta aiutare e ho trovato la persona giusta. È un notaio che ha la metà dei miei anni e grazie a lui sono riuscita a blindare il mio patrimonio. Quando gli ho chiesto della parcella che gli dovevo, non ha voluto essere pagato. Mi ha fatto arrossire come una liceale nel dirmi di essere il figlio del meccanico che mi portava a spasso sulla sua motocicletta.

«Ma quando mi ha confidato di conoscere tutti i dettagli della mia storia con il padre sono diventata colore del fuoco. Poi un giorno è accaduto che, rifiutando di essere pagato per la scrittura, il notaio mi ha chiesto se poteva venire a trovarmi. Da allora, lo ricevo una volta al mese e ho scoperto che impazzisce nel portare a letto una donna ormai anziana, o per meglio dire vecchia. Sono stata più volte tentata di farmene spiegare il motivo. Però ho sempre lasciato perdere. Alla mia età, dove lo trovo un altro che mi regali le ultime emozioni che mi offre lui?».

## 34
## Andare lontano

«Se entrambi avessimo vent'anni in meno, sarei tentato di proporti di fare anche noi come molte migliaia di italiani: lasciare l'Italia e stabilirci all'estero» confessò Mario, dopo avere letto l'ennesima statistica sui connazionali che si erano trasferiti in altri paesi.

«Non ho cambiato idea sul fatto che non vivrei in nessun altro posto diverso dal nostro, ma capisco chi se ne va lontano. E dice basta con questa Italia dove ti mettono in croce perché, dopo avere lavorato tutta la vita, sei un pensionato con un po' di mezzi» fu la sua conclusione amara.

«Le destinazioni sono le più diverse. La Bulgaria, le isole della Spagna, il Portogallo, il Marocco. Mentre la Tunisia e l'Egitto sembrano in ribasso» cominciò a elencare Mario.

«Con tutti i marocchini che sono venuti a vivere in Italia, non vedo perché si debba andare noi a prendere il loro posto» osservò Elena. «In Egitto ci sono i militari torturatori. La Tunisia non mi pare più il luogo tranquillo di una volta. Dopo gli assalti dell'Isis al museo del Bardo e alla spiaggia del resort con decine di vittime straniere, meglio girare alla larga.» Poi aggiunse, scherzando: «Sono sorpresa dalla Bulgaria. Mi fa tornare alla mente le maggioranze bulgare di certi nostri leader politici. Oppure l'editto bulgaro di Berlusconi contro Michele Santoro ed Enzo Biagi. Fatico a crederla una meta per gli italiani che si trasferiscono».

«Invece è così. Ci vivi bene anche con una media pensione, perché il costo della vita è abbastanza basso» le spiegò Mario. «L'Inps paga gli assegni al lordo e in Bulgaria non c'è alcuna detrazione fiscale. Però, le mete preferite dagli italiani sono le isole spagnole, le Canarie, Tenerife, Formentera, Lanzarote. In estate vengono assalite dal turismo, ma nei restanti dieci mesi garantiscono una meravigliosa tranquillità. Il clima è buono, gli affitti e il costo della vita non sono alti come da noi e le tasse non taglieggiano né le pensioni né i depositi bancari. Con un assegno neppure troppo alto e un po' di risparmi, si vive meglio che in Italia.»

«Scarterei anche la Grecia» osservò Elena. «La crisi di Atene mi fa paura. Troppi poveri e anche troppi migranti. Propenderei per la Spagna. Nelle isole il clima è buono e ho letto che si trovano con facilità belle case in affitto a prezzi contenuti. A Tenerife e Lanzarote esistono ormai consistenti colonie italiane. Non ci sentiremmo paracadutati in un mondo estraneo.»

Elena rimase silenziosa per qualche minuto. Poi riprese: «A pensarci bene, però, preferirei un posto sulla terraferma, lungo la costa e non lontano da una città. Alla nostra età non conviene cambiare le abitudini in modo troppo radicale. Ci sono Internet e le tivù satellitari, ma, se penso a te, non so come faresti senza i giornali di carta e i talk show italiani. Essere vicini a un centro importante renderebbe più semplice trovarli o riceverli» spiegò. «Sì, dovendo decidere, sceglierei una località sul mare.»

«Negli ultimi tempi, la meta di molti italiani con più di sessantacinque anni è il Portogallo. La regione di Lisbona è la preferita, per il suo clima fresco in estate e temperato d'inverno» disse Mario.

«Saranno tutti interisti! Poco distante da Lisbona c'è Setúbal, un'allegra cittadina sul mare che può vantarsi di essere la patria di José Mourinho» disse Elena a sorpresa.

Mario sorrise. «Lascia perdere le tue rivalità calcistiche e ascolta me. Pare che una legge garantisca trattamenti molto favorevoli per i pensionati europei che si stabiliscono in Portogallo. Tanto che quelli del posto sono furiosi perché vengono trattati peggio degli stranieri. Ma ci sono altri motivi che fanno optare per il Portogallo: il clima, la tranquillità e la cordialità degli abitanti. E non credere che ad andarsene dall'Italia siano soltanto i residenti delle grandi città, stanchi di traffico, rumore, inquinamento, immigrati e costo della vita alle stelle. Se ne vanno anche dai piccoli centri. È il caso di una coppia che conosco bene» aggiunse Mario.

Enzo e Claudia avevano entrambi sessantaquattro anni. Ex impiegato comunale lui ed ex maestra elementare lei, potevano contare su due pensioni che, messe insieme, arrivavano a poco più di tremila euro. Casa in affitto, bollette, canone della tivù, tasse varie e qualche aiuto al figlio non gli permettevano certo di scialare. Avevano un po' di risparmi che cercavano di non toccare, per far fronte a un'eventuale malattia o a qualche imprevisto.

Erano due lettori accaniti di giornali e proprio sui quotidiani avevano cominciato a notare articoli sempre più precisi sugli italiani trasferiti all'estero. Con risorse anche più limitate delle loro, potevano permettersi una vita che qui era impossibile sognare. E un bel giorno si dissero: «Perché non ce ne andiamo pure noi?».

Fu Claudia ad affrontare per prima l'argomento. E scoprì che anche il marito la pensava nello stesso modo. Si trovarono d'accordo nello scegliere un posto di mare. Il clima mite era il migliore per l'età che avanzava e per la salute delle ossa. E così, quasi per gioco, grazie a Internet, iniziarono a cercare informazioni su località spagnole e portoghesi.

Cominciarono a consultare siti che offrivano case in affitto. E videro che un mese in un bell'appartamento di ottanta metri quadri prevedeva una pigione inferiore alla metà del loro. Il costo della vita era più basso del trenta per cento e la copertura assistenziale sia pubblica che privata risultava di buon livello. Fatti tre conti, Enzo e Claudia compresero che avrebbero risparmiato l'equivalente di una pensione al mese.

Non smisero di pensarci e di discuterne per buona parte della primavera. Poi una sera invitarono a cena il figlio con la moglie e li misero al corrente delle loro intenzioni. La reazione non fu delle migliori. «Chi ci aiuterà con i nostri ragazzi?» domandò la nuora. «Che idea balzana!» aggiunse il figlio, alzando la voce. «Andreste lontano, dove si parla un'altra lingua e dove non conoscete nessuno. E se vi succede qualcosa, a chi vi rivolgete? Alla vostra età non dovreste avere questi grilli per la testa. Dovete pensare ai vostri nipoti. Hanno bisogno dei nonni. Se ve ne andate, vi dimenticheranno.»

Enzo guardò il figlio come se lo vedesse per la prima volta. Le sue parole suonavano male. Gli parve di capire che il compito suo e di Claudia fosse soltanto quello di starsene tranquilli in attesa di andare al Creatore. E soffocando uno scoppio di rabbia amara, replicò: «Non siamo decrepiti. Una lingua nuova possiamo impararla in fretta. E poi sceglieremo un posto dove ci siano altri italiani. Non tarderemo a farci degli amici».

«E se avremo bisogno di cure e di assistenza» aggiunse Claudia, «con quello che risparmieremo, potremo pagare un'infermiera. Del resto avremmo lo stesso problema anche restando qui.» Quindi si rivolse alla nuora e le replicò, indispettita: «Può darsi che non vi abbiamo aiutato abbastanza con i vostri ragazzi, ma in compenso non vi siamo mai stati di peso. Una cosa pareggia l'altra. E comunque non abbiamo intenzione di vivere gli anni che ci restano badando ai nostri nipoti. Presto non sapranno che farsene dei nonni. Saremo egoisti, ma la pensiamo così».

Dopo aver cenato, il figlio e la nuora se ne andarono quasi subito. Rabbuiati è dire poco. Enzo e Claudia, una volta rimasti soli, si guardarono intristiti per la loro reazione. Ma sempre più convinti di avere preso la decisione giusta.

Da quel momento il tempo cominciò a scorrere molto veloce. Affittarono a Lisbona un bell'appartamento in un piccolo condominio affacciato sul mare e circondato dal verde. Spostarono i loro risparmi sulla banca più importante della città e diedero disposizioni affinché sullo stesso conto venissero versate le pensioni. Vendettero l'auto e chiusero tutte le utenze.

Conservarono soltanto l'alloggio in Italia. Era l'unico legame con il paese dove avevano vissuto da quando si erano sposati. E anche una forma di cautela, per rientrare in patria senza problemi nel caso non si fossero ambientati in Portogallo.

Nel tempo libero si esercitarono a imparare la nuova lingua. Infine, a metà settembre, arrivò il giorno della partenza. Un'agenzia aveva già provveduto a spedire le valigie e viaggiarono in aereo con un bagaglio leggero. Nessuno avrebbe detto che stavano cambiando vita. Sembravano due turisti qualsiasi diretti a Lisbona per una settimana di vacanza. In realtà davanti a loro si spalancava un futuro non privo di incognite. E si tenevano stretti, mano nella mano, per affrontare insieme anche i dubbi e gli interrogativi che li assalivano.

Durante il viaggio, rimasero in silenzio. Immersi negli stessi pensieri. Poi all'improvviso, dal finestrino dell'aereo apparve la costa e subito dopo Lisbona. In entrambi ebbe il sopravvento la felicità. E scoppiarono in una risata contagiosa. A sessantaquattro anni, potevano iniziare una nuova fase della vita. Per fortuna, erano insieme. E scoprirono di non preoccuparsi se il figlio e la nuora li consideravano pazzi, tanto da rifiutarsi di accompagnarli all'aeroporto.

Trascorsi sei mesi, rinunciarono all'appartamento italiano. Nel frattempo avevano scoperto Lisbona e altre città portoghesi. Visitarono Coimbra e Oporto, la località dell'esilio del re Umberto di Savoia. Però preferivano la capitale e la parte più a sud del loro nuovo paese, perché il clima era più temperato anche se un po' ventoso.

Ma con il trascorrere del tempo, cominciò ad affiorare la nostalgia dei famigliari rimasti in Italia. Non sapevano darsi ragione del comportamento del figlio e della nuora che continuavano a essere scostanti. Al telefono si limitavano a qualche saluto avaro. Le cartoline restavano senza risposta. L'invito a raggiungerli durante le vacanze di Natale era caduto nel silenzio.

Quello che Enzo e Claudia non potevano sapere erano le continue liti che dovevano affrontare con i loro ragazzi. Infatti i nipoti avrebbero voluto andare dai nonni. E un bel giorno, di nascosto dai genitori, gli spedirono una lettera.

«Cari nonni Enzo e Claudia, siamo i vostri nipoti Ennio e Franco. Preferiamo non telefonare perché nostro padre e nostra madre andrebbero su tutte le furie. Continuano a essere arrabbiati con voi e ogni volta che telefonate o arriva una vostra cartolina non parlano per alcuni giorni. Noi invece vogliamo dirvi che siamo orgogliosi di avere due nonni come voi. Negli ultimi tempi ci eravamo visti poco, ma da quando siete partiti ci viene sempre più spesso la malinconia. Anche perché non sopportiamo più i nostri genitori. Potremmo espatriare pure noi e venire a stare a Lisbona?»

«E adesso che cosa facciamo?» domandò Enzo alla moglie. «Se nostro figlio scopre che ci hanno scritto, non so immaginare quel che può succedere in quella famiglia. Del resto non si può neppure fare finta di niente.»

«In più sarebbe sbagliato lasciar credere ai ragazzi che

potremmo ospitarli qui» aggiunse Claudia. «Io sto bene così. Se si tratta di una o due settimane di vacanza, possono venire. Ma per un periodo più lungo no. Mi sono abituata a prendermi cura soltanto di noi due e mi guardo bene dall'avere per casa due adolescenti» chiarì Claudia.

Alla fine, finsero di non avere ricevuto la lettera dei nipoti. E neppure quella successiva. Ma alla terza dovettero arrendersi. Stava per scoppiare l'estate e decisero di proporre ai due ragazzi di passare da loro i mesi di luglio e agosto. Si preparavano a dirlo ai genitori, quando furono raggiunti da una lunga e imprevista telefonata del figlio.

Fuori di sé, li accusò di avere messo in testa ai ragazzi idee assurde e strampalate: «Vogliono venire a vivere con voi. Ci hanno detto che vi scrivete e che voi siete d'accordo. Ma io vi denuncio e vi faccio arrestare anche se adesso abitate in un'altra nazione».

«I tuoi figli ci hanno scritto tre volte, ma abbiamo pensato che l'idea di venire qui fosse una ragazzata» gli replicò il padre, irritato. «Non abbiamo fatto niente per indurli a supporre che eravamo d'accordo. E ci siamo decisi a non dirti nulla perché con te e con tua moglie è impossibile parlare. Ma adesso smettila di urlare e dimmi quel che è successo» ordinò Enzo, alterato come poche volte gli accadeva.

«I ragazzi sono spariti» gli rivelò il figlio. «Da parecchie settimane ci siamo accorti di qualche ammanco nei nostri portafogli. In tutto due o trecento euro, non pochi ma neppure una somma terribile. Siccome non era mai successo prima, siamo stati a vedere quel che avevano in mente di fare. Stasera, rientrando dal lavoro, abbiamo trovato un biglietto.

«Diceva che si erano stancati di me e della loro mamma. E avevano deciso di vivere con voi a Lisbona. Devono avere acquistato di nascosto i biglietti dell'aereo, ormai con Internet si può fare di tutto. Sono andato dai carabinieri e loro hanno scoperto che si sono imbarcati a Roma. Mi hanno suggerito di aspettare ventiquattro ore prima di denunciarne la scomparsa.»

«Ci manca solo che chiami l'Interpol» s'intromise Claudia. E con piglio pratico, tagliò corto: «Se sono partiti per venire qui, non tarderemo a trovarceli di fronte. Adesso, se non perdi tempo e mi dici l'orario di arrivo dell'aereo, andiamo ad aspettarli. Ti chiameremo subito dopo».

Scesi dall'aereo, i ragazzi si guardarono intorno smarriti. Non conoscevano una parola di portoghese e neppure di spagnolo, ma seguirono il flusso dei viaggiatori. Stavano ormai raggiungendo l'uscita, quando si accorsero di avere perso il biglietto sul quale era annotato l'indirizzo dei nonni. Eppure il richiamo dell'avventura fu più forte della prudenza. Salirono su un autobus diretto chissà dove. Proprio mentre i nonni si aggiravano per l'aeroporto alla loro ricerca. Nessuno disse di averli notati.

«Conoscono il nostro indirizzo. Ritorniamo a casa e vedrai che saranno già lì. Poi chiameremo i loro genitori» disse Claudia al marito.

Ma i due nipoti non li trovarono. Chiesero ai vicini, però nessuno aveva visto due adolescenti italiani aggirarsi nel quartiere. E così furono obbligati a telefonare in Italia. Il figlio e la nuora erano per metà furiosi e per metà terrorizzati. Ancora una volta li soccorse il buon senso pratico di Claudia: «Non perdiamo la testa. Magari stanno gironzolando per la città e a minuti saranno qui. Pensano di farci una sorpresa e se la saranno presa comoda. Aspettiamo qualche ora e se non li vediamo, andremo alla polizia e li faremo cercare. Mandateci con una mail le loro foto recenti».

Passò la sera e anche la notte. La polizia consigliò ai

nonni di non muoversi da casa, mentre gli agenti avrebbero controllato i luoghi della città in cui erano soliti raccogliersi i giovani. Passarono altre ventiquattro ore, ma dei ragazzi non venne scovata traccia. A individuarli, tre giorni dopo il loro arrivo, fu una guardia giurata in servizio all'aeroporto. Li consegnò alla polizia che li accompagnò dai nonni. Qui li attendeva una sorpresa: c'erano anche mamma e papà. Prima li abbracciarono, sollevati ed euforici per averli ritrovati. Poi cominciarono le grida di rimprovero mentre Enzo e Claudia tentavano di riportare la calma.

Invece scoppiò una lite furibonda tra loro, il figlio e la nuora. «È tutta colpa vostra. Invece di fare come tutti gli anziani che si rispettano, siete venuti qui, lontano da noi e dagli amici. Senza questa pazzia, i nostri figli non avrebbero mai avuto l'idea assurda di raggiungervi. Non ci rispettano più e, dopo averci mandato a quel paese, ci dicono di continuo che voi li accogliereste a braccia aperte. Siete stati dei genitori assenti, adesso siete anche dei nonni irresponsabili e ribelli. Di voi non vogliamo più saperne. Dimenticate il nostro indirizzo, il nostro telefono e anche i nostri nomi. Fate la vostra vita e noi faremo la nostra.»

«Da quel che si sa» spiegò Mario a Elena, concludendo il racconto, «sono ormai passati quasi tre anni da quando è accaduto tutto questo. Enzo e Claudia vivono sempre a Lisbona e hanno notizie della famiglia tramite qualche amico. Il figlio e la nuora hanno rotto del tutto i ponti con loro. Si sono incarogniti. Non riescono a perdonare ai genitori di essersi inventati una vita nuova per l'ultimo periodo dell'esistenza. Chissà se riusciranno mai a fare pace prima che i vecchi se ne vadano all'altro mondo. Mi risulta, però, che i nipoti frequentino un corso di portoghese all'insaputa di mamma e papà.»

# *Epilogo*
# La ragazza del lago

«Arrivati a concludere questo libro» disse Mario a Elena, «dobbiamo fare i conti anche con un pubblico di italiani molto anziani. Signore e signori spesso centenari, e qualcuno di loro anche più in là negli anni.»

«Hai raccolto qualche dato?» domandò Elena.

«Sì. C'è un'inchiesta scritta per "La Stampa" da Fabio Di Todaro e pubblicata il 3 febbraio 2016. Quell'articolo contiene parecchie notizie interessanti. A cominciare dall'italiana più longeva: Emma Morano, nata il 29 novembre 1899 a Civiasco, una frazione di Varallo, in provincia di Vercelli.»

«Alla pubblicazione dell'articolo di Di Todaro, la signora Morano aveva la bella età di centosedici anni. Viveva sempre in Piemonte, a Pallanza, sul lago Maggiore. Poteva vantarsi di essere la donna più anziana in Europa.

«Dal maggio 2016 è la decana dell'umanità. È vedova di un marito beone che non le era mai piaciuto. A trentasette anni era diventata madre di un figlio, un bambino destinato a morire dopo dieci mesi. Ha campato lavorando da operaia in una fabbrica di sacchi di iuta e poi da cuoca in un collegio.

«Il marito la picchiava di continuo, senza neppure un motivo. Emma è riuscita a mandarlo via di casa. E ha preso subito una decisione insolita, che dice molto del suo carattere. Ha convocato il falegname di Pallanza e gli ha ordinato di tagliare in due il letto matrimoniale. Era il 1938 e si vede ancora la testiera a metà. A notarla è stata una giornalista del "Foglio", Annalena Benini, una delle colleghe più brave.

«Il 18 maggio 2016 Annalena ha narrato il suo incontro con Emma fornendo una quantità di dettagli che ti lasciano l'amaro in bocca...» confessò Mario.

«Per quale motivo?» gli chiese Elena.

«Perché confermano che vivere troppo a lungo sarà pure un dono del Padreterno, ma non ti regala nessuna felicità.

«Emma è assistita da due badanti, che lei controlla con l'occhio attento perché non spendano troppo. Segue una dieta ferrea e sopporta le visite di medici e scienziati che le arrivano in casa da mezzo mondo. Da molto tempo non esce più dal piccolo alloggio di due stanze. Si alza la mattina alle otto e va a dormire alle undici di sera, dopo aver fatto un paio di riposini. Era la prima di otto fratelli, tutti scomparsi.»

«Dopo la ragazza del lago viene un corteo di ben ventimila italiani con più di cento anni. Così sostiene il presidente della nostra Società di geriatria e gerontologia» disse Elena.

«La sua è una stima» precisò Mario. «Mentre l'ultimo censimento della popolazione anziana, condotto dall'Istat nel 2011, affermava che gli ultracentenari erano poco più di quindicimila. Con una netta prevalenza delle donne sugli uomini. Le prime rappresentavano l'83,7 per cento di quel segmento di età, contro il 16,3 per cento dei maschi. Insomma, le signore vivono ben più a lungo dei signori. Non ho idea se questo vi renda felici» osservò lui, sorridendo a Elena, «ma è la realtà.»

Elena gli replicò: «Il nostro libro è uno zibaldone di storie. Non mi piacerebbe scrivere la parola "fine" pubblicando soltanto un po' di dati statistici. Non dimenticarti che siamo riusciti a raccogliere una quantità di casi, con nomi e cognomi. Proviamo a metterli in fila, affidandoci a un criterio infallibile: l'età raggiunta».

*Il centenario con il farfallino*

Sempre «La Stampa» del febbraio 2016 ha raccontato la storia di una famiglia astigiana, scritta da Selma Chiosso: i Barberis. Tre fratelli, due maschi e una femmina. La più anziana è Giuseppina, di centosette anni. Poi viene Lorenzo, centotré anni e infine Maria, cento anni. Nella foto di gruppo pubblicata dal quotidiano compare anche Michele, mancato nel 2011 dopo aver compiuto pure lui cent'anni.

L'immagine è stata scattata in occasione del suo compleanno. Michele Barberis è molto elegante, con una bella cravatta a farfalla, che gli regala l'aria del giovane ancora disposto a qualche colpo di vita. Ma tutto il quartetto dei fratelli centenari appare in ottima forma. Soprattutto le signore. Hanno l'aria vispa e sono appena state dal parrucchiere.

*Un libertino laico*

È nato un anno dopo la signora Giuseppina un intellettuale italiano importante: Gillo Dorfles, classe 1910, che nell'aprile 2016 è stato in grado di tagliare il traguardo dei centosei anni. Ha aperto gli occhi a Trieste, il padre era goriziano e la mamma genovese. Suoi coetanei erano madre Teresa di Calcutta, Edda Ciano Mussolini, l'allenatore Helenio Herrera, il calciatore Giuseppe Meazza, gli scrittori Mario Tobino ed Ennio Flaiano, tutti scomparsi.

Dorfles si era laureato in Medicina e voleva diventare psichiatra. Ha raccontato: «Mi sarebbe piaciuto analizzare la mentalità del prossimo, rilevarne le stranezze e le anomalie. Poi in me hanno prevalso gli interessi estetici e artistici. Ho scelto di fare il critico e non lo storico dell'arte, poiché anche da giovane ho sempre avuto una certa difficoltà a memorizzare le date. Soprattutto ero consapevole che il passato è una grande, immensa nebulosa. Occorre un talento particolare per saperlo attraversare. Preferisco il presente». Lo testimonia l'elenco formidabile dei saggi che ha scritto.

Una giornalista del «Corriere della Sera», Marisa Fumagalli, ha raccontato la festa per il compleanno numero 106 di Dorfles, avvenuta a Trieste, nell'auditorium del Museo Revoltella. Quel giorno veniva presentata un'antologia di ottocentocinquanta pagine, *Gli artisti che ho incontrato*, una raccolta quasi completa degli scritti di Dorfles.

Sala strapiena, molti applausi. Il festeggiato è apparso in ottima forma, elegante in un abito marrone. Nina, la governante, ha spiegato che ama i colori, detesta soltanto il blu, è goloso di dolci e preferisce il vino nero, purché sia robusto. Achille Bonito Oliva lo ha descritto così: «Gillo è un libertino. Laico, senza pregiudizi, senza retorica. Artista dell'eterno presente».

### *Nel secolo sadico*

Ha centotré anni Boris Pahor, nato a Trieste il 26 agosto 1913, scrittore sloveno, ma di cittadinanza italiana. Ha vissuto tutti i drammi del «secolo sadico», così lui definisce il Novecento. In un lungo colloquio con il giornalista Carmelo Caruso, redattore di «Panorama», racconta se stesso con la schiettezza di un vecchio signore che ha vissuto molte esistenze: «I fascisti mi hanno impedito di essere sloveno. I nazisti mi hanno rinchiuso nei campi di concentramento. La malattia mi ha confinato in un sanatorio. La guerra mi ha portato in Libia da soldato».

Il suo libro più noto, *Necropoli*, un'autobiografia, è stato pubblicato nel 2008 da Fazi. Pahor abita a Trieste.

È magrissimo, pesa cinquantadue chili, ma è arrivato a pesarne quarantadue. Non si sente un grande vecchio: «Vecchio è chi non comprende l'attualità. Ci sono molti giovani che non la comprendono». Ha paura dei giovani? «Soltanto di quelli che pensano che i vecchi debbano andare sottoterra.»

Un altro grande vecchio, lo scrittore Gesualdo Bufalino, diceva: «I giovani mangiano i vecchi, ma non sanno digerirli». Tuttavia Pahor ricorda: «In quattro anni ho visitato trecentocinquanta scuole per parlare della mia vita e della mia prigionia. E i ragazzi mi hanno sempre ascoltato con rispetto.

«Alla mattina mi sveglio alle cinque e inizio a scrivere. Lo faccio sino a mezzogiorno. Dopo il pranzo passeggio. Ogni giorno percorro una salita. Poi rientro e continuo a lavorare. Adopero una vecchia macchina Remington Deluze. Il computer non mi piace perché mi accorgerei subito dei miei errori. Allora sarei tentato di correggerli e perderei il filo del ragionamento». Che cosa vorrebbe veder scritto sulla sua lapide? «Qui giace Boris Pahor. Ha fatto del suo meglio per essere umano.»

### *Gelataio a Cambridge*

Ha centotré anni anche Giovanni Rozzo, sardo di Arzachena, uno dei primi italiani a emigrare in Gran Bretagna. Incontrato da Sara Gandolfi del «Corriere della Sera», le ha mostrato con orgoglio la patente di guida che gli è stata rinnovata per l'ennesima volta. La prima risale a quando aveva ventuno anni e viveva ancora in Italia. Pur essendo più che centenario, conduce con mano ferma e vista eccellente una potente Mitsubishi Lancer blu elettrico. Nella sua carriera di autista ha preso soltanto due multe.

Racconta: «Ho fatto il militare in Italia. Poi sono emigrato a Cambridge con mia moglie Anna Maria, scomparsa da un anno. Il mio primo lavoro in Inghilterra è stato il domestico in una famiglia di signori che possedevano una grande villa in campagna. Poi sono stato un ferroviere per la Royal Rail. Quindi il lattaio. Infine il venditore di gelati. Per diciotto anni ho parcheggiato il mio chiosco davanti al King's College di Cambridge, ho visto passare un sacco di gente che oggi è importante». La moglie aveva quattordici anni meno di lui, ma è mancata per prima: «La differenza d'età è il segreto della mia longevità» sostiene Rozzo.

*Tanti referendum*

Ha la sua stessa età, centotré anni, la signora Paola Noli, milanese. Un giornalista di «Repubblica», Gabriele Cereda, le ha parlato mentre si recava al seggio per votare al referendum sulle trivelle. Ha detto: «So tutto di questo voto. Ho guardato la tivù e letto i giornali. Il resto me l'hanno spiegato i miei nipoti. È un peccato che il governo Renzi ci abbia invitato a restare chiusi in casa e a non dire la nostra!».

Ha partecipato ad altri referendum? «Sì, a tanti. Il primo è stato quello del 1946, quando si doveva scegliere fra la monarchia e la repubblica. Da allora l'Italia è cambiata in meglio. Oggi abbiamo una libertà che allora non ci era nemmeno permesso di sognare. Possiamo fare tutto.»

*Carlo diventa Carla*

Nessuno ci spiega quale sia stato il segreto che ha aiutato a resistere all'avanzata del tempo un signore che nell'estate del 2016 ha compiuto i centodue anni. Qui usiamo la parola signore, ma forse dovremmo adoperare la definizione opposta: signora. Infatti la storia di questo ultracentenario impazza sui social network, lanciata da un sito gay e legato all'ambiente dei transgender.

L'occasione l'ha offerta la pubblicazione di un libro della Giunti nel febbraio 2016: *The Danish Girl*, «La ragazza danese», il romanzo di David Ebershoff che ha ispirato un film di Tom Hooper. Anche la nostra, o il nostro, centenario all'origine era un uomo. Nato nel 1914 in un piccolo centro in provincia di Vicenza, ha vissuto da maschio sino all'età di cinquant'anni. Era scapolo, benestante, senza troppi parenti impiccioni. E un giorno ha deciso di chiamarsi Carla invece di Carlo.

Non esistono fotografie del prima e del dopo il mutamento. Chi ne ha sentito parlare, sostiene che anche da maschio Carlo aveva un corpo esile, molto femminile. Gli piaceva travestirsi e voleva essere una signorina. Curava con scrupolo il trucco del viso, si era lasciato crescere i capelli e amava i tacchi alti. Da un certo momento in poi ha gettato pantaloni, giacche e cravatte e ha iniziato a vivere come Carla. Sempre da sola, se escludiamo qualche amore di passaggio.

Oggi abita in una villa isolata, assistita da una badante albanese che, forse, è un badante. Ancora registrato all'anagrafe come Carlo, ha l'aspetto di una signora lontana dai cento anni. A sorprendere è il seno: florido, eretto, non certo da maggiorata, ma quasi. Ogni mattina si trucca con una cura maniacale. Frequenta molto l'estetista e le raccomanda sempre: «Ricordati che ero un maschio. Non obbligarmi a imprecare quando mi osservo allo specchio».

## *Il bandito Giuliano*

Ha centouno anni e dà ancora lezioni private di latino e di greco. È la professoressa Pietra Coniglio, abitante a Castelvetrano, in provincia di Trapani, già insegnante nel liceo classico della città. Ha descritto il suo compleanno Felice Cavallaro, inviato del «Corriere della Sera». La prof non ha mai voluto sposarsi, è sempre stata felice di essere una single. Ed è sopravvissuta ai cinque fratelli.

Al giornalista ha confidato: «Amo Castelvetrano, ma so che è un paese pieno di ombre e di chiacchiere. Qui tutti spettegolano. Quando insegnavo al liceo, evitavo persino di accettare passaggi in macchina dai colleghi. Tutti tranne uno: don Riboldi, parroco negli anni Settanta, poi diventato vescovo di Acerra».

La signora Pietra conserva molti ricordi, a cominciare dall'uccisione del bandito Giuliano, eliminato da Gaspare Pisciotta nel cortile di una casa a due passi dalla sua. L'abitazione era quella dell'avvocato Gregorio De Maria, grande amico di Pietra. «Lui aveva un segreto. In quella casa, quando Pisciotta uccise Giuliano, c'era anche un'altra persona coinvolta nell'esecuzione. De Maria disse chi era a un mio nipote, Francesco. Ma lui non me l'ha mai rivelato.»

## *Pirandello nel lager*

Ha novantasei anni Gianrico Tedeschi, attore di teatro prestato a molti film, sceneggiati televisivi e spot commerciali. Come tanti giovani della sua età, venne chiamato alle armi all'inizio della Seconda guerra mondiale. Era studente nella facoltà di Magistero della Cattolica e fu arruolato con il grado di sottotenente. Lo mandarono a combattere in Grecia e lui ricorda che i partigiani ellenici, attestati nella trincea opposta, gridavano ai nostri militari: «Compagni italiani, gettate le armi e passate con noi».

Dopo l'armistizio del settembre 1943, fu catturato dai tedeschi e cominciò a essere trasferito da un lager all'altro, come accadeva agli italiani che rifiutavano di aderire alla Repubblica sociale. Conobbe altri ufficiali, a cominciare da Giovannino Guareschi, Giuseppe Lazzati, futuro rettore dell'Università Cattolica, il pittore Giuseppe Novello, il comunista Alessandro Natta, poi segretario del partito dopo la scomparsa di Enrico Berlinguer.

In uno dei lager dove era stato trasferito, gli ufficiali italiani organizzavano conferenze e dibattiti. Qualcuno di loro conservava nello zaino qualche libro sopravvissuto alle perquisizioni dopo la cattura. Quando trovò l'*Enrico IV* di Luigi Pirandello, Gianrico Tedeschi lo mise in scena. E dopo la fine della guerra si iscrisse all'Accademia Silvio D'Amico che preparava attori di teatro. Fu scelto quasi subito per recitare a fianco del grande Ruggero Ruggeri.

Ma i ricordi di Gianrico come prigioniero di guerra sono dominati da un incubo: la fame. «Fa impazzire la fame, diventi matto, non può saperlo chi non l'ha provata. Ricordo un giovane sottotenente che stava nella mia baracca. Grattava una scheggia di legno e la succhiava, sostenendo che era nutriente.»

Oggi vive con la moglie, l'attrice Marianella Laszlo, in un piccolo borgo sul lago d'Orta. Di se stesso dice: «Sono un grande presuntuoso. Vorrei chiudere la mia storia come Molière: dipartita finale in scena, mentre recito».

## *Uno Sgarbi d'annata*

Ha novantacinque anni Giuseppe Sgarbi, detto Nino, padre di Vittorio e di Elisabetta. Per quasi mezzo secolo è stato il farmacista di Ro, in provincia di Ferrara, insieme alla moglie Rina, oggi scomparsa. Nel 2016 ha pubblicato per Skira un piccolo libro prezioso: *Non chiedere cosa sarà il futuro*. Un titolo che lui spiega così: «Quando si è giovani, il presente sembra un peso, un ingombro, qualcosa che si mette tra noi e l'avvenire. Quando si raggiunge la mia età, invece, il futuro è arrivato da un bel pezzo. La vecchiaia comincia proprio nell'istante nel quale ci accorgiamo che il futuro è diventato presente. Sta qui, seduto sulla poltrona accanto a noi».

Nel dicembre 2015 Silvia Truzzi, del «Fatto Quotidiano», ha parlato a lungo con Nino Sgarbi. A proposito della terza età, lui ha risposto: «È solo un'invenzione di chi vuole avere il campo libero, tutto per sé. Non ha niente a che vedere con il fatto che il passo si fa più incerto e muoversi diventa complicato. La vista perde la sua lucidità e le cose appaiono più confuse. Come accade per la memoria: in certi momenti si ingarbuglia tutto. È una disgrazia che mi capita negli ultimissimi tempi: ricordare male».

Truzzi gli domanda: «Che cos'è la paura dei ricordi di cui scrive?». E Nino Sgarbi: «È più una vertigine che una paura vera e propria. A me prende soprattutto la sera, a letto. Non appena chiudo gli occhi, i ricordi cominciano a fluire. Un su e giù che ti lascia stordito, ma anche felice. Ti accorgi che le cose che credevi perdute sono ancora tutte lì. E anche se le hai dovute abbandonare, loro ti sono rimaste fedeli. Non ti hanno tradito né lasciato e non lo faranno mai. Il passato ha un unico e immenso vantaggio: non passa più».

## *Il Cesare della Fiat*

Nel giugno del 2016 Cesare Romiti ha compiuto novantatré anni. Chi sia stato questo signore lo sanno in molti. «A cominciare da me» precisa Mario, «per un fatto che anche tu conosci, Elena.» E tanti lo indicano come il vecchio padrone della Fiat. In realtà «Cesarone», come veniva chiamato con rispetto o con fastidio quando stava di continuo sulle prime pagine dei giornali, non era il proprietario della Feroce. Ma soltanto il manager numero uno, l'uomo che poteva confrontarsi, da pari a pari, con Giovanni Agnelli, l'Avvocato.

«Penso di aver misurato con esattezza il suo potere» disse Mario a Elena.

«Già, per il libro intervista che hai scritto con Romiti» osservò lei. «Un lavoro che hai fatto quando ancora tu e io non ci conoscevamo.»

«Il titolo era: *Questi anni alla Fiat* e lo pubblicò la Rizzoli nel 1988. Per un insieme di circostanze, all'inizio quel lavoro era destinato alla Mondadori. Ma il vertice rizzoliano insorse, ritenendo inaccettabile che il loro azionista principale si rivolgesse alla concorrenza. Minacciarono di dimettersi in blocco e questo risolse la faccenda. Ma l'incarico di prepararlo rimase al sottoscritto.

«Avevo già pubblicato con Laterza un libro intervista dedicato a Luciano Lama, da poco non più segretario generale della Cgil. Era un lavoro smilzo, mentre il libro su Romiti si annunciava ben più corposo. Me ne resi conto nel preparare le domande che intendevo rivolgergli. Alla fine risultarono millecinquecento. Trascorsi ore e ore a interrogarlo. E imparai molte cose sul suo conto.

«La prima fu che il nostro libro gli premeva molto, ma non quanto l'impegno al vertice della Fiat. Romiti mi spiegò subito che il confronto tra me e lui doveva svolgersi soltanto il sabato e la domenica, per non sottrarre neppure un minuto al suo lavoro di leader della Feroce. Cominciammo a vederci nell'ufficio che la Fiat aveva a Milano, in piazza Sant'Ambrogio.

«Cesarone arrivava con un convoglio di auto blindate e una scorta di guardie armate. Io mi presentavo da solo a bordo di una vecchia Golf della Volkswagen, piuttosto mal ridotta. Romiti mi disse subito: "Metta da parte quel catorcio, domani le farò avere una potente Thema della Fiat". Rifiutai e credo che la mia replica, in fondo, non gli sia dispiaciuta.

«Nel procedere del nostro confronto, mi resi conto che Romiti era ben consapevole di contare più di tutti nel governo della Feroce. E tuttavia aveva un gran rispetto per la proprietà dell'azienda. Quando si trattò di decidere il titolo del libro, gli proposi un'insegna che mi appariva secca e chiara: *La mia Fiat*. Ma lui ribatté: "È un bel titolo e mi piace. Però non possiamo usarlo". Gli domandai: "Perché no?". Rispose: "Perché la Fiat non è mia, ma della famiglia Agnelli". Fu così che scegliemmo un titolo meno efficace: *Questi anni alla Fiat*.

«Il suo parere non ammetteva dissensi. Era lui a dettare legge. Per la copertina suggerì uno sfondo metallizzato con un sottile bordo rosso. Gian Arturo Ferrari, il manager rizzoliano che seguiva il libro intervista, ne preparò una bozza e la presentò a Romiti. Lui chiese a Ferrari: "Le piace?". Gian Arturo, schietto come sempre, replicò: "No. Fa schifo. Sembra una Thema che frena". In risposta, Cesarone gli regalò una risata: "A me piace". E la copertina fu quella.

«Invecchiando, Romiti lasciò l'incarico, ma non perse un milligrammo di energia. Penso che abbia continuato a darsi da fare anche con le donne. Tutte giovani, belle e disposte a subirne il fascino. Il potere lo esercita sempre, su tutti, femmine e maschi. Non è stato di certo un marito fedele, ma succede a tanti uomini. Le femmine gli piacevano molto. E lui piaceva a loro. Del resto, il potere è l'afrodisiaco che non fa mai cilecca.

«Quanto al resto, intervistato dalla brava Silvia Truzzi nel marzo 2016, Romiti non smentisce la propria fama di signore franco: "Tante cose mi piacevano di più in passato. Il tempo ha logorato e peggiorato non soltanto i giornali, ma anche la politica, i manager, la classe dirigente in generale. È vero che il passato appare sempre più bello. Ma oggi assistiamo a uno sfilacciamento sociale e anche a una dannosissima perdita dell'idea di reputazione. Più in generale, a un degrado e a un impoverimento della famosa classe dirigente". Come dare torto al super novantenne Romiti?»

*Io vecchio? Mai!*

Il 24 marzo 2016 ha compiuto novant'anni Dario Fo. Ricordare chi sia è inutile. Tutti, amici e avversari, conoscono i tanti volti del premio Nobel italiano: attore, autore, pittore, giullare e a suo modo anche leader politico. Una personalità forte, irruente, allegra, sarcastica, in grado di farsi molti nemici, sempre sorridendo. Il suo novantesimo compleanno ha spinto parecchi media a intervistarlo. E alcuni di quei colloqui hanno rivelato in che modo Fo stia vivendo la vecchiaia.

Anna Bandettini di «Repubblica» lo descrive in preda all'impazienza di fare, lavorare, dipingere, parlare: «Tre libri in pochi mesi, altri in arrivo, le conferenze spettacolo, quaranta finti Chagall per una mostra, interviste, articoli». Fo le confessa: «Mi sento una di quelle "betoneghe" come si dice a Milano, le comari petulanti che hanno sempre da ridire su tutto. Sono pieno di appunti e di progetti. Però mi stanco presto. Per questo compleanno ho detto: fate vobis, decidete e poi mi portate alla mia festa come un pacco.

«Però rischio di arrivarci bollito se non mi riposo» aggiunge Fo. «La notte non dormo, sono agitato. Per fortuna i sogni mi calmano un poco. Sogno quasi sempre mia moglie Franca, giovane, con i capelli biondi e leggeri. Una notte l'ho sognata che era diventata un robot. E allora ho scritto un racconto surreale: Franca-robot che si candida a sindaco di Milano.»

Franca Rame, scomparsa qualche anno fa, è sempre accanto a lui: «Non posso indicare un momento della mia vita in cui lei non ci sia. È Franca che mette a posto le cose quando non vanno. L'unica cosa che non può sistemare è l'età. I novanta non li sento, però ci sono. Ho parlato con il mio amico Giorgio Albertazzi, l'attore, che di anni ne ha novantuno, anche lui aveva giù la voce. Se poi mi capiterà di morire, pazienza. Io ho fatto il possibile per campare».

Ad Alberto Mattioli, della «Stampa», il novantenne Fo parla dell'Italia di oggi: «È addormentata dalle chiacchiere, dalle balle, dall'ipocrisia, da questo tormentone per cui tutto va bene, tutto è meraviglioso, starete sempre meglio e persino i ricchi pagheranno le tasse. È tutto un vedremo, faremo, diremo. E la gente ha perso la voglia di indignarsi, di chiedere dei conti. È sgionfia, la gente. In milanese vuol dire "gonfia, inerte, senza slanci". Sì, l'Italia è sgionfia!».

A Silvia Truzzi che gli domanda che cosa sia la vecchiaia, Fo risponde con un micro monologo: «Perché lo chiede a me? Io non mi sono accorto di nulla. Ogni tanto qualcuno mi diceva: "Guarda che tra un po' compi novant'anni!", ma non ci davo peso. La vecchiaia ti viene addosso all'improvviso. Io però mi sento anziano, non vecchio. E le spiego il perché».

«Sentiamo» lo incita Silvia. Fo ridiventa subito Fo: «I vecchi sono conservatori, sono nostalgici. Non fanno che ripetere "ai miei tempi!". Hanno una mentalità chiusa, a volte ottusa. Non accettano le cose nuove, ridono poco. Sono ostili alla diversità. Io non mi trovo bene con quelli della mia età. Peraltro, i vecchi di solito votano a destra. E io a destra mai!».

Non è vero, Fo esagera, com'è nel suo stile. Ma a un premio Nobel possiamo perdonare qualche eccesso.

# Indice

Finito di stampare nel mese di agosto 2016
presso Elcograf - Cles (TN)
Printed in Italy